Gundula Gwenn Hiller

Was wir von anderen Kulturen lernen können

Wir übernehmen Verantwortung! Ökologisch und sozial!

- Verzicht auf Plastik: kein Einschweißen der Bücher in Folie
- Nachhaltige Produktion: Verwendung von Papier aus nachhaltig bewirtschafteten Wäldern, PEFC-zertifiziert
- Stärkung des Wirtschaftsstandorts Deutschland: Herstellung und Druck in Deutschland

Gundula Gwenn Hiller

Was wir von anderen Kulturen lernen können

Für neue Perspektiven auf uns und die Welt

Externe Links wurden bis zum Zeitpunkt der Drucklegung des Buches geprüft. Auf etwaige Änderungen zu einem späteren Zeitpunkt hat der Verlag keinen Einfluss. Eine Haftung des Verlages ist daher ausgeschlossen.

Bibliografische Information der Deutschen Nationalbibliothek

Die Deutsche Nationalbibliothek verzeichnet diese Publikation in der Deutschen Nationalbibliografie; detaillierte bibliografische Daten sind im Internet über http://dnb.d-nb.de abrufbar.

ISBN 978-3-96739-115-2

Lektorat: Sabine Rock, Frankfurt am Main | www.druckreif-rock.de
Korrektorat: Sandra Bollenbacher, Heidelberg | www.rotstift.art
Umschlaggestaltung: Tina Mayer-Lockhoff, Berlin
Illustrationen: Katharina Neubert
Foto der Autorin: Dominik Pfau
Satz und Layout: ZeroSoft, Timisoara
Druck und Bindung: Salzland Druck, Staßfurt

Wir drucken in Deutschland.

www.gabal-verlag.de
www.gabal-magazin.de
www.facebook.com/Gabalbuecher
www.twitter.com/gabalbuecher
www.instagram.com/gabalbuecher

Inhalt

Die besten Entdeckungsreisen macht man, indem man die Welt mit anderen Augen betrachtet.

MARCEL PROUST

Vorwort

Liebe Leserin, lieber Leser, ich lade Sie ein, mit mir in diesem Buch eine Reise zu unternehmen – eine Reise in die Welt der Weisheit und der guten Ideen und Initiativen, die es überall auf unserem Planeten gibt. Da ist so viel Unbekanntes, Aufregendes zu entdecken: Weltanschauungen, Lebensphilosophien, Konzepte oder auch einfach Ideen, die uns neue Perspektiven, einen neuen Blick auf die Welt ermöglichen – und die sogar helfen könnten, individuelle und gesellschaftliche Herausforderungen zu bewältigen. Das ist die Grundidee und damit auch die Motivation für dieses Buch.

Unter „Weisheit" verstehe ich eine umfassende Klugheit, die auf Lebenserfahrung und Einsicht in größere Zusammenhänge beruht. Weisheit kann individuell sein, doch auch ganze Völker oder Nationen haben, basierend auf ihren Lernerfahrungen, Werten und ihrem Weltverständnis, eigene Weisheiten entwickelt. Diese kollektive Weisheit macht das Leben der Gemeinschaft lebenswert, lässt sie Krisen meistern, stärkt den Zusammenhalt und sorgt im besten Fall für eine gute Zukunft. Die Frage ist: Was können wir Menschen voneinander lernen? Die Wirtschaft ist schon seit Langem globalisiert, aber wie sieht es mit der gesammelten Weltweisheit aus? Die westliche Welt scheint mit ihrer Vorstellung von Mensch und Natur und ihren Wissenschaften weltweit zu dominieren, wir blicken selten über unseren Tellerrand hinaus. Aber das ist viel zu kurz gedacht: Ich bin für eine kulturelle Globalisierung – wenn wir uns das Beste aus anderen Kulturen herauspicken würden und voneinander lernten, wäre das doch eine Riesenbereicherung!

Schon als Kind interessierte ich mich brennend für andere Sprachen und Kulturen. Das ist vielleicht etwas verwunderlich, denn meine Familie verreiste so gut wie nie, und wenn, dann lagen die Ziele höchstens zwei bis drei Stunden Fahrzeit von zu Hause entfernt. Erst mit 14 Jahren sah ich zum ersten Mal das Meer (die Ostsee), mit 19 war ich erstmals in einem nicht an Deutschland grenzenden Land unterwegs (Italien) und Europa verließ ich zum ersten Mal mit 23 (und dann erst wieder zehn Jahre später!). Ich bin dennoch viel gereist in den ersten Jahrzehnten meines Lebens – in Büchern, in Filmen, in Gedanken, beim Sprachenlernen und mit dem Finger auf der Landkarte. Bis heute liebe ich Weltkarten, sie hängen überall in der Wohnung und im Büro. Mein Lieblingssprichwort aus der Kindheit stammt von den indigenen Ureinwohner:innen Amerikas: „Urteile nie über eine andere Person, bevor du nicht einen Mond lang in ihren Mokassins gelaufen bist." Was für ein weiser Spruch, sage ich mir heute – viele, viele Monde später! Würden wir ihn kollektiv befolgen, gäbe es sicherlich weniger Konflikte, weniger Hass und vielleicht weniger oder gar keine Kriege mehr.

Inzwischen habe ich über 50 Länder bereist und in fünf Ländern gelebt. Als Expertin für interkulturelle Kommunikation und Diversität befasse ich mich nun seit fast 30 Jahren mit anderen Kulturen, mit kulturellen Unterschieden, mit unterschiedlichen Perspektiven auf die Welt und die Menschen. Ich bin nach wie vor überzeugt davon, dass es nützlich und hilfreich sein kann, sich mit kulturellen Unterschieden auseinanderzusetzen. In diesem Buch wähle ich nun einen anderen Zugang zu interkulturellen Perspektiven: Statt auf kritische Unterschiede zu schauen, die durchaus zu Irritationen führen können, frage ich: Was können wir voneinander lernen? Ich werfe also einen ressourcenorientierten Blick auf die Unterschiede. Mein Fokus liegt dabei auf der Weisheit, also auf dem kollektiven Wissen um ein gutes Leben, das von Kultur zu Kultur variiert. Schon immer fand ich es außerordentlich spannend, zu entdecken, welche Lebensphilosophien, Konzepte und Strategien die unterschiedlichen Kulturen entwickelt haben, um innerhalb ihrer historischen, klimatischen, gesellschaftlichen, politischen oder religiösen Rahmenbedingungen gut zu leben.

Das Buch ist auch ein Plädoyer für Diversität. Wir können nur gewinnen, wenn wir unseren Blick weiten und unterschiedliche Perspektiven zulassen und integrieren. Das wird uns auch besser auf die

Zukunft mit all ihren Herausforderungen vorbereiten. Innovation entsteht dort, wo „out of the box“ gedacht wird. Die Forschung hat überdies herausgefunden, dass „diverse“ Teams, die aus Menschen mit unterschiedlichen Hintergründen und Fähigkeiten bestehen, effektiver und besser miteinander arbeiten als homogene Teams.[1] Die Weisheit der Gruppe ist viel weitreichender als die des Individuums. Mit diesem ressourcenorientierten Blick erkunde ich, was wir als Deutsche – und viele andere westlich-materialistisch geprägte Gesellschaften – von anderen Kulturen lernen können, bzw. wie andere Weltanschauungen die unsere wunderbar ergänzen und bereichern können.

Ich werde übrigens häufiger gefragt, wen ich denn unter den Begriff „Deutsche“ fassen würde. Das ist einerseits eine schwierige Frage, doch andererseits ganz einfach zu beantworten: Ich meine damit alle, die sich der deutschen Kultur zugehörig fühlen und die sich hier sozialisiert haben. Das können selbstverständlich auch Zugewanderte sein oder Menschen, die im Ausland leben, sich aber dennoch aufgrund ihrer Sozialisation oder ihrer Wurzeln deutsch fühlen.

Doch zurück zum Gedanken des Voneinanderlernens: Um gute Vergleiche ziehen zu können, habe ich unterschiedliche Herangehensweisen an verschiedene Lebensbereiche überall auf der Welt untersucht und mich gefragt: Was können andere besser als wir? Mit „wir“ meine ich vor allem die Menschen hierzulande, doch einiges davon lässt sich auch auf Europäer:innen bzw. generell auf westlich geprägte Menschen übertragen. Wer ist glücklicher, gesünder, erfüllter als wir? Wer lebt nachhaltiger, wer ist innovativer und zufriedener im Job als wir, und wo gibt es einen besseren zwischenmenschlichen Zusammenhalt? Denn das sind doch letztlich die Dinge, die wirklich zählen!

Natürlich haben alle Völker und Nationen neben ihren Weisheiten auch blinde Flecke und Begrenzungen, Dinge, die sie nicht so gut können oder die eher schlecht laufen. Vielleicht haben sie auch manches Gute im Laufe der Zeit verlernt. Viele Länder weltweit haben in den letzten Jahrzehnten eine Werteverschiebung hin zu Materialismus, Erfolgsdenken und Individualismus durchlaufen. Manche Kulturen waren anfälliger dafür als andere, sich von diesem Strudel mitreißen zu lassen und nachhaltigere Werte wie Glück, zwischenmenschliche Beziehungen oder Respekt für die Natur hintanzustellen. Wenn ich zum

Beispiel später im Buch einige Aspekte der japanischen Lebensphilosophie betrachte, dann ist mir natürlich bewusst, dass auch die japanische Kultur heute stark vom westlichen Kapitalismus geprägt ist und dass viele Japaner:innen manches wertvolle Wissen aus ihrer Kultur erst wieder für sich entdecken müssen. Ich denke da an das wohltuende Auftanken in der Natur, das als *shinrin-yoku* – „Waldbaden" – zu einem regelrechten Trend wurde, der auch zu uns herüberschwappte. Selbst wenn dies im Grunde nur alter Wein in neuen Schläuchen ist, so steckt viel von der japanischen Lebensphilosophie, von Zen bis *wabi sabi,* darin. Und obwohl manches zeitweise in Vergessenheit geraten ist, so ist die japanische Kultur doch durchdrungen von den alten Weisheitslehren, die vielerlei Ausdruck in der Gestaltung von Kunst und Alltäglichem finden.

Was ich sagen und zeigen möchte: Die einen können dieses gut, die anderen jenes. Das heißt jedoch nicht, dass bestimmte Kulturen besser oder schlechter sind als andere. Sie sind eben verschiedenartig. Geschichte, klimatische und geographische Bedingungen, politische und ökonomische Umstände haben unterschiedliche Weltsichten und Verhaltensweisen hervorgebracht, mit denen Gesellschaften das Leben auf diesem Planeten gestalten. Es ist wie bei uns Menschen: Manche Dinge können wir richtig gut, andere wiederum nicht. So ist die eine z. B. sehr gewissenhaft, dafür vielleicht aber nicht sehr kreativ, während der andere ständig tolle Ideen hat, diese aber nicht umgesetzt bekommt, weil ihm schlicht die nötige Ausdauer fehlt. Wären diese beiden nicht ein wunderbares Team, und die eine Person könnte von der anderen lernen? Das würde beide glücklicher und zufriedener machen.

Oder: Wie gut würde es sich ergänzen, wenn sich diejenigen, die verbissen ihre Zeit durchtakten – und damit zwar sehr effektiv sind, aber immer auch ein bisschen angespannt (das müssen nicht unbedingt Deutsche sein, ich habe z.B. eine brasilianische Freundin, auf die diese Beschreibung passen würde) –, eine Scheibe abschneiden würden von denjenigen, die sich grundsätzlich mehr Zeit lassen? Letztere sind vielleicht weniger effektiv oder stehen eventuell wirtschaftlich schlechter da, sind aber oft glücklicher und gelassener. Die Glücksforschung hat hier überraschende Beispiele parat: Es gibt Länder, da sind die Menschen längst nicht so wohlhabend wie viele hierzulande, aber happy. Wie viel könnten wir von ihnen lernen, z.B., dass sich Glück nicht kaufen lässt?

Wie unterschiedlich wir an Aufgaben herangehen! (© Katharina Neubert)

Was brauchen wir zum Glück?

In diesem Buch werde ich auf Basis meiner langjährigen Erfahrungen mit Gruppen, Kolleg:innen und Studierenden aus dem In- und Ausland und der interkulturellen Forschung zunächst aufzeigen, wo wir, kollektiv gesehen, unsere blinden Flecke haben. Was können wir nicht so gut, womit ecken wir häufig bei anderen an und warum sind wir unglücklicher, als wir sein müssten? Denn so richtig glücklich sind wir ja gar nicht mit unserer Lebensweise. Im Jahr 2020 habe ich mir zum ersten Mal den World Happiness Report (WHR) genauer angeschaut und festgestellt, dass Deutschland seit Jahren irgendwo hinten in den Top 20 liegt (damals war es Platz 17).[2] Auf den vorderen Positionen rangierten Länder, die wirtschaftlich sehr viel schlechter dastehen als Deutschland, z. B. Costa Rica, dessen Bruttoinlandsprodukt pro Kopf im weltweiten Ranking 2019 Platz 63 einnahm (während wir auf Platz 18 standen[3]).

Interessanterweise gab es einige ärmere und auch politisch instabile Länder, die im Glücksranking besser positioniert waren als viele reiche Industriestaaten, so etwa Mexiko vor Spanien und Guatemala vor Italien.[4] Auch im jüngsten WHR von 2022, der die schwierigen Pandemiejahre widerspiegelt, sind wir nur auf Platz 14, und das, obwohl Deutschland mit einem gut abfedernden Sozialsystem insgesamt ziemlich glimpflich durch die Coronajahre gekommen ist.[5] Ich habe mich gefragt: Wie kommt dieses Gefälle zustande? Eigentlich geht es uns doch gut, oder? Trotz all meiner schönen Reisen und Auslandsaufenthalte muss ich zugeben: Ich würde immer wieder nach Deutschland zurückkehren. Auch wenn mir längst nicht alles gefällt, so gibt es doch vieles, was hier wirklich gut läuft. Vielleicht zeigt sich das in Krisensituationen besonders und wir sind deswegen während der Pandemie auf der Glücksskala drei Punkte nach oben geklettert!

Dennoch: Die Frage, warum so viele Menschen in Deutschland unglücklich oder unzufrieden sind, beschäftigte mich weiter und ich begann, nach Antworten zu suchen. Auch andere Umfragen zeigen, dass in puncto persönliche Befindlichkeiten bei uns noch viel Luft nach oben ist. Das gilt genauso für das gesellschaftliche Miteinander, das Vertrauen zueinander und in die Zukunft. Auch bei Gesprächskultur, Gesundheit und Lebensgestaltung stehen andere Kulturen besser da und wir könnten viel von ihnen lernen. Wussten Sie z. B., dass die Menschen in Deutschland Weltmeister:innen in Bezug auf Frust bei der Arbeit sind? Wie konnte es dazu kommen, wo wir doch im globalen Vergleich sehr kurze Arbeitszeiten und richtig viele Urlaubstage haben?

Meine These: Offenbar verfügen manche Kulturen über Weisheitsformen, die unabhängig von materiellem Besitz oder Bildung Einfluss auf Glück und Wohlbefinden haben. Was machen die Menschen in diesen Kulturen richtig? Beim näheren Hinsehen werden gewisse Tendenzen deutlich. So erfährt das Gemeinwohl in vielen dieser Kulturen eine große Wertschätzung, andere wiederum gehen achtsam mit den Ressourcen der Erde um und wieder andere gestalten ihr Leben weise, im Sinne von erfüllend, sinnstiftend, hilfreich oder gut für alle. Was uns zu der Frage führt: Was können wir von den im Glücksreport weiter oben platzierten Kulturen in puncto Lebenszufriedenheit lernen? Und was sollten wir dringend verändern?

Zum Aufbau des Buches

Ich möchte zunächst mit Ihnen im Sinne einer Selbstreflexion die Besonderheiten unserer Kultur erkunden: Was können wir gut und was weniger gut? Könnte es kulturbedingte Ursachen dafür geben, dass so viele Menschen hierzulande nicht so richtig zufrieden sind mit sich und ihrem Leben? Selbsterkenntnis ist die Voraussetzung für Veränderung. Das wusste man schon in der Antike, denn die Worte „Erkenne dich selbst" standen einst über dem Orakel zu Delphi. Ich werde Ihnen in diesem Buch mit Erkenntnissen aus der Forschung, mit Zahlen, Statistiken und Anekdoten hin und wieder den Spiegel vorhalten. Das ist nicht immer angenehm. Ob Sie sich jeweils darin wiederfinden oder nicht, entscheiden natürlich Sie!

Bei aller Selbstkritik steht jedoch ein positiver, optimistischer Ansatz im Fokus dieses Buches. Lassen Sie uns gemeinsam der Frage nachgehen, was wir als Individuen und als Gesellschaft besser machen können! Wir brauchen neue Perspektiven auf uns und die Welt, um die aktuellen Krisen in Gesellschaft, Wirtschaft und Ökologie bewältigen zu können. Und dazu müssen wir das Rad nicht neu erfinden. Vieles ist schon gedacht, ausprobiert und gelebt worden. In vielen Kulturen ist wertvolles Wissen verborgen, das wir nutzen können, um aktuelle Krisen zu meistern und uns neue Perspektiven und Horizonte zu erschließen.

Dieser Ansatz zieht sich wie ein roter Faden durch die Kapitel, die jeweils einem Themen- bzw. Lebensbereich gewidmet sind – immer mit dem Blick darauf, was wir von anderen Kulturen lernen können. Wie könnte ein besseres gesellschaftliches Miteinander aussehen und auch ein verbindender, herzlicherer Umgang? Wie können wir unsere Arbeitswelt fairer und zukunftsfähiger machen? Und wie unseren Alltag freud- und sinnvoller gestalten? Ausgangspunkt für all das ist eine wertebasierte Lebensplanung. Damit schaffen wir gleichzeitig ein gesünderes und deutlich nachhaltigeres Denken und Handeln – essenzielle Punkte in dieser Zeit der Krisen und des dramatischen Klimawandels. Zu all diesen Punkten wird es jeweils ein Kapitel geben.

Aber keine Angst, er wird nicht nur theoretisch! Ich illustriere all die Zahlen, Daten, Fakten und Erkenntnisse aus der aktuellen interkulturellen Forschung und aus meinen Recherchen mit Geschichten. Auf meinen Reisen und im Rahmen meiner Lehr- und Forschungstätigkeit an verschiedenen Hochschulen im In- und Ausland habe ich jede Menge Fallbeispiele gesammelt, sogenannte Critical Incidents. Das sind kritische Situationen, in denen „Culture Clashs", also kulturelle Zusammenstöße, passieren. Diese müssen nicht immer negativ sein. Manchmal entstehen daraus Missverständnisse, aber auch Erstaunen, Überraschung oder Schmunzeln können die Folge sein. Ich nenne diese Fallsammlung liebevoll meine „Schatzkiste". Einige dieser Schätze werde ich hier mit Ihnen teilen. Sie sind mit diesem Symbol gekennzeichnet.

Die meisten Geschichten sind in verschiedenen Studien und Projekten, die ich geleitet habe, dokumentiert worden. Auf Basis der Materialien aus meiner Schatzkiste habe ich bereits zwei Bände mit kommentierten Fallbeispielen herausgegeben.[6] Doch ich habe auch selbst jede Menge Geschichten mit anderen Kulturen erlebt, von denen ich in diesem Buch einige zum Besten geben werde. Sie sind mit dem Symbol „Tagebuch" gekennzeichnet.

Es gibt auch immer wieder die Möglichkeit, die Weisheiten und Herangehensweisen anderer Kulturen ohne großen Aufwand in den eigenen Alltag zu integrieren. Diese Stellen mit praktischen Tipps erkennen Sie am Symbol „Glühbirne".

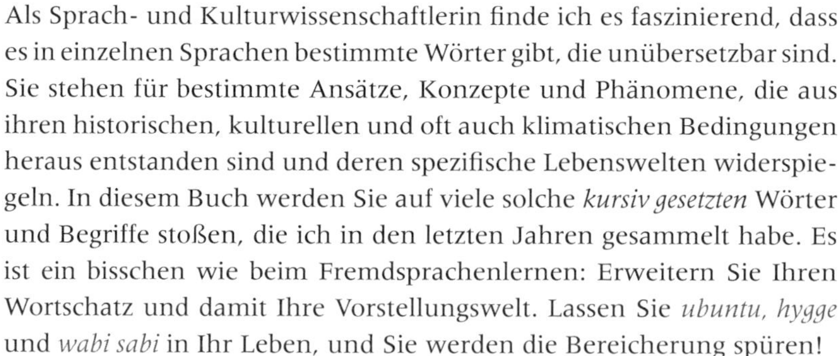

Als Sprach- und Kulturwissenschaftlerin finde ich es faszinierend, dass es in einzelnen Sprachen bestimmte Wörter gibt, die unübersetzbar sind. Sie stehen für bestimmte Ansätze, Konzepte und Phänomene, die aus ihren historischen, kulturellen und oft auch klimatischen Bedingungen heraus entstanden sind und deren spezifische Lebenswelten widerspiegeln. In diesem Buch werden Sie auf viele solche *kursiv gesetzten* Wörter und Begriffe stoßen, die ich in den letzten Jahren gesammelt habe. Es ist ein bisschen wie beim Fremdsprachenlernen: Erweitern Sie Ihren Wortschatz und damit Ihre Vorstellungswelt. Lassen Sie *ubuntu, hygge* und *wabi sabi* in Ihr Leben, und Sie werden die Bereicherung spüren!

Apropos Sprache: Ich verwende in diesem Buch gendergerechte Sprache, da mir das Thema als Professorin für Beratungswissenschaften mit Schwerpunkt Interkulturalität und Diversity sehr am Herzen liegt. Die gendergerechten Formen sollen sich so gut wie möglich in den Lesefluss eingliedern. Denn faire Sprache muss nicht sperrig sein!

Noch ein Wort dazu, worum es mir in diesem Buch *nicht* geht: Ihnen und mir irgendwelche Eigenschaften zu- oder abzusprechen oder uns als „Deutsche“ in einem schlechten Licht dastehen zu lassen. Es geht auch keinesfalls darum, alle Menschen in einen Topf zu werfen oder Kulturen bzw. deren Weltsichten und Eigenheiten zu bewerten (obwohl ein paar Verallgemeinerungen sich nicht ganz vermeiden lassen). Mein Ziel ist ein anderes: Ich möchte Sie inspirieren und unterhalten, Ihnen neue Perspektiven aufzeigen, Sie neugierig machen auf fremde Welten und darauf, Neues auszuprobieren!

Viel Freude beim Lesen und gute Erkenntnisse wünscht Ihnen

Gundula Gwenn Hiller

Wer die Enge seiner Heimat begreifen will, der reise.

KURT TUCHOLSKY

Kapitel 1: Typisch deutsch – gibt's das überhaupt?

Ich bin Anfang 30, das erste Mal ganz allein auf einem anderen Kontinent, wow, und dann auch noch in Kalifornien – ein erhebendes Gefühl! Stolz steuere ich meinen Mietwagen in Richtung Berkeley, wo ich zwei Wochen lang einen Sprachkurs besuchen werde. Im Radio läuft coole Musik und ich singe freudig mit. Es ist glücklicherweise wenig Verkehr, aber plötzlich ist da eine Kreuzung mit einer für mich unübersichtlichen Situation. Irgendwie hängen die Ampeln statt wie bei uns vor der Kreuzung dahinter. Ich fahre zu weit vor und erschrecke, als ich merke, dass ich schon halb auf der Kreuzung stehe. Hektisch lege ich den Rückwärtsgang ein und setze zurück. Und wumms! Ich stoße gegen das Auto hinter mir. Oh my goodness. Das fängt ja gut an. Ich habe Angst davor, gleich zur Schnecke gemacht zu werden. Ein großer Mann steigt aus, schaut kurz auf die betroffene Stelle und ich beginne, mich umständlich zu entschuldigen. Er grinst mich breit an und sagt: „Hey, lady, next time, you'd better watch out!" Damit ist die Sache für ihn gegessen und er steigt lässig zurück in seinen Wagen. Ich denke: „Echt jetzt, das war's? Der lässt mich einfach laufen, ohne Polizei, Versicherung und so?" Ein Kratzer mehr oder weniger scheint für ihn kein Weltuntergang zu sein. Er hat sich weder seinen Abend ruiniert noch meine Ankunft in den USA. Demütig und dankbar angesichts dieses glimpflichen Ausgangs fahre ich weiter. Welcome to California!

Was für ein großartiger Empfang für mich in den USA! Ich war schwer beeindruckt von der gänzlich unerwarteten Reaktion dieses Herrn.

Und ich erlebte während des ganzen Aufenthalts dort viel Freundlichkeit, Lockerheit und Großzügigkeit. Jemand spendierte mir 5 Dollar am Straßenbahnautomaten, weil ich das Geld nicht passend hatte; es gab Einladungen zum Essen, eine spontane Übernachtung bei Fremden etc. Solche Gesten der Gastfreundschaft sind mir bei Reisen in vielen Ländern aufgefallen, sie haben mich teilweise beschämt und mir vor Augen geführt, wie wenig großzügig und gastfreundlich wir in unserem Land doch oft sind.

Dass wir in diesem Punkt so schlecht abschneiden, konnte ich erst erfassen, als ich im Ausland wahre Großzügigkeit erlebte. Und die habe ich angetroffen, von Polen bis Neuseeland! Es lohnt sich auf jeden Fall, sich einmal mit der Außensicht auf uns zu befassen. Wie war das noch? Selbstreflexion ermöglicht persönliches Wachstum. Das sagte schon Goethe in seinem „Faust“: „Wie viel bist du von andern unterschieden? Erkenne dich, leb' mit der Welt in Frieden.“[7]

Vermutlich werden Sie meine Einschätzungen nicht immer teilen und Ihnen werden immer wieder einmal Personen einfallen, die den Bildern, die ich hier zeichne, nicht entsprechen, Sie selbst eingeschlossen. Das ist normal, denn die Antwort auf die Frage „Wie sind ‚wir Deutschen‘ eigentlich?“ kann immer nur eine Annäherung sein. Genauso wie die Überlegungen zu diesen Fragen: Was können wir – als Kollektiv gesehen – gut und was weniger gut? Worin bestehen unsere Stärken, und wo haben wir Lernbedarf? Mir ist bewusst, dass ich mich mit diesen Fragestellungen auf dünnes Eis begebe: Jemand, der in Berlin lebt und in einem Start-up arbeitet, wird ein anderes Deutschland erleben als eine Germanistikstudentin aus Heidelberg oder eine Künstlerin in Buxtehude. Ist es überhaupt legitim, von einem Land als Ganzes zu sprechen und es zu beschreiben bzw. den Menschen, die dort leben, bestimmte Eigenschaften zuzuschreiben?

Alle über einen Kamm?

Wer wie ich im Feld der interkulturellen Kommunikation arbeitet und lehrt, bewegt sich tagtäglich in diesem Dilemma. Immer eingedenk der Gefahr der Stereotypisierung, versuchen wir dennoch, ein interessiertes Publikum bzw. unsere Kursteilnehmenden „interkulturell zu sensibilisieren“ – sie also auf mögliche Irritationen und Missverständnisse vorzubereiten, die in interkulturellen Kontaktsituationen auftreten können. Wo ecken sie an, bzw. wo verstehen sie die anderen nicht? Eine weitere Möglichkeit besteht darin, mit theoretischen Konzepten zu arbeiten, die Kulturen erfassen und beschreiben wollen. Das allerdings verlangt einiges an Fingerspitzengefühl, da hier gerne kräftig verallgemeinert wird.

Deutschland verstehen: Das war in der Zeit nach dem Zweiten Weltkrieg ein Anliegen vieler Nationen und Institutionen. Der amerikanische Anthropologe Edward T. Hall, einer der Pioniere im Bereich interkultureller Kommunikation, widmete sein Forscherleben zusammen mit seiner Frau Mildred der Erfassung und Beschreibung kultureller Unterschiede. Aufgrund seiner eigenen Erfahrungen als Soldat im Zweiten Weltkrieg wollte er seinen Studierenden dabei helfen, die Begegnungen zwischen Angehörigen verschiedener Kulturen besser zu verstehen und angemessen zu reagieren, und wurde somit zum Begründer der interkulturellen Kommunikation als Wissenschaft. Das Foreign Service Institute des US-Außenministeriums beauftragte Hall, Kulturen aus einer vergleichenden Perspektive zu beschreiben – der Ausgangspunkt interkultureller Forschung. Die von ihm geschaffenen Kulturdimensionen wurden dann von späteren Forschenden ergänzt und weiterentwickelt. So gibt es inzwischen in der interkulturellen Forschung eine ganze Reihe abstrakter Konzepte, die kulturelle Unterschiede benennen; diese werden z.B. Kulturdimensionen, Culture Map oder eben Kulturstandards genannt.[8]

Hall und seine Nachfolger:innen bezogen Deutschland ausführlich in ihre Studien mit ein; in Deutschland selbst wurde dann in den 1990er-Jahren ein Konzept entwickelt, das interkulturelle Zusammenstöße aus deutscher Sicht zu erfassen versuchte. So etablierte der Sozial- und Organisationspsychologe Alexander Thomas in den 1990er-Jahren hierzulande die Kulturstandard-Forschung. Ähnlich wie Hall wollte er damit erreichen, dass die Menschen interkulturell kompetenter würden. Hierfür entwickelte Thomas die sogenannten Kulturstandards, die ich gerne, angereichert mit Medienartikeln, Umfragen oder Interview- oder Literaturauszügen, als Reflexionsgrundlage verwende – und zwar zu der Frage, wie „wir Deutschen“ denn so sind.

Kulturstandards sind, einfach gesagt, verdichtete Beschreibungen von Eigenheiten im Denken und Verhalten, „die von der Mehrzahl der Mitglieder einer bestimmten Kultur für sich persönlich und für andere als normal, selbstverständlich, typisch und verbindlich angesehen werden", so Thomas.[9] Wohlgemerkt von einer Mehrzahl, nicht von allen. Was die Kulturstandards angeht, so sind meine Studierenden die Gradmesser. Solange die junge Generation sich darin wiederfindet, kann ich damit arbeiten. Noch hat dieses Modell das Potenzial, zur Selbstreflexion und auch zu einer Reflexion über unsere Gesellschaft anzuregen.

Das Sprechen über kulturelle Eigenheiten bzw. Kulturstandards ist immer eine Gratwanderung zwischen Stereotypisierung und dem legitimen Wunsch nach Wissen über andere Kulturen. Und dieses Problem lässt sich letztlich nicht ganz lösen. Auch Medienartikel, Sprachunterricht, Reiseführer, Auslandsreportagen, Literatur und Humor arbeiten mit Verallgemeinerungen, wenn nicht sogar mit Klischees. Die Stereotypenforscherin Julia Degener sagt dazu, dass wir als Individuen den Anspruch, uns von Stereotypen befreien zu wollen, gar nicht erfüllen können. Es gehört zur natürlichen Funktionsweise des menschlichen Geistes, dass wir soziale Kategorien wie Geschlechts-, Alters- oder ethnische Stereotype verwenden.[10] Umso wichtiger ist es, wach und aufmerksam zu sein, Dinge auch zu hinterfragen und differenziert zu sprechen und zu denken.

Welterkenntnis durch Selbsterkenntnis

Es kann sehr erhellend sein, sich mit diesen Konzepten, die die Unterschiede beschreiben, zu befassen. So war es für mich persönlich ein Riesen-Aha-Erlebnis, als ich zum ersten Mal dank Hall und Thomas realisierte, dass wir weitaus direkter kommunizieren als fast alle anderen Kulturen. Endlich hatte ich die Antwort auf die Frage, warum viele Menschen aus anderen Ländern uns als stoffelig oder unhöflich erlebten. Es liegt an der Struktur unserer Sprache, aber nicht nur! Ich werde später auf dieses spannende Thema zurückkommen.

Natürlich müssen Sie, liebe Leserin und lieber Leser, für sich selbst schauen, ob Ihnen einleuchtet, was die interkulturelle Forschung sagt, was in den Medien steht und auch, was ich schreibe. Doch man muss die Dinge zunächst einmal benennen, um dann darüber nachzudenken, sich selbst zu verorten oder darüber diskutieren zu können. Deshalb verwende ich in der Arbeit mit Gruppen oft einfach nur Kategorien aus der interkulturellen Forschung, wie z.B. „direkte" versus „indirekte" Kommunikation, und lasse die Teilnehmenden sich selbst einordnen.

Denn auch innerhalb Deutschlands haben wir eine große Diversität. Ein Beispiel: Während meiner Studienzeit gab es Seminare zum Thema „Männersprache – Frauensprache". Die Erkenntnis: Frauen kommunizieren indirekter als Männer. Dann erschienen Studien zum Thema „Kommunikation in Ostdeutschland im Vergleich zu Westdeutschland". Fazit: In der DDR wurde indirekter kommuniziert als im Westen. Was folgte daraus? Sprechen ostdeutsch sozialisierte Frauen dann überhaupt direkt? Ich könnte nun behaupten: ja, im Vergleich zu Japaner:innen mit Sicherheit. Letztlich aber ist, losgelöst von jeglicher kulturellen Zuschreibung, die allerspannendste Frage: Wie wirken sehr direkt sprechende Menschen auf indirekter Kommunizierende und umgekehrt? Was gelingt den einen besser, was den anderen? Und was könnten die beiden jeweils voneinander lernen?

> Dass ich Deutsche bin, habe ich begriffen, als ich mit 19 für ein Auslandsjahr nach Paris ging;
>
> dass ich Badenerin bin, habe ich gemerkt, als ich zum ersten Mal aus dem Ländle wegzog;
>
> dass ich Westdeutsche bin, wurde mir bewusst, als ich zur Promotion nach Frankfurt (Oder) ging;
>
> und was es bedeutet, sich als Europäerin zu fühlen, spürte ich erstmals, als ich sechs Monate lang an der University of Texas arbeitete.

Ich spüre es und ich identifiziere mich damit – und dennoch bleibt die Frage: Was ist das denn, „typisch deutsch" oder „typisch europäisch"? Ich habe auch viele andere Identitäten und kulturelle Prägungen. Deshalb möchte ich – selbst im Südwesten der Republik aufgewachsen, aber im Nordosten mit einem ostdeutsch sozialisierten Partner lebend

– an keiner Stelle des Buches behaupten, dass „wir Deutschen“ alle gleich sind. Doch ich werde sowohl bei meinen Ausführungen über die deutsche Kultur verallgemeinern müssen als auch bei den Ausführungen über die anderen Kulturen.

Gruppen, Gesellschaften oder Kulturen bestehen natürlich immer aus Individuen mit ihren Eigenheiten und Ansichten. Aber sie teilen Orientierungssysteme, die Geschichte und zumeist die Sprache und haben eine gemeinsame Identität. Viele Konzepte, Herangehens- und Verhaltensweisen sind für sie selbstverständlich und werden erst in ihrer Besonderheit wahrgenommen, wenn sie mit anderen kollidieren. Kultur ist das, was uns selbstverständlich umgibt und was wir oft gar nicht benennen können, weil es immer da ist. Die interkulturelle Betrachtungsweise macht uns also auf Eigenschaften aufmerksam, die für uns als Vertreter:innen einer Kultur selbstverständlich sind, die anderen aber an uns auffallen – oder die uns selber bewusst werden, wenn wir mit Menschen zu tun haben, die anders auf die Welt schauen, handeln, denken oder fühlen als wir.

Spannende Außenperspektiven

Wurden Sie auch schon in Gespräche darüber verwickelt, was „typisch deutsch“ eigentlich bedeutet? Und wie würde Ihre Antwort darauf lauten? Es gibt viele Mythen über „die Deutschen“: Manche sagen beispielsweise, wir seien fleißig, effektiv und strebsam, dafür aber humorlos und unflexibel. Apropos Humor, kennen Sie diesen Witz?

> *„Do you know why Germans build such high-quality products? So they won't have to go around being nice while they fix them.“*
>
> Anonym[11]

Der ist echt ein bisschen gemein, sagte meine englische Freundin Sue, als ich ihr diesen Witz erzählte. Ich mag ihn ganz gerne, weil er gleichzeitig mit einem positiven und einem negativen Stereotyp spielt. By the way, was heißt das überhaupt: positiv und negativ? Und wer entscheidet, ob Effektivität oder Nettsein positiv ist oder nicht? Ist eines davon besser als das andere? Diese philosophische Frage werde ich später nochmals aufgreifen.

Bleiben wir erst einmal bei den pauschalen Einschätzungen der „Deutschen“: Manche sagen, diese seien zwar tolerant und freiheitsliebend, aber leider auch ständig gestresst. Probleme würden oft aufgebauscht und überall gebe es Regeln.[12] Spannend ist auch die Frage, welchen Ruf die Deutschen eigentlich in der Welt haben. Die detaillierteste aktuelle Erhebung, die ich dazu gefunden habe, ist eine Studie aus den USA, die Menschen in 36 Ländern zu 73 Nationen befragt hat. Deutschland stand im Ranking der Länder mit dem besten Ruf 2020 immerhin auf Platz vier und verbesserte sich 2021 sogar um einen Platz.[13] Beim Unternehmertum sahen die Befragten Deutschland sogar weltweit auf Platz eins. Deutlich schlechter schnitten wir jedoch in puncto Sympathie ab (Platz 50).[14] Und die Zeitung „Die Welt“ bescheinigte den Deutschen, dass sie als Tourist:innen nicht allzu beliebt sind.[15] Diese beiden letzten Punkte sind nicht gerade schmeichelhaft. An was könnte das liegen?

Deutschland zu beschreiben, ist keine einfache Aufgabe. Wir haben es mit einem heterogenen, multikulturellen, stark regional geprägten Land zu tun. Ist Ihnen bewusst, dass Deutschland im Vergleich zu anderen europäischen Staaten ein ziemlich junges Land ist? Ich meine jetzt nicht das wiedervereinigte Deutschland seit 1990. Verglichen mit Frankreich, das auf eine über tausendjährige Geschichte zurückblickt, oder Polen, das auch schon vor 1000 Jahren auf der europäischen Landkarte verzeichnet war, stecken wir, historisch gesehen, noch in den Kinderschuhen. Noch 1797 fragte Friedrich Schiller in den „Xenien“: „Deutschland, aber wo liegt es? Ich weiß das Land nicht zu finden.“ Der deutschsprachige Raum bestand damals noch aus vielen Einzelstaaten, und erst über 70 Jahre später gelang es dem preußischen Ministerpräsidenten Bismarck, Deutschland zu einen. Und das ist gerade mal rund 150 Jahre her! 1871 stimmten die süddeutschen Staaten zu, Teil eines neuen Deutschen Reiches mit dem preußischen König als Kaiser zu werden.

Diese Erstarkung führte unter anderem zu zwei Weltkriegen. Und der Zweite Weltkrieg wiederum zur deutschen Teilung. Jedes Mal musste Deutschland sich neu erfinden. Nach dem Zweiten Weltkrieg stürzten sich die Menschen erst einmal voll in die Arbeit und ermöglichten in den 1950er-Jahren in Westdeutschland das „Wirtschaftswunder“. Im Osten versuchte man es mit dem real existierenden Sozialismus. Nach der Wiedervereinigung wurde der Osten nahezu komplett vom Westen und dessen Werten „überrollt". Das hat bis heute Risse und Narben hinterlassen. Noch immer spürt man die Unterschiede zwischen Ost und West, aber auch zwischen Nord und Süd, Stadt und Land. Auch das föderale System aus 16 Bundesländern, die gerne ihre eigenen Süppchen kochen, trägt nicht immer zu einem Einheitsgefühl bei.

Menschen aus anderen Ländern, die eine Zeit lang in Deutschland leben, wundern sich oft darüber, dass wir so wenig patriotisch sind. Ich habe mehrfach erlebt, dass internationale Studierende ihre deutschen Kommiliton:innen gefragt haben, warum diese so ein distanziertes Verhältnis zu ihrem Vaterland hätten. Sie können schwer nachvollziehen, dass die Ära des Nationalsozialismus noch so schwer auf der deutschen Seele lastet. Aber um das heutige Deutschland zu verstehen, ist es fundamental wichtig, das relativ kurze, aber stark belastete historische Erbe zu kennen und dessen Bedeutung anzuerkennen.

Arbeit und Pflicht

„Die Deutschen haben den Ruf, hart zu arbeiten", sagt Amel Saidane, eine tunesische Start-up-Gründerin auf einer Website des Auswärtigen Amts auf die Frage, wie die Welt Deutschland sieht.[16] „Ist das wirklich so?", werden Sie sich jetzt vielleicht fragen. Nun, auch hier kommt es auf die Perspektive an. Wer sagt das über wen? Wie sehen wir uns selbst? Und wie erleben wir das? Ist es nun etwas Positives, hart zu arbeiten, oder eher etwas Negatives? Kommt darauf an ... Tatsächlich ist die Zahl der Burnout-Fälle in Deutschland besonders hoch. So schrieb das „Ärzteblatt" 2019, dass jede:r zweite Deutsche sich von Burnout bedroht sieht und circa neun von zehn Deutschen sich von ihrer Arbeit gestresst fühlen.[17] Alarmierende Zahlen, oder?

Manche führen diese ausgeprägte Arbeitsbereitschaft der Deutschen darauf zurück, dass diese sich nach der Katastrophe des Zweiten Weltkriegs darauf fokussierten, den Wiederaufbau der deutschen Wirtschaft und Gesellschaft mit aller Kraft voranzutreiben. Die Menschen wollten vergessen, was geschehen war, und stürzten sich in die Arbeit. Das Ergebnis: Das Land wurde zum Exportweltmeister und baute seinen guten Ruf von deutscher Wertarbeit „Made in Germany" weiter aus: Deutschland steht für Qualität. Dieser jahrzehntelange wirtschaftliche

Erfolg spricht für das „harte Arbeiten". Historiker:innen, die etwas weiter in die Vergangenheit schauen, führen diese Hingabe an die Arbeit auch auf das protestantische Arbeitsethos zurück: Dieser Begriff (Ethos = prägende Lebensgewohnheit) bringt zum Ausdruck, dass Arbeit als etwas Gottgewolltes anerkannt und nicht als etwas Lästiges empfunden wird.

Zu diesem Ethos trug schon im 16. Jahrhundert Reformator Martin Luther maßgeblich bei, der Arbeit als zentrale Pflicht des Menschen in der Welt ansah: „Wer treulich arbeitet, der betet zwiefältig. Aus dem Grunde, dass ein gläubiger Mensch in seiner Arbeit Gott fürchtet und ehret und an seine Gebote denkt."[18] So verlieh Luther der täglichen Arbeit einen Sinn, sie war Dienst an Gott. Die protestantischen Gründerväter und -mütter der USA nahmen dieses Arbeitsethos mit über den Atlantik und etablierten es dort. „Working hard" hat auch dort einen hohen Stellenwert.[19] Der deutsche Soziologe Max Weber sah Anfang des 20. Jahrhunderts im protestantischen Arbeitsethos den Mutterboden für die Durchsetzung des Kapitalismus als Wirtschaftsform in vielen europäischen Ländern.[20]

Wie kam es, dass die preußisch-protestantischen Tugenden Pflichtbewusstsein, Verlässlichkeit, Aufrichtigkeit, Sachlichkeit, Diensteifer und Selbstdisziplin in ganz Deutschland so tief verankert wurden? Es ist doch auch ein nicht unerheblicher Teil in Deutschland katholisch geprägt, und gerade die bevölkerungsstarken Bundesländer wie Bayern, Baden-Württemberg und Nordrhein-Westfalen sind überwiegend katholisch. Doch betrachtet man die Geschichte, waren es zumeist Protestant:innen, die die deutsche Kultur maßgeblich prägten. So waren sowohl Bismarck als auch Kaiser Wilhelm preußische Protestanten. Die Meisterdenker der deutschen Philosophie werden als Produkte einer evangelischen Kultur angesehen: Kant, Fichte, Schelling, Hegel, Nietzsche. Auch die klassische deutsche Literatur wurde fast ausschließlich von Protestanten geprägt, dabei reicht die Reihe von Andreas Gryphius über Gotthold Ephraim Lessing, Ludwig Wieland, Johann Wolfgang von Goethe, Friedrich Schiller und Eduard Mörike bis hin zu Thomas Mann, Ernst Jünger und Bertolt Brecht.[21] Und schließlich ist auch die Musik von Johann Sebastian Bach ein Ausdruck seines tiefen protestantischen Glaubens. Aber nun habe ich das große Bedürfnis, nach Auflistung all dieser Männernamen zumindest Angela Merkel hinzuzufügen. Irgendwie ist die als Pfarrerstochter aufgewachsene ehemalige Kanzlerin doch auch eine Verkörperung preußischer Tugenden, gepaart mit protestantischem Arbeitsethos, oder?

Für diese ursprünglich also preußisch-protestantische Priorisierung von Arbeit, Pflichterfüllung und Aufgabenerledigung steht im interkulturellen Slang der Begriff „Sachorientierung“, manchmal auch „Aufgabenorientierung“ genannt.[22] Damit eng verknüpft ist die Art und Weise, wie wir kommunizieren, unseren Alltag gestalten und mit Zeit umgehen. Beispiele hierzu finden sich jede Menge in meiner Fallbeispiele-Schatzkiste.

Da gibt es z. B. Layla, die sich nicht integriert fühlt in ihr Team, da es während der Arbeit und auch der Pausen zu wenig Socialising gibt. Oder Jun, der eine ellenlange E-Mail an eine Verwaltungsperson schreibt und viele Entschuldigungs- und Bescheidenheitsfloskeln vorschiebt, bevor er sein Anliegen äußert, sodass die adressierte Person nach zwei Abschnitten bereits die Geduld verliert und nicht weiterliest. Und viele mehr ...[23]

Im Berufsleben bleiben wir gerne sachlich und konzentrieren uns auf die zu erledigenden Aufgaben. Zumindest wird das in der Regel sozial erwartet. Und deshalb können das die meisten von uns ziemlich gut. „Professionalität“ bedeutet für viele, sich zu fokussieren, zur Sache zu kommen und dann bei der Sache zu bleiben, und, ganz wichtig, möglichst die Emotionen dabei zu kontrollieren. Hinzu kommt die Tatsache, dass sich Menschen oft über ihre Leistung definieren. Dazu gehören dann auch Erfolg und Besitz.

Die andere Seite der Medaille

Nun hat alles seine Kehrseite – das „Wertequadrat“, ein Modell, das auf den Hamburger Kommunikationspsychologen Friedemann Schulz von Thun zurückgeht, zeigt das deutlich. Dem Wertequadrat zufolge existiert für jeden kulturellen Wert, an dem Menschen sich orientieren und den sie für grundsätzlich positiv und erstrebenswert halten, ein Gegenkonzept bzw. Wert, der dann unberücksichtigt bleibt. So wäre das Gegenkonzept zu „Sachorientierung“ etwa „Beziehungsorientierung“. Das heißt, sachorientierte Menschen sind gut darin, Aufgaben zu erledigen, zu fokussieren und effektiv Dinge abzuarbeiten. Dafür bleibt die Beziehungsarbeit, also etwa der Aufbau einer vertrauensvollen, kollegialen Arbeitsatmosphäre, oft auf der Strecke. Dies wiederum wird dann von anderen für positiv und erstrebenswert gehalten.

In einer beziehungsorientierten Kultur liegt der Fokus auf einem guten Arbeitsklima. Die dahinterliegende Philosophie: Die Mitarbeitenden sind äußerst motiviert und ihnen geht die Arbeit gut von der Hand, wenn die Atmosphäre stimmt. Schulz von Thun zeigt anhand des Modells, dass diese unterschiedlichen Herangehensweisen oder Wertorientierungen oft zu Konflikten führen. Die Beteiligten werten das Verhalten des Gegenübers dann zumeist ab: Die sachorientierte Person ärgert sich vielleicht über das „Geschwätz" der beziehungsorientierten Person, und diese wiederum wendet sich genervt von der sachorientierten Person ab, da sie ihr „unmenschlich" erscheint.

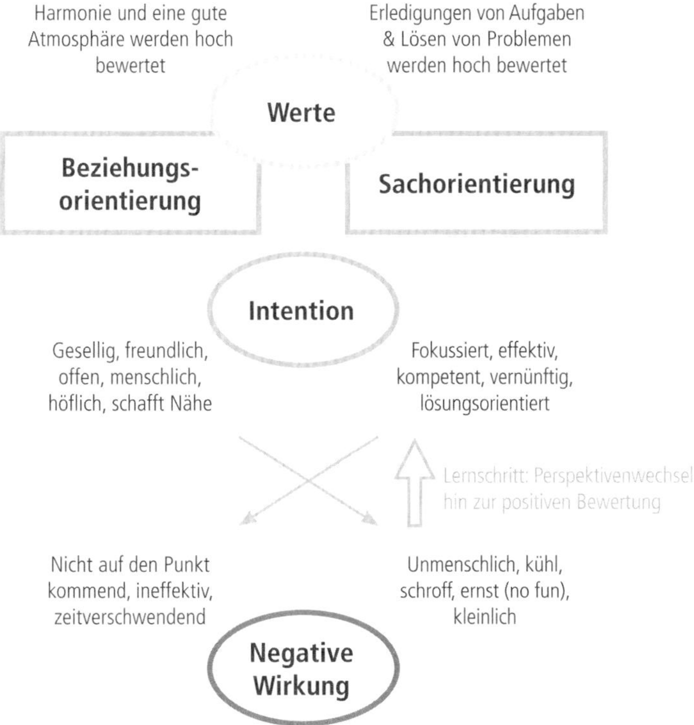

Wertequadrat nach Friedemann Schulz von Thun

Perspektivwechsel heißt hier, das Positive in der Orientierung der anderen zu sehen. Da es mir um den ressourcenvollen Blick auf andere Kulturen geht, also auf das, was wir von ihnen lernen können, möchte ich Ihren Sinn dafür schulen, zu erkennen, dass jede Ausrichtung, jede Herangehensweise einen bestimmten Fokus hat und dieser an sich wertvoll ist. Andere Aspekte werden ausgeblendet. Wenn ich mich primär auf die Aufgabe fokussiere, dann habe ich eben die Beziehung, das Team und die Befindlichkeiten nicht so sehr im Blick. Hier geht es nun darum, den Blick zu weiten; anstatt diejenigen, die eher beziehungsorientiert sind, abzuwerten, sollte man sich fragen, was diese denn besser können. Umgekehrt natürlich auch.

Indem man das Wertequadrat anwendet, lernt man das andere oder die anderen zu schätzen, und der Mehrwert der Unterschiedlichkeit wird deutlich.

Wie wir kommunizieren

„Die Deutschen sind kühl, distanziert und schroff, also unhöflich!" Dieses Stereotyp hält sich schon seit langer Zeit und auch in der 2018 von der GIZ (Deutsche Gesellschaft für Internationale Zusammenarbeit) veröffentlichten Studie „Deutschland in den Augen der Welt" wird uns bei einem insgesamt recht positiven Deutschlandbild „Reserviertheit" zugeschrieben.[24] Diese als unfreundlich wahrgenommene Distanziertheit hat viel mit der sprachlichen Direktheit zu tun, zu der wir generell in Kommunikationssituationen neigen. Nicht nur die Sprachwissenschaft hat das schon lange erkannt, sondern auch Edward Hall vor über 50 Jahren (Sie erinnern sich, der Pionier der interkulturellen Forschung). Aber auch in der modernen interkulturellen Managementliteratur finden sich viele Beispiele. So bescheinigt Erin Myer in ihrem internationalen Bestseller „Die Culture Map" uns Deutschen eine auffallende Direktheit im Vergleich zu anderen Kulturen, wenn es darum geht, Feedback zu geben oder zu widersprechen.[25]

Zu den daraus entstehenden Irritationen gibt es unzählige Fallbeispiele und Anekdoten.[26] Insbesondere in der deutschen Wissenschaftskultur wird viel und gerne kritisiert. Das Kritisieren von Thesen, Konzepten oder Vorträgen ist ein Teil der akademischen Kultur und Studierende werden trainiert, kritisch zu denken bzw. offen Kritik zu üben.

Als Gastdozentin in den USA lernte ich eine Reihe von Deutschen kennen, die ausgewandert waren. Einer gestand mir: „Manchmal überlege ich, wieder nach Deutschland zurückzukehren. Aber kaum bin ich dort z. B. auf einer Tagung und höre, wie die Leute miteinander umgehen, merke ich, dass ich das nicht mehr ertrage. Die Kritik kommt in einem Tonfall daher, der mich unglaublich stört."

Kritik wird hierzulande tendenziell als etwas Konstruktives empfunden und auch das Ansprechen von Problemen oder Fehlern ist – vor allem im beruflichen Kontext – okay. Nach dieser Auffassung helfen das Offenlegen von Schwachpunkten und Problemanalysen dabei, Abläufe und Sachverhalte zu optimieren. Interessanterweise ist das Wort „Problem" in manchen Sprachen ein Tabu; so sagen viele Amerikaner:innen etwa „We have a situation" (statt „a problem"). Wir haben es gerne, wenn Dinge „auf den Punkt" gebracht werden, „klipp und klar", „schnörkellos" und „ohne Umschweife". In Diskussionen stellen wir unseren Standpunkt möglichst selbstbewusst dar, und das Infragestellen anderer Meinungen ist legitim, da es einer größeren Sache, nämlich der Wahrheitsfindung dient.

Die Sachorientierung geht also mit einem Kommunikationsstil einher, der dazu dienen soll, dass alle Beteiligten ihre Arbeit optimal und effektiv ausführen. Sachverhalte werden entsprechend ungeschminkt dargelegt. Dabei spielt Ehrlichkeit als Wert eine wichtige Rolle. Immer wieder höre ich in meinen Seminaren von Nichtdeutschen, sie schätzten es sehr, dass man immer wisse, woran man bei uns ist. Aber all das geht eben nicht immer mit Diplomatie einher.

In Berlin habe ich auf einer Party einmal eine Japanerin getroffen, die schon lange in Deutschland lebte. Ihre neunjährige Tochter ist hier geboren und aufgewachsen. Sie spricht zwar perfekt Japanisch, aber wenn sie in Japan ist, kommuniziert sie auf Japanisch in der Art, wie es deutsche Kinder tun würden. Eben geradeheraus und direkt. Die japanischen Verwandten reagieren oft schockiert auf die Kleine und denken, dass sie ein sehr unhöfliches Kind ist. Die Mutter ist verzweifelt darüber.

Der Kleinen würde die Fähigkeit, „die Luft zu lesen" (jap. *kuuki yomeai*) bzw. das koreanische „rechte Augenmaß" (kor. *nunchi*) helfen, bei ihren Verwandten nicht so anzuecken. Wie das geht, erfahren Sie in Kapitel 3. Denken wir an das Wertequadrat, so liegen die Vorteile oder „positiven" Auswirkungen von Direktheit auf der Hand: Aufrichtigkeit, Sachlichkeit, Lösungsorientierung. Aber der Drang nach Ehrlichkeit und Authentizität hat natürlich auch seine Kehrseite. Einerseits wirken wir dadurch oft undiplomatisch, verletzend, kritisch, barsch und geradezu ungezogen. Nicht nur die Schatzkiste mit meinen Fallbeispielen, auch die interkulturelle Business-Literatur zeigt, dass schon manche internationale Team- bzw. Projektarbeit am Umgangston gescheitert ist. Und wir sind im Vergleich mit anderen Kulturen sehr zurückhaltend, was positive Kommunikation anbetrifft. Dazu gehören z. B. auch Lob und Komplimente, mit denen wir hierzulande gerne etwas großzügiger sein dürften. Auch dazu später mehr.

Wie Sie vielleicht ahnen, ist auch hierfür der Protestantismus mitverantwortlich. So forderte z. B. der Pietismus, eine in Deutschland sehr einflussreiche Strömung, die bis ins Schwabenländle hinunter stark verbreitet war, die bedingungslose Wahrhaftigkeit des Menschen.[27] Auch der Freiherr von Knigge, den heute alle mit dem Benimmratgeber assoziieren, war ein Fürsprecher der „wahrhaftigen" Kommunikation. In seinem 1788 erschienenen Buch „Über den Umgang mit Menschen", einer Aufklärungsschrift über Taktgefühl und Höflichkeit, empfahl er einen direkten Kommunikationsstil. Die „Komplimentierkunst" betrachtete er als eine höfische Kommunikationsform, die auf Verstellung und Schmeichelei ausgerichtet sei. So forderte er Umgangsformen, die sich im Geiste der Aufklärung an der Selbstverantwortlichkeit des Individuums und damit einhergehenden Tugenden wie „Nützlichkeit, Wahrhaftigkeit und Redlichkeit" orientierten.[28] Immanuel Kant setzte noch einen drauf, indem er Komplimente als „unwürdiges Benehmen" bezeichnete[29], und auch für Goethe waren Komplimente nur „gedrechselte" Worthülsen.[30]

In puncto positive Kommunikation gibt es also noch Luft nach oben, und es sieht ganz so aus, als könnten wir aus der Betrachtung anderer Kulturen lernen, etwas verbindender und freundlicher bzw. weniger konfrontativ zu kommunizieren. Wir können lernen, wie man durch den Einsatz von verbindender Sprache die Arbeitsatmosphäre oder generell die zwischenmenschlichen Beziehungen positiv pflegt (s. Kap. 3). Das wiederum kann sich positiv auf alle Bereiche des Lebens auswirken.

„Das ist doch nichts Persönliches"

Wir betonen gerne die Wichtigkeit, bei Kritik oder Feedback zwischen Person und Sache zu trennen. Das führt dann zu Statements wie: „Ich meine ja nicht dich als Person, sondern es geht mir um die Sache." Auch die Trennung von beruflich und privat ist „typisch deutsch". Das Wort „Feierabend" ist ein schöner Ausdruck für das Auseinanderhalten dieser Lebensbereiche. Gelebt, entspannt oder gefeiert wird am Abend, am Wochenende, im Urlaub. Zumindest für die ältere Generation gilt noch, dass sie Privates im Berufsleben eher zurückhaltend und höchstens ausgewählten Personen mitteilt und strikt zwischen Freund:innen und Kolleg:innen trennt. Auch unsere berufliche Rolle und wir als Privatperson sind zwei verschiedene Paar Schuhe: Im Beruf geben sich viele von uns distanzierter und rationaler, als sie es wirklich sind. In der Literatur wird dies „Distanzdifferenzierung" genannt, und ja – es braucht seine Zeit, bis wir uns gegenüber Kolleg:innen oder Fremden generell öffnen.

Vielleicht haben Sie ja auch schon einmal gehört, dass wir Deutschen eher Kokosnüsse sind und die Amerikaner:innen Pfirsiche. Dieses Bild ist gut gewählt. Es besagt, dass es für Fremde schwierig sein kann, durch die nach außen gezeigte harte Schale zu uns durchzudringen – aber wenn sie das geschafft haben, stellen sie oft fest, dass wir innen weich und herzlich sind und unsere Freundschaft ehrlich anbieten. Umgekehrt gehen Amerikaner:innen schnell auf herzliche Weise auch bei flüchtigen Begegnungen in Kontakt, aber dann ist es recht schwierig, ihnen menschlich wirklich näher zu kommen (während wir zwischen Freund:innen und Bekannten differenzieren, wird das in der englischen Sprache viel weniger getan).[31] Auch hier geht es nicht darum, zu bewerten, was denn besser ist, Pfirsich oder Kokosnuss – doch vielleicht können wir uns von den Amerikaner:innen abschauen, wie wir Herzlichkeit und das Gefühl von Interesse und Verbindung in einer Erstbegegnung erzeugen können!

Privates und Berufliches trennen

Mit Sprache lässt sich auch wunderbar Nähe und Distanz schaffen, und die deutsche Sprache bietet hier mehr Möglichkeiten als etwa die englische. Man denke nur an die Frage „Du oder Sie?". Tatsächlich habe ich mir zu Beginn des Schreibens überlegt, ob ich Sie duzen oder siezen werde, liebe Leser:innen! Denn es macht einen Unterschied. Ich habe mich für das „Sie" entschieden, weil ich Sie während eines Seminars oder eines Vortrags auch siezen würde. Ich habe in diesem Zusammenhang recherchiert, ob der Trend im öffentlichen Raum beim „Sie" oder eher beim „Du" liegt. Hierzu sagt die Sprachwissenschaftlerin Stefanie Stricker von der Universität Bamberg, dass das „Sie" immer reduzierter eingesetzt und das „Du" immer üblicher würde.[32] Offenbar zerbrechen sich auch die Marketingabteilungen hierüber den Kopf, und nach Ikea, Adidas und Apple spricht nun auch Aldi seine Kund:innen mit „Du" an.[33] Im Berufsalltag kommt es sicherlich auch auf die Branche an; in einem Start-up mit flachen Hierarchien wird auch hierzulande eher geduzt als etwa in einer hierarchisch organisierten Institution. Und es ist auch eine Generationenfrage; so neigt meine Generation (X) eher zum Siezen als die ab Mitte der 1980er-Jahre geborene Generation Y und die darauffolgenden (Z usw.) duzen noch lieber.[34]

Mein Kollege Klaus-Peter, 60+, erzählte mir erst neulich, dass er und eine andere, gleichaltrige Kollegin, die denselben Status hat und so lange wie er an derselben Hochschule arbeitet, sich 20 Jahre lang gesiezt hätten. Als sie ihm dann plötzlich das „Du" anbot, sei er richtig erschrocken.

Wie Sie sich vielleicht denken können, ist es für Personen, die in ihrer eigenen Muttersprache die Unterscheidung zwischen „Du" und „Sie" nicht haben (z. B. für alle English Natives) oft ein Rätsel, wann im Deutschen „Du" und wann „Sie" verwendet werden soll. Insbesondere, wenn sie aus einer Kultur stammen, in der die Sprache gerne eingesetzt wird, um eine gute Beziehungsbasis herzustellen, oder wo man andere Leute auch einfach mal so anspricht.

Damit tun sich viele hierzulande schwer, denn zur beschriebenen Trennung der Lebensbereiche gehört eben auch, dass man im öffentlichen Raum nicht so schnell miteinander ins Gespräch kommt wie anderswo. Bloß nicht aufdringlich wirken oder sich in die Angelegenheiten anderer Leute einmischen! Klar, dass dies auf Menschen, die es anders gewöhnt sind, schnell etwas distanziert wirkt und wir eher nicht besonders herzlich rüberkommen. Außerdem ist diese Tendenz zur Trennung von Lebensbereichen nicht gerade integrativ. Ist das vielleicht einer der Gründe dafür, dass bei uns eine so große Arbeitsunzufriedenheit herrscht? Welche Haltungen und Kommunikationsstile aus anderen Kulturen könnten auch hierzulande Integration und Zugehörigkeit fördern? Ich denke da an Gesellschaften, die per se multikulturell sind, zum Beispiel Einwanderungsländer, oder auch Vielvölkernationen. Mehr dazu lesen Sie in Kapitel 2 & 3.

Ordnung ist das halbe Leben

Wie steht es eigentlich um die klassischen preußischen Tugenden Pünktlichkeit, Ordnung und Fleiß? Redewendungen und Sprichwörter weisen in aller Regel auf bestimmte kulturelle Werte hin. Und so habe ich einmal für ein Workshopformat Sprichwörter recherchiert, die gewisse „typisch deutsche" Eigenschaften widerspiegeln, die Menschen aus aller Welt an uns wahrnehmen. Wen wundert es, dass ich zum Thema „Ordnung" gleich mehrere Sprichwörter und Redewendungen gefunden habe!

- Ordnung muss sein.
- Ordnung erhält die Welt.
- Ordnung ist das halbe Leben ...

Lieben wir Ordnungen und Regelwerke? Die Menge an Vorschriften und Vereinbarungen deutet darauf hin. Bei uns gibt es Haus- und Benutzerordnungen, Müllordnungen, Straßenverkehrsordnungen und vieles andere mehr oder weniger Sinnvolle. Manche Regelungen liegen schriftlich vor und können nachgelesen werden, andere sind implizit, im Sinne von „Das weiß doch jedes Kind" – wie z. B. die Mittagsruhe in Mietshäusern. Sicherlich gibt es in jeder Kultur gewisse Regeln und Ordnungen, doch wir Deutschen werden als besonders ordnungsliebend wahrgenommen. Hinzu kommt die Bürokratie in allen möglichen Bereichen – vom Einwohnermeldeamt (so etwas gibt es z. B. in

Frankreich nicht) über Parkausweise fürs Auto bis hin zu Rundfunkgebühren. Und so weiter und so fort.

Das öffentliche und teilweise auch private Leben scheint sehr strukturiert zu sein, und es gibt viele Regeln des formalen Miteinanders. Sinn und Zweck der Ordnungen und Regeln ist eine klare und zuverlässige Orientierung für alle Beteiligten, aber auch Kontrolle über eine Situation und Risikominimierung. Es geht dabei um Haftung oder Schutz der Privatsphäre und letztlich um Recht und Ordnung. Im Beruflichen bedienen Strukturen (von DIN-Normen über genau definierte Zeitpläne bis zum Fixieren des Vereinbarten in Protokollen) das Streben nach einer Optimierung, nach Qualität und Verlässlichkeit. Das hört sich alles nach einer guten Sache an, und deswegen werden solche Regelungen zumeist als etwas Positives angesehen; sie sind für uns oftmals gleichbedeutend mit Problemlösungen oder -prophylaxen.

Die heilige Pflicht

Zu diesem Wunsch nach Ordnung und Struktur gehört auch der Wunsch, alles genau zu planen. Gemäß dem Sprichwort „Der Teufel steckt im Detail" gib es eine Vorliebe für standardisierte, minutiös geplante und perfekt vorbereitete Abläufe. Jede:r weiß genau, was sie oder er wann zu tun hat – und es sollen sich alle daran halten!

Das Pflichtgefühl wird hierzulande großgeschrieben, einhergehend mit Werten wie Verbindlichkeit, Rechtschaffenheit und Verantwortung. Ein Beispiel gefällig? Nun, die meisten von uns bleiben an einer roten Ampel stehen, selbst wenn kein Auto kommt. Wir wollen ja ein gutes Vorbild für die anderen und vor allem für die Kinder sein und damit Verantwortung zeigen, oder? Manches wird einfach „aus Prinzip" getan, ob es nun die beste aller Lösungen ist oder nicht.

Disziplin und Zuverlässigkeit sind weitere „typisch deutsche" und eher preußisch anmutende Tugenden, die hierzulande nach wie vor sehr geschätzt werden. Die interkulturelle Forscherin Sylvia Schroll-Machl führt diese starke Regelorientierung übrigens auf die Sehnsucht nach Stabilität und Ordnung zurück, begründet durch die existenziellen Erschütterungen, angefangen bei der Zersplitterung in kleine Staaten bis hin zur jüngeren deutschen Geschichte (Zweiter Weltkrieg, deutsche Teilung).[35] Der Protestantismus Luthers, der Gehorsam gegenüber den Autoritäten predigte, sowie autoritäre und obrigkeitsstaatliche Kräfte, die die Deutschen langfristig prägten, trugen ebenso ihren Teil dazu bei.[36]

Ordnung, Struktur und Planung haben viele Vorteile, die auf der Hand liegen, aber auch die Nachteile sind offensichtlich. Mit Flexibilität und situativen Anpassungen tun wir uns oft schwer (s. Kap. 4). Mein persönliches Feindbild ist hier das „Bundesreisekostengesetz": Da ich an zwei verschiedenen Orten lebe und arbeite, habe ich regelmäßig Diskussionen mit der Reisekostenabrechnungsstelle meines Arbeitgebers. Mein Fall ist in den starren Schablonen nicht vorgesehen, und meine Appelle, hier etwas Entgegenkommen zu zeigen, führen regelmäßig ins Leere. Auch die folgende Geschichte zeigt, wie schwer wir uns manchmal mit Veränderungen tun:

Ich stand einmal am Freiburger Hauptbahnhof und wartete auf den Zug nach Berlin. Es war Winter, es war kalt und die Schneeflocken tanzten. Irgendwann kam eine Durchsage, die uns informierte, dass der Zug aufgrund des Winterwetters in der Schweiz stecken geblieben war. Aber in Basel konnte ein neuer Zug bereitgestellt werden, der mit einiger Verspätung dann in Freiburg ankam. Die Leute maulten zwar schon ein bisschen über die Verspätung, doch der allgemeine Missmut setzte ein, als sie feststellten, dass die Nummerierung des Ersatzzugs nicht zu ihren Platzreservierungen passte. Wie aufgescheuchte Hühner liefen die Leute durch die Abteile und machten Stress, beharrten auf ihrer Platznummer. Ich stand da und fragte mich: Wie wollen wir mit so einer Mentalität Innovation generieren?

Unpünktlich = unhöflich?

In dieser Anekdote geht es noch um einen weiteren Aspekt, auf den ich eingehen möchte: unsere Einstellung zur Zeit. Wir versuchen pünktlich zu sein und erwarten Pünktlichkeit von den anderen. Zeitpläne sollen eingehalten werden, und irgendwie sind die meisten von uns permanent unter Zeitdruck. Es soll bitte keine Störungen geben, und wenn es doch einmal dazu kommt, bringen sie unsere schönen Zeitpläne durcheinander, und das bringt dann uns aus dem Takt. Von meiner Persönlichkeitsstruktur her wäre ich lieber nicht so verplant und würde mir gerne öfters mal spontan die Zeit einteilen. Aber ich bin so sehr in diesem System sozialisiert – ich *musste* einfach lernen, meine Zeit durchzustrukturieren. Viele von uns sind komplett durchgetaktet, oft auch an den Wochenenden. Wir sehen Zeit als kostbares Gut, das wir entsprechend optimal nutzen und einteilen wollen. Davon zeugen etliche Sprichwörter:

- Zeit ist Geld.
- Was du heute kannst besorgen, das verschiebe nicht auf morgen.
- Wer zuerst kommt, mahlt zuerst.
- Der frühe Vogel fängt den Wurm.
- Den Letzten beißen die Hunde.

Generell nehmen wir zeitliche Vereinbarungen sehr ernst und fühlen uns Fristen und Terminplänen verpflichtet. Oft machen wir uns einen Riesenstress, um diese Zeitpläne und Verabredungen einhalten zu können. Versetzt uns jemand oder kommt zu spät, empfinden das viele von uns als unhöflich und respektlos. Da kann man auch schon mal wütend oder zumindest ungeduldig werden. Wer häufig Bahn fährt, weiß, wovon ich rede. In meiner oben erzählten Geschichte war ja nicht einmal die Deutsche Bahn (bzw. in diesem Falle die Schweizer Bahn, die pünktlichste aller Bahnen in Europa) schuld an der Verspätung, sondern das Wetter. Winter, Schnee! Etwas, das wir (noch) nicht kontrollieren können. Ist es weise, sich darüber zu ärgern? Es war doch klasse, dass überhaupt ein Ersatzzug bereitgestellt wurde!

Hier fällt mir die erste richtig große Reise meines Lebens ein. Es war am Ende meines Studiums. Wir fuhren in einer Gruppe von Neu-Delhi über Pathankot nach Dharamsala am Fuße des Himalayas. Wenn ich mich recht erinnere, ging der Nachtzug nach Pathankot nur einmal die Woche. Ihn zu verpassen, wäre schlecht, aber auch schwierig gewesen, denn, daran erinnere ich mich noch genau, die Antwort auf unsere Frage, wann er denn losführe, war „Today" – also irgendwann im Laufe des heutigen Tages. Eine genaue Uhrzeit konnten wir nicht in Erfahrung bringen. Aber keine Angst, sagten die Einheimischen, wenn er erst einmal in den Bahnhof eingefahren ist, bleibt er auch ein paar Stunden stehen. So war es dann auch. Wir waren frühmorgens gekommen und irgendwann nachmittags kam der Zug. Als er dann im Bahnhof stand, begann ein wildes Kommen und Gehen mit fliegenden Händlern, die Tee und Speisen im Zug verkauften, Passagieren, die riesige Gepäckstücke verluden, Großfamilien, die ihre Verwandten zum Zug begleiteten, etc. Was für ein Spektakel! Insgesamt stand der Zug, glaube ich, noch drei Stunden im Bahnhof.

Da hilft nur Gelassenheit. Und davon haben die meisten von uns leider nicht allzu viel. Unsere Sicht auf die Zeit, die immer schon das Morgen bzw. das, was als Nächstes zu tun ist, und häufig das Endergebnis mitdenkt, hält uns oft davon ab, ganz im Hier und Jetzt zu sein und den Augenblick zu genießen. Das kann die Lebensqualität ganz schön beeinträchtigen! Alternativen dazu finden Sie in Kapitel 6.

Singularisierung

Auch wenn wir diese „preußischen" Tugenden immer noch im Alltag leben und wahrnehmen, so sind wir doch inzwischen eine (post)moderne, säkularisierte und stark neoliberal geprägte Gesellschaft, die eine deutliche Werteverschiebung hin zum Individualismus – also zur Selbstverwirklichung, zur freien Entfaltung und damit auch der Wahrung der persönlichen Freiheit – erlebt hat. Ein gewisser Individualismus herrscht in vielen westlichen Ländern, aber in unterschiedlichen Ausprägungen. So wird hierzulande Individualismus mit Unabhängigkeit, Selbstständigkeit und Selbstverantwortung in Verbindung gebracht. Darauf ist auch unser Bildungssystem ausgerichtet. Das Ziel des pädagogischen Handelns: die Menschen von der Kita an darauf vorzubereiten, so früh wie möglich ihre Angelegenheiten selbst zu regeln, sich eine eigene Meinung zu bilden und kritisch zu denken.

Ich erinnere mich an eine Gruppe von Studierenden der Sozialarbeit aus Florida, die an meiner früheren Universität zu Gast waren. Man hatte mich eingeladen, einen kurzen interkulturellen Workshop mit ihnen abzuhalten. Zum Einstieg fragte ich sie nach ihren ersten Eindrücken in Deutschland. Sie hatten am Vormittag einen Kindergarten besucht und standen noch ganz unter dem Eindruck dessen, was sie dort erlebt hatten. Dabei erwähnten sie bewundernd die Tatsache, wie viele Dinge die Kinder schon selbst konnten, besonders hatte sie beeindruckt, dass viele der Kleinen in der Lage waren, sich die Schuhe zu binden.

Nun bin ich als Hochschullehrende weit weg vom Kindergarten, aber sehr nahe dran an den Studierenden und dem Wissenschaftsbetrieb. Im deutschen akademischen System ist die Herausbildung einer selbstständig agierenden und kritisch hinterfragenden Persönlichkeit eines der Hauptziele der Ausbildung. Studierende sagen nach einem Aufenthalt in Frankreich oder den USA oft, dass sie sich im gastgebenden Land manchmal wie im Kindergarten gefühlt hätten. Natürlich ist meine Schatzkiste auch hierzu voll mit Beispielen. So gab es z.B. eine deutsche Hochschulangestellte, die darüber irritiert war, wie ausführlich der Ankündigungstext für eine Exkursion ausfiel, den ihre englische und ihre amerikanische Kollegin verfasst hatten:

Unter dem Stichwort „Einkaufen" befand sich folgende Ergänzung: „Planen Sie daher Ihre Mahlzeiten im Voraus und kaufen Sie genügend Essen für das Wochenende ein." Außerdem hatten sie eine Anweisung hinzugefügt: „Bringen Sie bei schlechtem Wetter eine Regenjacke mit." Solche Erörterungen fand die Mitarbeiterin im Zusammenhang der Ankündigung für eine Exkursion auf der Internetseite völlig übertrieben und ein bisschen peinlich. Schließlich handelte es sich um erwachsene Menschen, die im Ausland studieren, und nicht um kleine Kinder, die Betreuung brauchen.[37]

Es geht also um Selbstverantwortung. Die Erwartung, eigenverantwortlich und selbstständig zu handeln, zieht sich sowohl durch unser Bildungssystem als auch durch die Gesellschaft allgemein.

Das ist vielleicht auch ein Grund dafür, dass wir als „typische Deutsche" nicht so schnell Hilfe anbieten, wie es andernorts der Fall ist, wo Sie nur kurz mit fragendem Blick auf der Straße stehen müssen, um freundlich angesprochen zu werden. Das heißt jedoch nicht, dass wir nicht hilfsbereit sind! Wir haben eher Angst, zu aufdringlich zu sein, und denken, dass die andere Person doch erwachsen ist und schon weiß, was zu tun ist. Diese innere Haltung macht uns zurückhaltender und nicht so proaktiv. Das gilt auch für die Kontaktaufnahme zu Unbekannten. Viele Migrant:innen stellen fest, dass es sehr schwierig ist, hier unkompliziert Menschen kennenzulernen. Während sie darauf warten, angesprochen zu werden, würden wir ihnen raten, aktiv auf andere zuzugehen – im Sinne der Eigenverantwortung.

In einer auf Individualität ausgerichteten modernen Gesellschaft wie der unseren wird oft weniger auf das Wohl der Gruppe als auf das Wohl des Einzelnen geschaut. Die eigene Selbstverwirklichung ist der Traum. Der materielle Wohlstand ermöglicht es außerdem sehr vielen Menschen, ein unabhängiges Leben zu führen und eigene Ziele zu verfolgen.

Mit dem Individualismus geht zudem eine Orientierung hin zum Besonderen und Einzigartigen einher, bzw., wie der Soziologe Andreas Reckwitz es nennt, zur „Singularisierung“[38]. In einem individualistischen Umfeld wollen Menschen gerne außergewöhnlich sein. Das Individuum möchte sich abheben von den anderen. Bestärkt durch Wettbewerb und Social Media streben immer mehr Menschen nach Einzigartigkeit, was auch außerordentliche Leistungen und ungewöhnliche Lebenskonzepte beinhaltet. Der Preis dafür ist mitunter hoch. Jeder fünfte Deutsche lebt allein,[39] und auch die Zahl der erwachsenen Singles wird als hoch eingeschätzt (hier variieren die neuesten Werte zwischen 22 und 33 Prozent).[40]

Ich erinnere mich an eine Autofahrt von Berlin nach Freiburg, die schon länger her ist, vielleicht 15 Jahre. Als ökologisch denkender Mensch hatte ich über eine Mitfahrbörse ausgeschrieben, dass ich zwei Personen mitnehmen konnte. So fuhren schließlich ein 35-jähriger Deutscher und eine lateinamerikanische Studentin mit mir Richtung Süden. Die Studentin, gerade in Deutschland angekommen, stellte uns eine Menge Fragen, natürlich auch zur Familiensituation. „Are you married?“ (ich: „Ja“; mein Mitfahrer: „Nein“) – „Do you have kids?“ (ich „Nein“, er: „Ja“). Beide Familienmodelle, die wir verkörperten, erzeugten bei ihr große Verwunderung, was sie mit „This is strange“ ausdrückte.

Familie hier und dort

Früher habe ich mit meinen Studierenden aus aller Welt oft eine Übung durchgeführt, bei der sie ihre wichtigsten Werte in das Innere eines Zwiebelmodells eintragen sollten. Auffallend war, dass die wenigsten deutschen Studierenden „Familie“ eintrugen, während sich das bei fast allen internationalen Studierenden, ob aus Polen, der Türkei oder Mexiko, durchzog. Dies führte zu sehr interessanten Diskussionen zwischen den jungen Leuten. Sicher, auch für die meisten von uns ist die Familie wichtig – aber eben anders wichtig. Vielleicht lässt es sich am besten folgendermaßen beschreiben: in einer Art und Weise, die unsere persönliche Freiheit nicht allzu sehr einschränkt.

Studien zum Familienbegriff zeigen z. B., dass das Äquivalent für das Wort „Familie“ in vielen Sprachen viel mehr Personen umfasst als im Deutschen oder im Englischen, also auch Tanten, Onkel, Cousins usw.[41] Hierzulande fühlt man sich eher mit der Kernfamilie besonders verbunden, alles darüber hinaus ist dann „Verwandtschaft“. In vielen kollektivistischen Kulturen hingegen gehört eben diese Verwandtschaft mit zum engeren Familienkreis, und man hat insgesamt viel mehr die Familie im Blick, egal ob es nun um die kurzfristige Freizeitgestaltung oder die langfristige Karriereplanung geht. Während vielerorts die schon erwachsenen Kinder länger bei den Eltern leben, verlassen in Deutschland junge Menschen oft noch während der Ausbildung das Elternhaus, um auf eigenen Beinen zu stehen. Dazu gehört auch eine bestimmte Vorstellung von Privatsphäre. So benötigt eine individualistisch geprägte Person in der Regel mehr Raum für sich (das kann räumlich oder auch mental gemeint sein). Deshalb gehört es z. B. bei uns zur Gastfreundschaft, dass der Gast zwar herzlich willkommen ist, wir ihr oder ihm jedoch genügend Freiraum lassen, selbstständig etwas zu unternehmen. Im Umkehrschluss empfinden wir eine Rundumbetreuung, wie man sie als Gast in manchen Ländern erfährt, oft als Einengung.

Insgesamt bringt das viel Toleranz mit sich; zu einer individualistischen Haltung gehört eben auch „Leben und leben lassen“. Das hat jedoch die Folge, dass freiheitsliebende, individualistische Personen sich nicht so leicht tun mit dem Einfügen ins große Ganze. Wenn auch Regeln und Normen, die das soziale Leben strukturieren, als sinnvoll erkannt und beachtet werden, so machen dann doch die meisten lieber „ihr Ding“, solange es die Regeln erlauben. Da kann dann schon schnell mal ein Gemeinschaftsgefühl, das einen starken Kitt im sozialen Erleben darstellt, verloren gehen, und viele Menschen finden sich dann zwar frei, aber einsam wieder. Lesen Sie hierzu in Kapitel 2, wie wir uns auf ein besseres Miteinander ausrichten könnten.

Eine männliche Kultur?

In manchen interkulturellen Büchern wird von femininen und maskulinen Kulturen gesprochen. Da das zu viel Verwirrung führte und mir auch nicht sonderlich zeitgemäß erschien, habe ich diese Begriffe nie benutzt. Im Gespräch mit meiner Freundin Sabine, die als Trainerin und Coach arbeitet, wurde mir neulich noch einmal bewusst, was genau damit gemeint ist. Ich beschäftigte mich gerade mit diesem Buchkapitel und erzählte ihr davon. Sie sagte: „Ja, die deutsche Kultur ist halt sehr männlich geprägt.“ Ich fragte nach, was sie damit meinte, und sie schilderte mir folgendes Erlebnis:

> Sabine bietet Frauenabende mit verschiedenen Schwerpunkten an, neulich zum Thema „Der Archetyp der Liebenden“. Im Zentrum stand der Aspekt der Weiblichkeit. Sie berichtete mir, dass dieser Abend besonders interessant für sie gewesen sei. Sie hatte den Eindruck, die Frauen hätten große Mühe damit gehabt, in den Reflexionsübungen die weiblichen Qualitäten, die mit dem Archetyp der Liebenden in Verbindung gebracht werden, in ihrem Alltagsleben zu identifizieren. Statt von Sinnlichkeit und Fürsorge für sich und andere sei ihr Alltag eher geprägt von Druck und Pflichterfüllung.

Kennen Sie die zwölf Archetypen der Seele nach Carl Gustav Jung? Sie reichen von den „Narren/Närrinnen“ über die „Liebenden“ bis hin zu „Krieger:innen“.[42] Die Liebenden sind der Archetyp der Beziehung. Ihre Hauptaufgabe ist das Fühlen und das Knüpfen von Beziehungen und Freundschaften. Bei diesem Archetyp geht es auch um gelebte Sinnlichkeit, Leidenschaft und Intimität. Die Liebenden sind in gutem Kontakt mit sich selbst, können eine liebevolle Beziehung aufbauen zu sich, zu anderen und zur Welt. Das Verhältnis von Geben und Nehmen ist dabei ausgewogen.

Da Sabine und ich diskutiert haben, ob das, was sie an dem Abend beobachtet hatte, kulturell bedingt sein könnte, habe ich nochmals in die alten Schriften von Geert Hofstede, einem der interkulturellen Pioniere, geschaut. Er spricht von femininen Kulturen, in denen „weibliche" Eigenschaften wie Mitgefühl, Toleranz, soziale Ausrichtung und Empathie eine große Rolle spielen. In maskulinen Kulturen zählen „kriegerisch-männliche" Eigenschaften wie Konkurrenz, Leistungsorientiertheit, Status etc. Demnach wäre Deutschland eine „typische maskuline Kultur". Auch eine interessante Perspektive, oder?

Betrachtet man die in diesem Buch vorgestellten Konzepte und Weltanschauungen anderer Kulturen, so fällt auf, dass die meisten davon tatsächlich viele „feminine" Eigenschaften aufweisen: z.B. ein besseres Miteinander, Freude, Güte, Selbstfürsorge, Achtsamkeit, Genießen und nachhaltiges Denken und Planen. Vielleicht kann die Reise durch die anderen Kulturen uns als Gesellschaft auch helfen, wieder eine bessere Balance zwischen weiblichen und männlichen Aspekten herzustellen?

Kurz gesagt

Es ist nicht leicht, „die Deutschen" über einen Kamm zu scheren, und Verallgemeinerungen werden nie der komplexen Wirklichkeit gerecht. Dennoch gibt es empirische Grundlagen, die es uns erlauben, Aussagen über unsere Kultur zu treffen. Es ging in diesem Kapitel um „typisch deutsche" Eigenheiten, die sowohl in der Forschung als auch von Angehörigen anderer Kulturen häufig genannt werden. Sie haben erfahren, wie die deutsche Art zu kommunizieren beschrieben werden kann, dass hierzulande gerne nach Lebensbereichen getrennt wird, dass wir Ordnung lieben und hart arbeiten, und was das alles mit den preußischen Tugenden zu tun hat. Zudem sind wir ziemlich individualistisch geprägt, was teilweise auch auf Kosten des familiären Zusammenhalts geht, und in unserer Kultur haben eher „männliche" als „weibliche" Eigenschaften einen hohen Stellenwert. Ausgehend von der Prämisse, dass Welterkenntnis ziemlich gut über Selbsterkenntnis funktioniert, habe ich Ihnen, liebe Leser:innen, in diesem Kapitel einen Spiegel vorgehalten – und überlasse es Ihnen, inwieweit Sie sich selbst oder manche Mitmenschen in diesen Beschreibungen wiederfinden.

Ein Mensch wird Mensch durch andere Menschen.

SÜDAFRIKANISCHES SPRICHWORT

Kapitel 2: Zwischenmenschliche Beziehungen – Gemeinschaft macht glücklich

Während ich dieses Kapitel schreibe, bekomme ich mit, dass es bei meiner Nachbarin ins Zimmer tropft. Die Quelle vermuten wir in der Wohnung über ihr. Die Person, die dort wohnt, kennt die Nachbarin nicht, obwohl sie schon seit anderthalb Jahren in dem – für Berliner Verhältnisse – kleinen Mietshaus wohnt. Die Hausverwaltung findet heraus, dass die betreffende Dame verreist ist. Glücklicherweise kann ein Kontakt hergestellt werden. Sie bittet ihren Sohn, der in einem anderen Stadtteil wohnt, den Hauptwasserhahn abzustellen, was er auch tut. Leider tropft das Wasser gegen Abend weiter und es wird immer schlimmer. Wir vermuten, dass die Heizung leckt. Wir rufen den Sohn gegen 20 Uhr nochmals an und bitten ihn, noch einmal herzukommen. Er meint, dass ihm das nicht passe und, so wortwörtlich, wir uns nach seinen Zeiten richten sollten, er käme am nächsten Morgen. Dass ein erheblicher Sachschaden droht und die Nachbarin im Regen sitzt, scheint ihn wenig zu beeindrucken. Nur mit vereinten Kräften und Bitten und Betteln können wir ihn überzeugen, sich auf den Weg zu machen.

Ich muss sagen: So etwas empört mich richtig! Wieso lässt sich jemand in einem Notfall so bitten? Wo ist da das Gefühl für soziale Verantwortung, für nachbarschaftliche Hilfe? Sind die meisten von uns zu Egoman:innen geworden? Und warum kennen sich Menschen, die im selben Treppenaufgang wohnen, nicht? Warum werden keine Schlüssel hinterlegt für Notfälle? Ja, wir haben ein Problem mit Rücksichtslosigkeit und auch mit Anonymität und Einsamkeit. Der Bundestag hat 2021 in einem offiziellen Papier aktuelle Studien zum Thema Einsamkeit in Deutschland veröffentlicht. Zwar variieren darin die Zahlen, Fakt ist aber, dass die Leidtragenden insbesondere Personen in der zweiten Lebenshälfte sowie junge Menschen sind.[43] Und die Pandemie hat dies noch verstärkt. Einsamkeit wird in vielen Ländern zum Problem, so klagt z. B. auch Italien über eine steigende Zahl einsamer Menschen.[44] In Großbritannien wurde 2018 sogar ein Einsamkeitsministerium eingesetzt, Japan folgte 2021.[45]

Der renommierte Psychiater und Gehirnforscher Manfred Spitzer beschreibt Einsamkeit als Massenphänomen, das als „unerkannte Krankheit" in unserer Gesellschaft für viele körperliche und seelische Erkrankungen verantwortlich sei.[46] Das sind besorgniserregende Entwicklungen, finde ich. Und deshalb wäre es doch eine gute Idee, einmal dort hinzuschauen, wo es gut läuft mit dem sozialen Zusammenhalt. Dieser nimmt vermutlich weltweit ab, doch gibt es Regionen, wo Werte wie Gemeinschaft, Solidarität und Verbundenheit auch heute noch eine große Rolle im Alltag spielen. Dorthin möchte ich mit Ihnen in diesem Kapitel reisen. Doch bleiben wir zunächst noch einen Moment in Deutschland.

Gemeinschaft nur in der Not?

Meine Freundin Petra war direkt betroffen von den Überflutungen im Ahrtal. Sie hat viel verloren und das in Eigenarbeit mit viel Liebe frisch renovierte Haus war im Erdgeschoss komplett zerstört. Aber, so sagt sie, was sie gewonnen habe, sei das Gefühl der Verbundenheit mit den anderen Bewohner:innen des Dorfs, das durch die Katastrophe erst entstanden sei. Plötzlich seien alle füreinander da gewesen.

Auch die Zivilbevölkerung hat geholfen und großzügig gespendet. Ebenso haben nach Beginn des Überfalls auf die Ukraine sehr viele die nach Deutschland Geflüchteten unterstützt und teilweise bei sich aufgenommen. Man weiß ja, dass Menschen in Notlagen zusammenrücken. Aber brauchen wir erst Katastrophen, damit wir ein Gefühl der Verbundenheit mit unseren Nächsten erleben können? In der DDR war das vermutlich besser; viele der ehemaligen Bürger:innen des sozialistischen Staates haben das Gemeinschaftsgefühl und den Zusammenhalt, der dort herrschte, in positiver Erinnerung. In Interviews von 2015 kamen die Befragten aus verschiedenen Generationen zu dem Schluss, dass sie die Zwischenmenschlichkeit und die Hilfsbereitschaft, die sie aus der DDR kannten, vermissten. Sie litten unter der fortschreitenden Individualisierung der Gesellschaft und nahmen eine große Selbstbezogenheit wahr, die mit weniger ausgeprägten zwischenmenschlichen Beziehungen einherging.

Vermutlich ist das der Preis, den wohlhabende, materiell orientierte Gesellschaften bezahlen, und damit sind wir in Deutschland sicher nicht allein. Bei uns gibt es so viele Singles wie fast nirgendwo auf der Welt, Tendenz steigend, und in vielen Großstädten lebt die Hälfte der Menschen allein.[47] Hinzu kommt, dass immer mehr Kinder ohne Geschwister aufwachsen und dadurch oft eine wichtige Lektion in sozialer Kompetenz verpassen. Social Media verändert die Qualität von Freundschaften, und die Gesellschaft spaltet sich langsam, aber merklich in unterschiedliche politische Lager und Lebenswelten. Eine Langzeitstudie, bei der seit 51 Jahren in 78 Ländern Gewohnheiten und Werte erhoben werden, zeigt ein klares Muster, dass individualistische Gewohnheiten im Lauf der Zeit in den Ländern zugenommen haben.[48]

Gemeinschaft macht froh – und ist gefährdet

Der Erfolg einer Gesellschaft wird nicht mehr nur anhand des Wirtschaftswachstums gemessen, auch die Lebensumstände stellen ein wichtiges Kriterium dar. Meik Wiking, einer der führenden Glücksforscher:innen weltweit, spricht sogar von einem Paradigmenwechsel: Fortschritt sei nicht nur eine Frage des Bruttosozialprodukts, sondern immer mehr eine der Lebensqualität.[49] Politiker:innen aus der ganzen Welt fragen bei seinem Kopenhagener Happiness Institut an, was das Geheimnis Dänemarks ist. Immerhin schafft es das kleine Land in fast allen Glücks- und Lebenszufriedenheitsumfragen regelmäßig auf die obersten Plätze. Sicherlich, der Wohlstand und auch der Wohlfahrtsstaat tragen in Dänemark maßgeblich dazu bei. Aber darüber verfügen wir in Deutschland auch. Und wie wir im vorigen Kapitel gesehen haben, stehen wir in den Glücksrankings längst nicht so gut da wie unser Nachbarland im Norden. Wiking und seine Kolleg:innen haben herausgefunden, dass soziales Eingebundensein den größten Einfluss auf Lebenszufriedenheit bzw. Glück hat. Hier zählen sowohl die Qualität der Beziehungen als auch die Zeit, die wir mit anderen verbringen. Der Mensch ist eben ein soziales Wesen.

Und dafür, dass es den Menschen sozial gut geht, kann der Staat einiges tun! So ermöglicht die Arbeitsgesetzgebung in Dänemark eine ausgezeichnete Work-Life-Balance. Laut dem OECD Better Life Index verfügen die Dän:innen (zusammen mit den Bewohner:innen der Niederlande und Italiens) über mehr freie Zeit für Familie und Freund:innen als die Menschen in anderen OECD-Ländern.[50] Aber selbst hier können wir in Deutschland uns nicht beklagen, denn wir befanden uns 2020 immerhin auf Platz 7, was freie Zeit angeht. Es gibt also grundsätzlich genügend Zeit, die wir mit der Familie oder dem Freundeskreis verbringen könnten. Doch in derselben Befragung nehmen wir nur Platz 24 ein, wenn es um den Aspekt „Community", also Gemeinschaft geht. Was ist da los? Offenbar gibt es eine Wechselwirkung zwischen Glück und guten Beziehungen und umgekehrt: Soziales Eingebundensein macht glücklich und glückliche Menschen sind sozial besser eingebunden.[51] Dazu gehören Geben und Nehmen, Großzügigkeit, gemeinsames Erleben, Teilen und Nähe. Und wenn wir schon bei der Frage sind, was Glück mit Nähe zu anderen zu tun hat, hier noch eine spannende Erkenntnis aus den Neurowissenschaften: Wenn wir anderen Menschen nahe sind und uns dabei wohlfühlen, wird das Neurohormon Oxytocin ausgeschüttet. Es reduziert Angst, Stress und Schmerz. Nicht nur körperliche Berührungen, sondern auch Vertrauen setzt Oxytocin frei, was wiederum die Bereitschaft zu Hass oder Feindseligkeit minimiert.

Für soziales Eingebundensein und Zusammenhalt steht wohl am besten der Begriff „Gemeinschaft". Dieser ist weit dehnbar, er kann sich auf die nähere Umgebung beziehen, die Gemeinde, das Land. Ich verstehe unter Gemeinschaft als Wert das Bestreben, sich mit anderen Menschen verbunden zu fühlen, und das Verständnis dafür, dass Gemeinschaft auf Geben und Nehmen basiert. Auf die Gesamtgesellschaft übertragen, lässt sich von „gesellschaftlichem Zusammenhalt" sprechen. Es gibt in Deutschland seit Neuestem sogar ein „Forschungsinstitut Gesellschaftlicher Zusammenhalt". Allein die Tatsache, dass solch ein Institut mit elf Standorten gegründet wurde, zeigt uns, dass hier viel Handlungsbedarf besteht. Einer der Mitglieder des Institutsrats, Reinhold Sackmann, beschreibt in einem Interview mit dem MDR die drei wichtigsten Aspekte, die für gesellschaftlichen Zusammenhalt sorgen:

Zunächst einmal sei es wichtig, dass man sich mit einer Gruppe identifiziere, also über ein „Wir-Gefühl" verfüge. Der zweite Punkt sei wechselseitiges Vertrauen und der dritte Punkt kollektive Wirksamkeit. Damit meint er das Gefühl, dass man etwas bewegen kann. Die Wissenschaft beobachte seit der letzten Finanzkrise, dass die hier genannten Aspekte, das Gefühl von Zugehörigkeit, Vertrauen und Wirkungskraft, in ganz Europa abgenommen habe.[52] Die Tendenzen zu gesellschaftlicher Spaltung und aufstrebendem Rechtspopulismus sind eine Folge davon. Hinzu kommen Phänomene wie die Digitalisierung und auch der Fakt, dass immer mehr Menschen in Städten leben.

In diesem Zusammenhang hat der bereits erwähnte Soziologe Andreas Reckwitz das heutige Miteinander als „Gesellschaft der Singularitäten" beschrieben.[53] Laut einer Studie der Bertelsmann Stiftung von 2017 erreichte Deutschland 61 von 100 Punkten beim Gesamtindex für gesellschaftlichen Zusammenhalt. Im Einzelnen hatten 38 Prozent der Deutschen den Eindruck, dass der Zusammenhalt in ganz Deutschland gefährdet sei.[54] Und eine Statista-Studie zur politischen Polarisierung in Deutschland brachte Anfang 2019 (noch vor der Pandemie!) besorgniserregende Einschätzungen zutage. Insgesamt waren nahezu 70 Prozent der Befragten der Meinung, dass es wenig oder keinen Zusammenhalt in der Gesellschaft gebe. Die Antwort „sehr viel Zusammenhalt" wählten lediglich 2 Prozent der Befragten.[55] Da geht noch was, oder?

Teamarbeit in Beruf und Studium

Apropos Gruppen und Zusammenhalt: Wie sieht es bei uns mit der Teamarbeit aus? Sind wir gute Teamplayer:innen? Sicherlich, das ist individuell verschieden. Wie immer beschreibe ich grobe Tendenzen. Der „Focus" reagierte 2015 auf die Ergebnisse einer Studie, bei der rund 1000 deutsche Arbeitnehmer:innen zum Thema befragt wurden, mit dem Titel „Keine Lust auf Teamarbeit! So egoistisch sind die Deutschen im Job". Demnach war jede:r zweite deutsche Arbeitnehmer:in der Meinung, alleine besser arbeiten zu können.[56] Kolleg:innen, die zu Herausforderungen internationaler Studierender an deutschen Hochschulen forschen, stellten in mehreren Studien fest, dass Teamarbeit mit den deutschen Mitstudierenden zu den größten Schwierigkeiten gehört, auf die die Internationalen hier stoßen.[57] Die Kommiliton:innen wurden oft als abweisend und unsolidarisch erlebt. Eine Studentin berichtete mir, dass sie während einer Vorlesung krank war und eine Mitstudierende um deren Mitschrift gebeten hatte. Diese jedoch wollte ihre Notizen nicht teilen. Das mag ein Einzelfall sein, doch werden mir öfters ähnliche Geschichten zugetragen. Da stellt sich schon die Frage, wie denn die Kinder, Jugendlichen und jungen Erwachsenen in puncto Teamarbeit unterwegs sind!

Den Gemeinschaftssinn der heranwachsenden nächsten Generation erforschte in einer 2020 veröffentlichten Studie die Universität Bielefeld. Darin wurde untersucht, wie Kinder und Jugendliche zu verschiedenen Aspekten des Gemeinschaftssinns stehen. Abgefragt wurden Empathie und Solidarität, aber auch Gleichgültigkeit oder Abwertung von Schwächeren. Die gute Nachricht ist, dass laut den Studienergebnissen die heutigen Heranwachsenden zu einem großen Teil über einen Gemeinschaftssinn verfügen. Allerdings, und das gibt zu denken, zeigten 22 Prozent der befragten Kinder und 33 Prozent der Jugendlichen einen unterdurchschnittlich entwickelten Gemeinschaftssinn.[58] Expert:innen führen das darauf zurück, dass Kinder oft ohne Geschwister aufwachsen und auch darauf, dass der Erziehungsstil individualistisches Verhalten fördere.[59]

Diese Tendenzen gibt es nicht nur in Deutschland, sie sind in vielen Ländern wahrnehmbar. Ich persönlich finde jedoch, dass wir zu wenig tun, um dem entgegenzuwirken. Denn, und nun kommt die Glücksforschung ins Spiel, eins steht fest: Egal, welchen Glücksratgeber Sie lesen, immer wieder werden Sie darauf hingewiesen, dass das Gefühl der Verbundenheit mit anderen Menschen eine grundlegende Voraussetzung für Glück bzw. Lebenszufriedenheit ist. Dies ist entwicklungspsychologisch begründet; in vielen Experimenten hat sich gezeigt, dass Isolation oder auch ein gefühltes Abgetrenntsein von anderen bei den meisten Menschen äußerst negative Folgen für die Psyche haben kann. Es braucht ein Wir-Gefühl und auch, dass Menschen Zeit miteinander verbringen, sich zuhören, füreinander da sind oder sich aktiv für andere einsetzen. Sogar Dänemark, seit Jahren eines der glücklichsten Länder weltweit, hat hier einen gewissen Handlungsbedarf. Im dänischen Bildungssystem legt man großen Wert auf das Training von sozialen und emotionalen Kompetenzen, wie z. B. Teamwork und Empathie.[60]

Skandinavische Glücksvorbilder

Meik Wiking, der Direktor des Happiness Research Instituts in Kopenhagen, sagt: Was die nordischen Länder (die ja allesamt den Happiness-Index anführen) wirklich verstanden hätten, sei, dass es eine starke Verbindung gebe zwischen einem guten Leben und dem Gemeinwohl.[61] So finden sich in Skandinavien viele innovative Ideen, die die Gemeinschaft fördern. Großen Erfolg hatte z. B. das Konzept von Mehrgenerationen-Lebensgemeinschaften (dän. *bofællesskaber*), die in Dänemark in den 1970er-Jahren entstanden sind und inzwischen in ganz Skandinavien nachgeahmt werden. Insbesondere Schweden könnte unser Vorbild sein, was sozialen Zusammenhalt angeht. Gemeinschaftssinn ist dort ein Grundsatz und spiegelt sich sowohl in der Organisation des Staats als auch in der Gesellschaft wider. 92 Prozent der Schwed:innen glauben, in Notfällen jemanden zu haben, auf den sie sich verlassen können.

Das schwedische Konzept *lagom* werden wir uns, genauso wie das dänische *hygge*, später genauer anschauen, wenn wir uns Inspirationen für Alltagsgestaltung und Leichtigkeit im Job holen (s. Kap. 4 & 6). So viel schon einmal vorweg: Die in Schweden weit verbreitete *lagom*-Haltung (zu Deutsch: das richtige Maß) fördert gute Beziehungen zu den Menschen im eigenen Umfeld bis hin zum Vertrauen in die gemeinsame Verantwortung der Gesellschaft. Schwed:innen lieben auch jede Form von organisierter Gemeinschaft, wie Vereine, Chöre, Lesezirkel etc. Ab drei Personen kann schon eine staatliche Förderung beantragt werden. Ein Paradies für Familien ist Schweden auch.[62] Und natürlich trägt das schwedische *fika* zur Festigung der sozialen Beziehungen bei. *Fika* ist die coolere, ausgedehntere Variante von „Kaffee und Kuchen“: eine Pause vom Alltag, die Menschen treffen sich, trinken Kaffee, essen etwas Süßes dazu und unterhalten sich oft stundenlang. *Fika* ist eine soziale Institution, die sich auch im Kaffeeverbrauch Schwedens niederschlägt: Dort wird doppelt so viel Kaffee getrunken wie in so manchen anderen Ländern.

Rabenmütter oder lieber Hund statt Kind?

Eben war die Rede von vielen Einzelkindern, nun schauen wir uns einige Außenperspektiven auf uns zum Thema Familie an. Zunächst die eines Mannes aus Ruanda:

> *„In Deutschland hat man nicht genug Zeit für die Familie – man trifft sich vielleicht mal zu Weihnachten. Der Wert der Familie geht verloren. Zudem werden die Grenzen der Familie eng gesetzt – hier stattdessen verstehen wir als Familie Kinder, Eltern, Nachbarn, alle zusammen. Wenn einer ein Problem hat, haben alle ein Problem. In Deutschland sind die Leute zu viel allein."*[63]

Ähnlich äußern sich auch Menschen aus Brasilien, Israel, Afghanistan und China. Im Vergleich zu ihrer eigenen Einstellung nehmen auch in Deutschland lebende Türk:innen bei den Deutschen einen geringeren Familiensinn wahr. Laut einer Studie der Ruhr-Universität Bochum schien manche türkische Mutter überzeugt, „dass die deutschen Eltern eigentlich gar keine Kinder wollten und froh wären, wenn diese, kaum volljährig geworden, das Elternhaus verließen". Auch beschränke sich der Kontakt zur weiteren Verwandtschaft auf ein Mindestmaß.[64] Interessant ist auch die Einschätzung eines Jordaniers: „Viele Deutsche haben keine Familie und sind zufrieden, wenn sie einen Hund haben." Oder die einer Inderin, die sagt: „In Deutschland stehen die Familienstrukturen ‚in Konkurrenz zum Markt'." Das schließt sie aus der Tatsache, dass vor allem junge Frauen sich häufig für die Karriere (und somit gegen die Familie) entscheiden würden.[65]

Generell wundert sich das Ausland über die rückständigen Strukturen hierzulande, die die Vereinbarkeit von Familie und Beruf so schwierig machen. Begriffe wie „Hausfrau" oder dessen Counterpart „Rabenmutter" amüsieren z. B. die Französinnen, die uns meilenweit voraus sind, was Karriere und Mutterschaft anbetrifft. Sowohl in Frankreich als auch in den skandinavischen Ländern beispielsweise gibt es staatliche Strukturen, die die Familienplanung weitaus besser unterstützen als bei uns, etwa ausreichend Kindertagesstätten, Vorschulen und Ganztagesunterricht.

Darüber hinaus gibt es dort große Steuererleichterungen für Familien, die ab dem dritten Kind drastisch zunehmen. Durch das sogenannte Familiensplitting zahlen die meisten Familien auch bei Doppeleinkommen ab dem vierten Kind kaum noch Einkommenssteuer. Die staatliche Familienförderung in Frankreich gibt es schon sehr lange, und summa summarum funktioniert das Konzept dort gut. Mit einem deutlichen Ergebnis: Frankreich hat die höchste Geburtenrate in Europa. Auch ist es für Frauen mit Kindern dort wesentlich einfacher, Karriere zu machen; ich selbst kenne eine Reihe von französischen Akademikerinnen, die drei oder gar vier Kinder haben! Und auch an diesem Punkt steht unser Musterland Dänemark vergleichsweise gut da. 78 Prozent der dänischen Mütter sind nach der Einschulung ihrer Kinder erwerbstätig, was über dem OECD-Durchschnitt von 66 Prozent liegt und darauf hindeutet, dass Mütter in Dänemark bessere Möglichkeiten haben, Beruf und Familie zu vereinbaren.

Gemeinschaftsgefühl, Eingebundensein, sozialer Zusammenhalt und Zugehörigkeit: All dies sind wichtige Voraussetzungen für unser Wohlbefinden, sowohl im Privaten als auch in der Arbeitswelt. Hierfür bräuchten wir mehr Solidarität sowie liebevolle Zuwendung und Großzügigkeit.

More than words

In manchen Kulturen gibt es wunderschöne Begriffe, die das zum Ausdruck bringen.[66] Das können Adjektive sein wie z. B. das aus dem Gälischen stammende *flaithiúl*, das im irischen Englisch häufig verwendet wird. Es bezeichnet die Eigenschaft, die ein gutes Mitglied einer Gemeinschaft haben sollte: freigiebig, großherzig und großzügig. Es leitet sich vom Wort *flaith* (= Fürst) ab und beschreibt jemanden, der großzügig und gleichzeitig fürsorglich ist. Dazu gehört die Bereitschaft, Menschen in Not zu helfen, sich ehrenamtlich zu engagieren oder auch zu spenden. Wussten Sie, dass Irland mehrfach zur hilfsbereitesten Nation Europas gekürt wurde? So besagen im Jahr 2018 veröffentlichte Zahlen, dass 64 Prozent der Ir:innen im Vorjahr einer fremden Person geholfen hatten, entweder durch Spenden oder durch ehrenamtliche Unterstützung.[67] Aber das ist nicht alles: Der Spendenreport GoFundMe 2021 beglückwünschte die Ir:innen dreimal hintereinander zum Titel „großzügigstes Volk der Welt"![68] Was für eine schöne Auszeichnung!

Auch unsere niederländischen Nachbar:innen gehören zu den glücklichsten Menschen, und eines ihrer Geheimrezepte heißt: *gezelligheid*. Das ist zwar für unsere Ohren nicht schwer zu verstehen, aber es bedeutet weitaus mehr als Geselligkeit im deutschen Wortsinn. Bei „Geselligkeit" denke ich an Volksfeste oder sonstige Feiern, das niederländische *gezellig* kann aber auch ein Ort sein, ein gemütliches Café oder eine Bar. Neben dem geselligen Miteinander weckt der Begriff Assoziationen wie Gemütlichkeit, Nettigkeit und angenehmes Empfinden. Die *gezelligheid* ist stark in den Alltag und den Lebensstil unseres Nachbarlands eingebunden. Kein Wunder, dort gibt es eine hervorragende Work-Life-Balance.[69]

Großzügigkeit und Gastfreundschaft werden in vielen Regionen der Welt großgeschrieben. Das beinhaltet auch *melmastia* (میلمستیا), ein Wort aus der Sprache Paschtu, die in Pakistan und Afghanistan gesprochen wird. Dort gibt es einen Rechts- und Ehrenkodex, das *paschtunwali*, der vorgibt, wie eine gute Lebensführung aussieht, und *melmastia* ist ein Teil davon. Es handelt sich um eine unterschiedslose, herzliche Großzügigkeit und Gastfreundschaft gegenüber allen, egal ob sie fremd oder vertraut sind. Dazu gehört auch tiefer Respekt vor anderen Menschen, ungeachtet dessen, wer sie sind. Übertragen auf unseren Kulturkreis wäre das Nächstenliebe, einer der zentralen Werte des Christentums.[70] In unserer zunehmend areligiösen Gesellschaft könnten wir etwas mehr davon doch gut gebrauchen! Und wenn wir auch mit großen Bedenken auf die Entwicklungen in jener Weltregion, in der Paschtu gesprochen wird, blicken: Könnte uns dieser alte Gedanke von Großherzigkeit nicht dennoch dazu inspirieren, offener auf Fremde zuzugehen und z. B. mit den bislang nur flüchtig bekannten Nachbar:innen in Kontakt zu treten?

Früher war ich oft in Polen, wo ich viel Gastfreundschaft und auch Großzügigkeit erlebt habe. Besonders schön finde ich den Brauch, dass an Weihnachten beim Festmahl ein zusätzlicher Platz eingedeckt wird, für den Fall, dass ein Mensch, ob Fremde:r oder Freund:in, unerwartet vorbeikommt.

Diese Form polnischer Gastfreundschaft wird in dem Sprichwort *„Gość w dom, bóg w dom“* (Gast im Haus, Gott im Haus) zum Ausdruck gebracht. Wie schon erwähnt, habe ich große Gastfreundschaft in vielen Ländern erlebt, von Polen über Italien, Nepal, Thailand, die Türkei und die USA bis Neuseeland. Es gibt vielerlei Formen der Gastfreundschaft, z.B. Bewirtung, Unterkunft, Geschenke für die Gäste bis hin zu Geleit und kompletter „Betreuung“.

Ich habe mich einmal in Istanbul verirrt und bin in einem gänzlich falschen Stadtteil gelandet. Ohne dass wir uns in einer gemeinsamen Sprache verständigen konnten, hat sich eine Frau meiner angenommen und ist mit mir über eine Stunde lang Bus gefahren, bis ich an der richtigen Haltestelle war.

Gemeinschaftsgefühl kultivieren

Eine wertvolle Inspirationsquelle zum Kultivieren von Großzügigkeit und Gemeinschaftsgefühl ist für mich der Buddhismus, der dazu eine Reihe konkreter Techniken anbietet. Das Wort *maitrī* (मैत्री) kommt aus dem Sanskrit und heißt Freundschaft, Güte, Wohlwollen oder auch Freundlichkeit zu allen Wesen. Im Buddhismus gibt es Jahrtausende alte Praktiken, die sich dem Gefühl der „liebenden Güte“ und des Mitgefühls widmen. Eine inzwischen auch im Westen bekannte Meditationspraxis heißt *metta bhavana* oder „Liebende-Güte-Meditation“. *Metta* steht für eine allumfassende, bedingungslose Liebe gegenüber allem auf der Welt, egal ob Mensch, Tier oder Pflanze. Die *metta*-Meditation ist darauf ausgerichtet, ein Gefühl der Güte und des Wohlwollens in sich zu generieren und dies dann in alle Richtungen auszustrahlen. *Metta* ist dabei eines der Hauptziele, die es zu erreichen gilt, oder, in den Worten der alten Schriften, einer der „vier himmlischen Verweilenszustände“ (damit sind liebende Güte, Mitgefühl, Freude und Gleichmut gemeint).[71]

Ich erinnere mich daran, wie ich mit meiner Nachbarin Sybille einmal gemeinsam zu Abend aß; sie strahlte, als sei sie frisch verliebt. Ehrlich, ich hatte ihre Augen noch nie so leuchten sehen. Auf meine Frage, was los sei, berichtete sie von einem Seminar zu Achtsamkeit und emotionaler Intelligenz, das sie wenige Tage zuvor in

London besucht hatte.[72] Dort hatte sie die Liebende-Güte-Meditation kennengelernt, die sie tief berührt habe. Tatsächlich habe diese Erfahrung ihren Blick auf das Verhältnis zu ihren Mitmenschen verändert.

Durch den Achtsamkeitstrend ist die *metta*-Meditation auch schon seit Längerem in der westlichen Welt bekannt. Da sie bei vielen große Wirkung zeigt, begann auch die Wissenschaft sich dafür zu interessieren.

Metta-Meditation: Das sagt die Wissenschaft

Ein Forschungsteam des Max-Planck-Instituts Leipzig untersuchte die Wirkung von metta*-Meditation. Ein Ergebnis: Die Testpersonen verhielten sich nach einem mehrtägigen* metta*-Training Fremden gegenüber hilfsbereiter als zuvor. Das altruistische Verhalten intensivierte sich, je länger Teilnehmende die Liebende-Güte-Meditation praktizierten. Weitere Studien belegen, dass durch die Kultivierung von* metta *das Mitgefühl und damit positive Emotionen wie Liebe und Zugehörigkeit verstärkt werden und sie somit positive prosoziale Effekte mit sich bringen.*[73]

Güte und Großzügigkeit im Alltag

Nun müssen Sie sich aber nicht gleich auf eine Meditationsmatte setzen und *metta*-Meditationen praktizieren. Güte oder Verbundenheit können Sie auch im Alltag trainieren, z. B., indem Sie sich großzügig zeigen. Damit ist nicht nur das Teilen materieller Güter gemeint, sondern auch das Teilen auf emotionaler Ebene. So können wir unseren Mitmenschen zum Beispiel Vertrauen, aufrichtige Anteilnahme oder ein offenes Ohr für ihre Gedanken schenken. Sie können mit kleinen Schritten anfangen und mit der Zeit ein wenig großzügiger werden. Machen Sie z. B. häufiger ehrlich gemeinte Komplimente, laden Sie Menschen zum Essen ein oder spenden Sie etwas. Das Gefühl von Güte und Verbundenheit entsteht auch, wenn man den Fokus auf Gemeinsamkeiten mit anderen lenkt. Oft betrachten wir nur die Unterschiede, vor allem, wenn die betreffende Person uns nicht nahesteht. Das Entdecken von Gemeinsamkeiten bringt die Menschen schnell zusammen.

Ubuntu

Ein wunderbares Konzept, oder mehr noch, eine allumfassende, tief humanistische Lebensphilosophie finden wir auch in Afrika. Sie umfasst alle Aspekte, die in diesem Kapitel bislang genannt wurden, und geht weit darüber hinaus. Am bekanntesten ist dieses Konzept unter dem Namen *ubuntu*, einem Wort aus der Sprachfamilie der Nguni-Bantusprachen, die im südlichen Teil Afrikas gesprochen werden. Übersetzt wird *ubuntu* oft mit „Menschheit", aber es bezeichnet viel mehr ein tiefes Wissen um die Verbundenheit zwischen allen Menschen. Es ist eine Philosophie, aber auch ein spirituelles Weltbild und im heutigen Südafrika eine gesellschaftspolitische Grundhaltung. Sie erlebte nach dem Ende des Apartheidregimes eine Renaissance und basiert auf dem tief in der afrikanischen Weltsicht verwurzelten „African Humanism", dessen zentrale Werte Verbundenheit, gemeinsames religiös-spirituelles Erleben, offene Kommunikation und Empathiefähigkeit sind.[74] Die auch im Alltag häufig gebrauchten Redewendungen wie *tuko pamoja* (Suaheli: „Wir schaffen das zusammen") oder *sawubona* (südafrikanische Begrüßung: „Ich sehe dich!") spiegeln diese Haltung wider.

Ubuntu *im Alltag (© Katharina Neubert)*

Besonders gut als Metapher für *ubuntu* gefällt mir die von Keith Bete, einem südafrikanischen Modeunternehmer: Er sagt, *ubuntu* sei der goldene Faden des Guten, der alles Leben verbindet, vom niedrigsten bis zum höchsten Lebewesen, und dieser goldene Faden des Guten und der Liebe sei allgemein als *ubuntu* bekannt. Deshalb beinhalte der Begriff auch Bedeutungen wie Liebe, Wahrheit, Frieden, Glück, ewiger Optimismus, innere Güte.[75] Das zugrundeliegende spirituelle Prinzip ist uralt und eng damit verwandte Begriffe finden sich in allen Sprachen des südlichen Afrikas. So wird *ubuntu* in Ruanda und Burundi mit „menschlicher Großmut" übersetzt; in Kenia gibt es ein vergleichbares Konzept mit dem Namen *utu*, nach dem jede Handlung dem Wohle der Allgemeinheit dienen soll. Die grundlegende Idee dieses Ausdrucks, der ein ganzes Weltbild beinhaltet, spiegelt sich in einem Sprichwort wider, das in allen Sprachen, die in Südafrika gesprochen werden, existiert: „Ein Mensch wird Mensch durch andere Menschen", oder auch in: „Ich bin, weil du bist!"

Diese Auffassung entsteht aus dem Wissen, dass unser Überleben abhängig ist vom Mitgefühl und der Fürsorge anderer. Und dass ein Mensch erst zu einer Person wird, wenn sie oder er sich im anderen gespiegelt sieht. Das beinhaltet auch den Gedanken, dass wir uns nur dank anderer Menschen zu der Person entwickeln, die wir sind, also durch unsere Eltern und Verwandten, aber auch durch alle anderen Menschen, die uns auf dem Weg begegnet sind. Wir Menschen sind für das Zusammensein geschaffen und alles, was wir in der Welt lernen und erfahren, basiert auf unseren Beziehungen zu anderen Menschen. Deshalb ist es so wichtig, dass wir uns anderen gegenüber zugewandt verhalten. *Ubuntu* erinnert an die jedem Menschen innewohnende Würde und beinhaltet den Gedanken, dass wir anderen Menschen Respekt erweisen und uns um sie kümmern, weil sie genauso wichtig und wertvoll sind wie wir selbst.

Vielleicht findet sich dieses Prinzip auch in der westlichen Philosophie ein Stück weit in der Aufforderung wieder, andere so zu behandeln, wie man selbst von ihnen behandelt werden möchte, bekannt auch als Kants kategorischer Imperativ. Doch was uns grundlegend von Menschen unterschiedet, die *ubuntu* verinnerlicht haben, ist die Art, wie wir unser Ich denken und wahrnehmen. Während wir im Westen bei „Ich" normalerweise an uns als ein Individuum denken, wird in Afrika das Individuum als ein untrennbarer Teil einer größeren Gemeinschaft wahrgenommen. Was bedeutet: Mein Menschsein ist untrennbar verbunden und verflochten mit deinem! Und das heißt, konsequent zu Ende gedacht, dass nur, was der Gemeinschaft dient, auch für das Individuum gut ist. Ich denke, das ist uns in der westlichen Welt etwas aus dem Blick geraten. Aus diesem Grund lohnt es sich unbedingt, sich *ubuntu* genauer anzuschauen!

Ubuntu meint also, dass jeder Mensch auf dieser Erde absolut gleichwertig ist; was wirklich zählt im Leben, ist allein unsere Menschlichkeit. Wie sähe wohl unser gesellschaftliches Zusammenleben aus, wenn wir so leben würden? Nelson Mandela sagte 2006 in einem Fernsehinterview:

> *„Wir alle wollen dazugehören. Es liegt in der menschlichen Natur, in einer Gemeinschaft zu leben. Doch heute ist es wichtiger denn je, zu lernen, mit jedem zusammen zu leben und zu arbeiten, auch mit Fremden. Wenn wir unsere Brüder und Schwestern als unsere Alliierten betrachten, profitieren wir alle davon; sich in anderen Menschen zu sehen, ist eine mächtige Kraft, die dem Guten dient."*[76]

Laut Mandela gibt es eine zentrale Frage, die wir uns im Leben stellen sollten: „Was willst du tun, um die Gemeinschaft um dich herum zu ermächtigen und sie zu befähigen, besser zu werden?"[77] Wir können alle unseren Teil beitragen! Und wenn es nur durch ein Lächeln ist. Lächeln und Umarmungen sind der physische Ausdruck von *ubuntu*. Auch kleine, freundliche Gesten sind eine Möglichkeit im Alltag, *ubuntu* zu manifestieren. Gemäß dieser Lebensphilosophie ist die Zeit, die Menschen damit verbringen, sich um andere zu kümmern, nie verschwendet. Auch die Fähigkeit, sich zurückzunehmen und gut zuzuhören, gehört zu *ubuntu*. Sagt man im südlichen Afrika über eine Person, sie habe *ubuntu*, ist damit gemeint, dass sie großzügig, gastfreundlich, freundlich, fürsorglich und mitfühlend ist. Es heißt auch, dass Menschen mit *ubuntu* eine Glücksquelle in sich haben.

Inspirierend finde ich, dass *ubuntu* nicht nur Respekt anderen gegenüber bedeutet, sondern auch Respekt vor sich selbst. Mungi Ngomane, Enkelin des 2021 verstorbenen Bischofs Desmond Tutu, betont, es sei für ein Leben mit *ubuntu* auch wichtig, dass wir uns um uns selbst kümmern und unsere körperlichen und seelischen Bedürfnisse erfüllen.[78] Denn – so heißt es auch in westlichen Selbstfürsorgeratgebern, die gerade Hochkonjunktur haben – nur, wer gut für sich sorgt, kann gut für andere sorgen! *Ubuntu* steht aber auch für Lebensfreude, Glück und Erfüllung innerhalb der Großfamilie. Dazu gehört Respekt vor älteren Menschen, die aufgrund ihrer großen Lebenserfahrung als wertvolle Mitglieder der Gemeinschaft und auch als weise Ratgeber:innen angesehen werden.[79]

Persönlichkeiten wie Desmond Tutu und Nelson Mandela zeigten durch ihr Wirken, dass sie durch und durch von *ubuntu* durchdrungen waren und den Glauben an das Gute nie verloren haben. So sagte Tutu einmal, er gehe davon aus, dass jede:r heilig sei, bis man das Gegenteil bewiesen habe. Eine gute Einstellung, denn, wie ich an anderer Stelle beschreibe, Vertrauen macht glücklich! Zwei Dinge haben mich besonders beeindruckt, als ich mich mit Tutus Biografie beschäftigte: Zum einen eine kleine Anekdote von Tutu als Kind, das im Apartheidsystem Südafrikas aufwuchs, in dem eine Minderheit von Weißen die schwarze Bevölkerung grausam unterdrückte. Es geht darin um einen weißen Priester, der Tutus Mutter grüßte, indem er respektvoll seinen Hut lüftete. Dem kleinen Desmond bedeutete diese Geste des Respekts unheimlich viel, sie säte einen Samen für die große Versöhnungsarbeit, die er später im Leben leistete. Kleine Geste, enorm große Wirkung!

Zum anderen ließ er, als er selbst schon Bischof war, junge Menschen immer wieder sagen, „I am a very special person", um so ihre Würde und ihr Selbstvertrauen in dem zerrissenen Land zu stärken. Wenn das nicht aus dem Geist des Individualismus gesagt wird, sondern aus einer *ubuntu*-Haltung heraus, kann es sehr wirkmächtig sein.

Ubuntu-Lebensfreude steckt an

Wenn Sie einmal einen schlechten Tag haben, dann schauen Sie sich einfach auf YouTube ein paar Clips mit Desmond Tutu und dem Dalai Lama an, die sehr gute Freunden waren. Ihre Lebensfreude und Güte sind einfach ansteckend, und zuzusehen, wie die beiden sich wegschmeißen vor Lachen, macht gute Laune! Ich finde, beide verkörpern auf wunderbare Weise *ubuntu* (auch wenn es der Dalai Lama anders nennen würde)![80]

Gelebtes *ubuntu* heißt auch, dass die Menschen in all ihrer kulturellen und persönlichen Unterschiedlichkeit stets respektvoll behandelt werden. Nelson Mandela, der nach Überwindung der Apartheid 1994 Präsident wurde, verkündete, dass das multikulturelle Südafrika von nun an eine „Regenbogennation" sein solle, in der alle Kulturen (es gibt dort elf offizielle Landessprachen!) ein gleichberechtigtes Miteinander leben sollten. So lehrt *ubuntu* auch, die Vielfalt der Menschen zu begrüßen und zu schätzen, in dem Wissen, dass alle Menschen letztlich vereint sind. Das offizielle Motto der Regenbogennation ist übrigens „Unity in diversity". Es ist sicherlich kein Zufall, dass *ubuntu* ganz groß geschrieben wird in einem Land, das ein so ungerechtes System wie die Apartheid überwinden konnte. Und ich glaube, dass *ubuntu* Nelson Mandela die Kraft gegeben hat, im Gefängnis auszuharren, den Glauben an die Menschheit nicht zu verlieren und danach die Gräben in dem tief gespalteten Land zu überwinden.

Best Practice 1: Friedensarbeit

Als Musterbeispiel für gesellschaftlich gelebtes *ubuntu* gilt die südafrikanische Wahrheits- und Versöhnungskommission Truth and Reconciliation Commission (TRC). Sie wurde im Januar 1996 durch Präsident Mandela eingesetzt und Erzbischof Tutu saß ihr vor. Die Kommission sollte die Verbrechen, die während der Apartheid begangen worden waren, aufarbeiten und aufklären und die Versöhnung der einstigen Feinde bewirken. Die Idee dahinter war, dass Südafrika keine Wiederholung der Nürnberger Prozesse wollte, wo es nur einen weiteren Kreislauf von Schuldzuweisungen gab und die Dinge nicht wirklich besser wurden. Zudem wusste man, dass Teile des (weißen) Polizeiapparats und der Justiz in politische Verbrechen verstrickt und folglich für deren Aufarbeitung nicht geeignet waren. So gründete man die TRC, bei der sich die Täter:innen melden konnten und Amnestie erhielten, wenn sie die volle Wahrheit über die von ihnen begangenen Taten sagten. Die Anhörungen wurden im Fernsehen und im Radio übertragen, damit das ganze Land erfuhr, was passiert war und wer sich gemeldet hatte. Auf diese Weise konnte das Land, als die Apartheidsregierung abgesetzt wurde, die Gewaltwelle verhindern, die alle Welt voraussagte.

Mungi Ngomane gründete die Tutu Foundation UK. Diese setzt sich in Großbritannien für den Aufbau friedlicher Gemeinschaften ein, indem sie Vermittlungsdienste auf der Grundlage des *ubuntu*-Prinzips anbietet. Dort führen junge Menschen aus benachteiligten Stadtteilen mit hoher Kriminalitätsrate und die Polizei Gespräche am runden Tisch. Die Polizist:innen in Zivil erzählen von ihrer Arbeit, während die Jugendlichen von ihren eigenen Erfahrungen mit der Polizei berichten.

Best Practice 2: Ubuntupreneurship

Auch die Businesswelt hat *ubuntu* für sich entdeckt. Keith Bete, der oben zitierte Unternehmer aus Südafrika, hat den Begriff „Ubuntupreneurship" geprägt[81] und meint damit eine Mischung aus sozialem Unternehmertum und Kapitalismus 3.0 – also das, was sein Mentor Richard Branson „Business as a force for good" nannte. Branson, der durch sein Unternehmen Virgin steinreich gewordene Milliardär mit Hippie-Attitude, erkannte schon vor Langem, „Stuff does not bring happiness", und beschloss, die Hälfte seines Vermögens in gute und nachhaltige Projekte zu investieren.[82] Das Besondere an Ubuntupreneurship: Die Unternehmensführung ist nicht nur daran interessiert, das Beste für sich und ihre Organisation zu tun. Sie agiert vielmehr unter der Prämisse, dass man das, was man für sich selbst tun würde, auch für andere zu tun bereit ist. Unternehmen sind sich also ihrer sozialen Verantwortung nicht nur für die Belegschaft, sondern auch für die Gesellschaft bewusst. So könne die „Wir und die anderen"-Haltung, die zur Trennung und zu kurzfristigem Denken und Handeln führe, überwunden werden. Wird *ubuntu* befolgt, stehen im Businessalltag deshalb Freundlichkeit, Würde und eine soziale Verpflichtung im Vordergrund. Eine gemeinsame Entscheidungsfindung, bei der die Meinungen aller einbezogen werden, gehört ebenso wie Emotionalität und sogar Spiritualität mit zum Alltag eines von *ubuntu* geprägten Unternehmens.[83]

Kurz gesagt

Gemeinschaft macht glücklich, sagt die Forschung. Nun zeichnet sich aber in unserer Gesellschaft seit vielen Jahrzehnten ein Trend zur Singularisierung ab. Der Preis der individualistischen Tendenzen und der Selbstverwirklichung ist hoch, und immer mehr Menschen leiden unter Einsamkeit oder fühlen sich nicht zugehörig. Diese Individualisierung zeigt sich in verschiedenen Feldern, von der Arbeitswelt über die Familien bis hin zur Gesamtgesellschaft, und hat Auswirkungen auf das soziale Verhalten, etwa in Bezug auf Teamgeist oder Großzügigkeit. Viele Länder der Erde, in denen Geselligkeit und soziale Bindungen besonders gepflegt werden, können uns als Inspirationsquelle dienen. Die Reise geht von den Niederlanden über Asien bis nach Südafrika. Der südostasiatische Buddhismus bietet Techniken an, wie Gemeinschaftsgefühl und Großzügigkeit kultiviert werden können. Und auch *ubuntu*, eine humanistische Weltanschauung aus Südafrika, kann uns ein tiefes Verständnis dafür lehren, dass wir Menschen alle miteinander verbunden sind.

Ich habe gelernt, dass Menschen vergessen, was man gesagt hat. Sie werden vergessen, was man getan hat, aber sie werden nie vergessen, welche Gefühle man in ihnen hervorgerufen hat.

MAYA ANGELOU

Kapitel 3: Kommunikation – die Kunst, Verbindung zu schaffen

Ehrlich währt am längsten – sind Sie auch mit diesem Sprichwort aufgewachsen? Besser sagen, was man denkt, als unaufrichtig zu sein, ist eine Auffassung, die viele hierzulande teilen. Auf eine klare Frage gibt es eine klare Antwort. Zumeist steht das „Was", also die Sache oder der Inhalt, im Vordergrund und nicht das „Wie". „Klipp und klar" und „schnörkellos" „zum Punkt kommen", lautet die Devise. Das hat den Vorteil, dass die anderen wissen, woran sie sind. Und je besser die Menschen sich kennen, desto direkter kommunizieren sie miteinander. Das schafft aus ihrer Sicht Vertrauen und Verbindung. Denn Beziehungen werden zu großen Teilen über Sprache vermittelt, über Meinungsaustausch und Feedback.[84] Das Problem dabei: Nur wenige Kulturen auf der Welt kommunizieren ähnlich direkt wie wir.

Das fällt uns immer wieder auf die Füße. Bei uns wird oft sehr direkt gesagt, was man denkt, ohne Gespür für das Unheil, das damit unter Umständen angerichtet wird. Glauben Sie mir, ich beschäftige mich seit Jahrzehnten mit diesen Themen und meine Schatzkiste ist voll mit Geschichten von entsprechenden kritischen Situationen. So trug mir neulich eine meiner Kursteilnehmerinnen folgenden Fall zu:

Muhammad ist ein äußerst pflichtbewusster und besorgter Student, der alles richtig machen möchte. Neulich kam er zu mir, da seine Seele laut ihm „zutiefst verletzt" wurde und er seit Monaten „eine Wunde" mit sich herumtrage. Auf die Frage, was passiert sei, berichtete er: Er beteilige sich immer sehr engagiert an den Diskussionen zu einem Projekt, an dem er mitwirkte. In einer Gruppenbesprechung habe dann der Professor seine Beiträge kurzerhand kommentiert mit: „Mach kein Theater!" Und das vor der ganzen Gruppe! Seither habe er sich nicht mehr an Diskussionen beteiligt. Er wollte unbedingt wissen, was genau das Wort „Theater" zu bedeuten habe bzw. wie man es interpretieren solle!

Ich habe ähnliche Situationen erlebt und zucke manchmal selbst zusammen, wenn ich höre, wie die Leute miteinander reden. Meine Freundin Sandra, Coach und Kommunikationstrainerin, sagt öfters einmal zu jemandem, die oder der sich in ihren Augen im Ton vergreift: „Das geht aber auch freundlicher!" Nun klingt mir dieser Satz öfters in den Ohren, und immer wieder denke ich: „Recht hat sie!" Nicht nur im Kontakt mit Menschen aus anderen Kulturen, sondern auch innerhalb unserer Kultur könnten wir unsere Sprache doch ruhig öfters so einsetzen, dass sie sich generell positiv auf die zwischenmenschlichen Beziehungen auswirkt. Gute Beziehungen und eine angenehme Arbeitsatmosphäre schaffen nachweislich loyale Verbindungen und motiviert Menschen dazu, ihr Bestes zu geben. In diesem Kapitel erfahren Sie, wie es anderen Kulturen gelingt, mit Sprache und in einem weiteren Sinne durch Kommunikation zwischenmenschliche Beziehungen zu verbessern und Vertrauen zu schaffen.

Die Macht der Sprache

Wilhelm von Humboldt sagte: „Die Sprache ist das bildende Organ des Gedankens." Sprache hat einen viel größeren Einfluss auf unser Befinden, als uns im Alltag vermutlich bewusst ist. Sie steuert nicht nur Gedanken, sondern auch Gefühle. Das erklärt sich aus Sicht der Neurowissenschaften so: Die Wirkung von Sprache setzt im Gehirn an, der Steuerzentrale unseres Denkens und Erlebens. Unser Gehirn ist voller Neuronen, die wie eine Art Stromleitung in unserem Körper sind. Alles, was unsere Sinne wahrnehmen, wird hier verarbeitet. Das

Gehirn entscheidet in Millisekunden, welche Reaktion angemessen ist, je nachdem, ob ein Säbelzahntiger um die Ecke kommt oder jemand Sie anschreit. Jede dieser Situationen aktiviert bestimmte Nervenzellen, die dann dem Körper Anweisungen geben, was er zu tun hat. Man spricht auch davon, dass die Neuronen „feuern".

Das Prinzip gilt für alle Lebewesen, die ein Gehirn haben, von der Mücke bis zum Elefanten. Evolutionär bedingt sind wir alle darauf gepolt, zu schauen, ob wir sicher sind oder uns Gefahr droht. Nun ist die Besonderheit des menschlichen Gehirns, dass es auf Worte reagiert. Und diese Worte stellen eben auch Reize dar. Wir haben eigene Hirnbereiche, die extra für die Sprachproduktion und -verarbeitung zuständig sind (für die ganz Wissbegierigen unter Ihnen: Broca- und Wernicke-Areal). Die Macht der Worte, aber auch die der nonverbalen Kommunikation vermag es, dass Stresshormone oder Glücks- bzw. Bindungshormone wie Oxytocin ausgeschüttet werden. Deshalb ist es so wichtig, das Bewusstsein für Kommunikation und ihre Wirkung zu schärfen!

Frau Krause ist eine ältere Kollegin in der Arbeitsvermittlung. Sie arbeitet bereits seit über 25 Jahren in der Agentur für Arbeit. Nach den Sommerferien kommt eine neue Kollegin in ihr Team: Mian Li stammt aus China. Sie ist Berufsanfängerin und deutlich jünger als Frau Krause. Diese freut sich zunächst über Lis höfliche Art. Sie bringt ihr jeden Morgen die Post mit und fragt nachmittags, ob sie ihr noch etwas helfen kann. Nach drei Wochen sagt Frau Krause jedoch genervt zu Li: „Behandeln Sie mich doch nicht immer wie eine alte Schachtel!" Li hat mit dieser Reaktion nicht gerechnet und ist schockiert.[85]

Fakt ist, dass circa 96 Prozent der Weltbevölkerung in kollektivistischen Gesellschaften leben, die in den allermeisten Fällen in ihrer Kommunikation harmonieorientierter sind.[86] Kein Wunder also, dass eine solch unverblümte Aufrichtigkeit, wie sie dieses Beispiel zeigt, verletzend oder zumindest etwas grob wirkt. Mit etwas Wohlwollen könnte man sagen, dass sich nach dieser Ansage bestimmt nichts aufstaut und Li nun weiß, woran sie bei Frau Krause ist. Das schätzen auch viele an den Deutschen – diese Klarheit und Aufrichtigkeit. Aber es ist durchaus möglich, gleichzeitig direkt *und* diplomatisch zu sein. Das können wir uns beispielsweise von den Amerikaner:innen abschauen. Sie werden auch den eher direkt kommunizierender Menschen in der Welt zugeordnet. Aber sie machen es anders. Sie äußern Kritik oder Feedback genauso ehrlich wie wir, verpacken das aber viel freundlicher – wie man an diesem „Sandwich“ sieht:

Sandwich-Feedback

Erst kommt etwas Positives bzw. Lobenswertes, dann kommt die Kritik, und das Ende ist auch wieder positiv (nach dem Motto: praise – criticism – praise). Wie könnten Sie nun einer Mitarbeiterin nach diesem Prinzip mitteilen, dass ihre Folien schlecht waren? Hier ein Vorschlag: „Gute Arbeit, die Sie bei der Präsentation geleistet haben! Ich fand den Inhalt, den Sie behandelt haben, sehr fundiert und Sie hatten super Beispiele! Eine Anregung hätte ich noch zu den Folien: Als Zuhörerin hätte ich mehr Bilder und weniger Text sehr zu schätzen gewusst, da ich dann noch besser hätte folgen können.“

Solch ein Sandwich-Feedback ist eine Variante, Kritik weichzuspülen. Es gibt aber noch mehr Möglichkeiten. Dinge können „durch die Blume“ oder „zwischen den Zeilen“ gesagt werden. Oder ich lasse mein Feedback etwas positiver als eigentlich intendiert ausfallen, um die andere Person nicht vor den Kopf zu stoßen.

Sag es durch die Blume! (© Katharina Neubert)

Natürlich gibt es auch Situationen, in denen wir nicht zu 100 Prozent direkt sind. Zum Beispiel, wenn die hierarchischen Strukturen es nicht erlauben. Oder wenn die Person etwas denkt, von dem sie annimmt, dass die anderen das als politisch unkorrekt einstufen würden. Es ist ja nicht so, dass wir gänzlich ohne Feingefühl durch die Gegend laufen. Wenn wir in unserem Kontext bleiben, wissen wir in der Regel, was man sagen darf und was nicht. Aber im internationalen Vergleich stehen wir eben ganz weit oben auf der Direktheitsskala.

Aufrichtigkeit und die Sorge um „die Sache" selbst lassen uns so direkt kommunizieren. Auf der anderen Seite sind ein Harmoniebedürfnis und die Fürsorge für das Gegenüber Motive für die indirekte Kommunikation. Das bringen wir hierzulande leider selten in Einklang. Eine befreundete interkulturelle Trainerin pflegt mit ihrem marokkanischen Mann (der auch eher indirekt kommuniziert) als Running Gag die Frage: „Wie sage ich das auf Indirekt?" Und sie ist immer wieder überrascht, wie sich die Dinge auch abgemilderter sagen lassen. Durch sprachliche Stoßdämpfer sozusagen. Die Erfahrung zeigt mir, dass das etwas indirektere Sprechen richtig geübt werden muss, fast wie eine Fremdsprache.

Tipps für schwierige Gesprächssituationen

Wie können wir verbindend in Situationen kommunizieren, in denen wir spüren, dass zu viel Direktheit eine Beziehung belasten könnte? Stellen Sie sich vor, eine Kollegin macht seit Längerem einen schlechten Job und Sie sollten ihr das eigentlich sagen. Vielleicht kollidiert hier Ihr Wunsch nach Aufrichtigkeit mit Ihrer Empathie oder dem Wunsch nach Freundlichkeit und einer guten Beziehung? Ein Buch aus der Serie der Harvard-Ratgeber mit dem Titel „Difficult Conversations"[87] könnte hier weiterhelfen. Es enthält gute Tipps, wie man schwierige Gespräche umsichtig führen kann. Eine Schlüsselfrage, die man sich in solchen Situationen stellen könnte, wäre: „What's at stake?" Also: „Was steht auf dem Spiel?" Eine andere, Wunder wirkende Frage, die mir in einem Achtsamkeitsseminar begegnet ist, wäre: „What would be of service now?" Also: „Was würde der Person und der Sache momentan am meisten dienen?" Und wenn ich feststelle, dass eine Konfrontation mit der anderen Person auf der Beziehungsebene einen zu hohen Preis hätte: Ist es dann klug, das Thema überhaupt anzuschneiden? Wenn ich möchte, dass sich alle wohlfühlen, kann ich meine Kritik auch einmal herunterschlucken. Zugunsten der Beziehung.

Ein Lob auf Komplimente und Small Talk

Die beziehungsorientierte Kommunikation vermeidet nicht nur konfrontative Äußerungen, sondern setzt auch ganz bewusst sprachliche Mittel zur Beziehungspflege ein, z.B. durch Lob, Komplimente und belanglosen (aber durchaus wichtigen) Small Talk.

Auch hier gibt es in Deutschland regionale Unterschiede: Während bei meinem aus Brandenburg stammenden Mann ein „Das ist nicht schlecht" das höchste aller Gefühle ist, sagen die Franken „Basst scho" und die Schwaben setzen hier noch einen drauf mit: „Net gschimpft isch gnug globt." In anderen Gegenden würde man vielleicht auch mal zu etwas positiveren Ausdrücken wie „toll", „super" oder „klasse" greifen. Aber dass beispielsweise die US-Amerikaner:innen mit lobenden Ausdrücken nur so um sich werfen („amazing" „fantastic", „awesome"), finden wir dann doch kollektiv übertrieben – zumal das sehr häufig verwendete „awesome" wörtlich übersetzt „Das weckt Ehrfurcht" heißt. Was für ein großes Wort! Das geht uns nicht so leicht über die Lippen.

Vor zehn Jahren war ich als Gastdozentin in den USA. Dort an der Uni wird den ganzen Tag gelobt, egal was die Studierenden von sich geben, sie bekommen ein „Oh, that's excellent" von den Lehrenden. Steigst du in den Bus, hat der Fahrer ein nettes Wort für dich übrig, oder Mitfahrerinnen sagen: „Oh, I like your bag!" Ich erinnere mich noch gut daran, dass ich in der Zeit gerne meine leuchtend blauen Adidas-Turnschuhe trug und ich immer stolzer auf meinen genialen Kauf war, nachdem ich so viele Komplimente dafür bekommen hatte. Erst dachte ich, „Oh, sind die alle übertrieben!", aber mit der Zeit habe ich Gefallen daran gefunden. Zurück in Berlin erlebte ich einen regelrechten Kulturschock, da der Umgangston wieder rau und ruppig war. Da wird man schon mal begrüßt mit den Worten: „Hey, du siehst aber fertig aus!"

Diese Direktheit ist zwar vielleicht ehrlich, aber macht sie uns glücklicher? Nein? Die Forscherin Judith Mangelsdorf sagt, dass durch

Komplimente Glückshormone ausgeschüttet werden, wie beispielsweise Oxytocin, das zwischen Menschen für Verbundenheit sorgt.[88] Die Forschung bestätigt auch, dass nicht nur, wer Komplimente empfängt und annehmen kann, Glück geschenkt bekommt, sondern auch diejenigen, die Komplimente machen oder geben.

Liebe Leserin, lieber Leser, wie oft loben Sie andere oder machen Komplimente? Und was halten Sie eigentlich selbst von Komplimenten? Ich diskutiere das oft mit meinen Studierenden. Lob und Komplimente sind ja sprachliche Handlungen, die mit einer bestimmten Intention eingesetzt werden. Wer in Deutschland sozialisiert ist, hat bei beidem interessanterweise oft negative Assoziationen: von Peinlichkeit über das Gefühl, das sei übertrieben, bis zu echter Abwehr oder gar dem Verdacht, die andere Person wolle sich einschleimen. Folglich fristen Lob und Komplimente bei uns eher ein Nischendasein. Schade eigentlich. Wie viele Glückshormone bleiben uns deshalb verwehrt!

Ich persönlich bleibe dabei: Lassen Sie uns öfters loben und mehr Komplimente machen! Glücksgeschenke, ganz im Sinne von Mark Twain: „The happy phrasing of a compliment is one of the rarest human gifts, and the happy delivery of it another." Nebenbei bemerkt: Meine Studierenden bekommen manchmal als Hausaufgabe, jemanden aus ihrem Umfeld zu loben oder Komplimente zu machen. Sie müssen am nächsten Tag darüber berichten. Dabei wird deutlich, dass ihnen das zum einen meist nicht so leichtfällt und sie zum anderen damit in ihrem Umfeld auf Verwunderung stoßen.

Zur verbindenden Kommunikation gehört Small Talk, auch eine sprachliche Handlung, die einen positiven Kontakt herstellen und die Beziehung zwischen Menschen festigen soll. Der Brite Richard D. Lewis hat über die Small-Talk-Gewohnheiten bei Business-Meetings in unterschiedlichen Kulturen eine Übersicht erstellt und diese nach Dauer sortiert. Raten Sie einmal, auf welcher Position sich die Deutschen befinden!

> *Am kürzesten angebunden sind die* ***Deutschen****: Maximal 2–3 Minuten für Small Talk. Dann geht man über zu Tagesordnungspunkt 1.*
> *In* ***Großbritannien*** *hingegen gibt es im Schnitt 10 Minuten Small Talk. Die Themen: Wie geht's, Wetter und Sport.*

Frankreich: *15 Minuten. Themen: Politik, Skandale.*
Japan: *15-20 Minuten. Themen: harmonische Bekundungen und Beglückwünschungen.*
Spanien/Italien: *20-30 Minuten. Themen: Fußball und Familienangelegenheiten.*[89]

Natürlich sagt Lewis das mit einem Augenzwinkern. Und auch in Deutschland gibt es je nach Kontext oder Region bestimmt Unterschiede. Doch Small-Talk-Weltmeister:innen werden wir wohl nie. Dabei ist diese Form der leichten Rede in vielen Kulturen eine wichtige Brücke zum Gegenüber und ein gutes Mittel, um Vertrauen zu bilden.

In einem meiner Fallbeispiele kommt ein ausländischer Ratsuchender zu einem Beratungsgespräch und beginnt erst einmal damit, persönliche Dinge zu erzählen, die nichts mit dem Thema der Beratung zu tun haben. Irgendwann platzt der Beraterin der Kragen. Schon wieder einer, der nicht zum Punkt kommt! Aus ihrem professionellen Verständnis heraus ist es eine Situation, in der Persönliches nichts zu suchen hat. Aber vermutlich war es für den Ratsuchenden wichtig, erst einmal eine Beziehung zur Beraterin herzustellen, und deshalb hat er dieses sprachliche Mittel gewählt.[90] Die soziale Bedeutung des Small Talks betont auch der US-Amerikaner Dale Carnegy in seinem Klassiker „How to Win Friends and Influence People“ (= „Wie man Freunde gewinnt“) von 1936, der auch heute noch aktuell ist. Er empfiehlt Small Talk und gutes Zuhören, um damit ein glaubhaftes Interesse an der anderen Person zu zeigen.

Ich lasse nun die deutsch-türkische Journalistin und Antidiskriminierungsbeauftragte des Bundes, Ferda Ataman, zu Wort kommen, die ihre Zerrissenheit zwischen unterschiedlichen Kommunikationserwartungen in ihren beiden Herkunftskulturen sehr gut zum Ausdruck bringt:

„Ich weiß nicht, ob Sie sich vorstellen können, welchen interkulturellen Spagat ich als Turko-Deutsche hinlegen muss. Ich spreche akzentfrei Türkisch, aber inhaltlich wie eine Deutsche. Jedes Mal, wenn ich mit Türken telefoniere, muss ich mir vornehmen, nicht mit der Tür ins Haus zu fallen, sondern zu fragen: Wie geht es dir? Was machen die Kinder? Wenn ich den ungeübten Small Talk hinter mich gebracht habe, kommt

der zweite Teil, der mir noch fremder ist: Man muss das, was man will, durch die Blume, ja sogar durch einen ganzen Blumenstrauß sagen. Deswegen telefonieren Türken ständig: weil es so lange dauert. Weil ich diese blumige Mundart nicht beherrsche, bezeichnet mich meine Verwandtschaft in der Türkei öfter mal als ‚eingedeutscht' – eine höfliche Umschreibung für ‚rüpelhaft'." [91]

Ein starkes Stück, dass in einer anderen Kultur „eingedeutscht" für rüpelhaft steht, oder? Mir machte das als junge Frau schwer zu schaffen. Dass wir Deutschen „rude" (= unhöflich) bzw. rüpelhaft, schroff und kühl sind, war das erste Stereotyp, mit dem ich im Ausland konfrontiert wurde. Ich selbst empfand mich natürlich als warmherzig und höflich. Umso dankbarer war ich, als ich herausfand, an was es lag.

Höflichkeit ist relativ

Während meines Au-Pair-Jahrs in Paris fiel es mir schwer, an Gruß- oder Dankesformeln wie „Bonjour" oder „Merci" die Anrede „Madame" oder „Monsieur" anzuhängen. So klang ich vermutlich für eine Französin, die „Bonjour, Madame" gewohnt war, sehr unhöflich. Das mit der Unhöflichkeit, die man uns Deutschen nachsagt, ließ mir keine Ruhe, und so belegte ich ein Jahr später an der Freiburger Uni ein Seminar, in dem es um den Vergleich sprachlicher Höflichkeit im Deutschen und im Französischen ging. Lange Rede, kurzer Sinn (oh, was für ein typisch deutscher Spruch, klingt wie „Komm endlich zum Punkt"!): Die deutsche Sprache schnitt hier schlechter ab als die französische.

Vielleicht erinnern sich manche von Ihnen, die Französisch gelernt haben, dass ein Brief mit einer ellenlangen Höflichkeitsfloskel beendet werden sollte, während bei uns „Mit freundlichen Grüßen" oder, etwas altmodischer, „Hochachtungsvoll" genügte. Mit der E-Mail-Kommunikation ist diese lange französische Formel, deren Wortlaut nicht einfach zu merken war, glücklicherweise inzwischen fast ausgestorben. Aber in echten Briefen wird sie immer noch angewandt („Veuillez agréer, Madame, Monsieur, l'expression de mes sentiments distingués").

Schmunzeln müssen meine Kolleg:innen und ich manchmal bei E-Mails, die wir von asiatischen Studierenden oder Kolleg:innen bekommen. Gerade, wenn man sich noch nicht so gut kennt, oder die andere Person in der Hierarchie weiter unten steht, sind in vielen asiatischen Sprachen zahlreiche Höflichkeitsformeln nötig, um z. B. eine Bitte auszusprechen. Der Bittsteller bringt zunächst zum Ausdruck, dass es ihr oder ihm bewusst ist, mit dieser Bitte die andere Person zu belästigen, wofür man sich im Voraus entschuldigt. Erst dann wird die sehr vorsichtig formulierte Bitte mitgeteilt und hinzugefügt, dass man im Falle einer Antwort ein „großes Glück" empfinden würde. Das würde dann in Japan etwa so klingen: „In Anbetracht der Tatsache, dass Sie sehr beschäftigt sind, fühle ich mich so beschämt, Sie um Ihre gnädige Mithilfe bitten zu müssen, mir diesbezüglich Ihr ehrenwertes Wissen zuteil kommen zu lassen, worüber ich mich sehr freuen würde."[92]

Im Schnitt verwenden wir im Deutschen also weniger Wörter und auch weniger Höflichkeitsfloskeln als in anderen Sprachen üblich, um bestimmte Dinge zum Ausdruck zu bringen. Das lässt sich sicherlich anhand der Sprachstruktur erklären, aber nicht nur. Denn schon unsere Nachbar:innen in der Schweiz und in Österreich, die in Teilen dieselbe Sprache sprechen, kommunizieren viel indirekter und damit diplomatischer und ecken somit weniger an. Sie nutzen auch andere sprachliche Höflichkeitsformen.

Mein Mann und ich waren erst vor Kurzem in Wien. In einem Restaurant brachten uns die Kellner zum Schmunzeln, da sie uns immer mit „der Herr" und „die Dame" ansprachen: „Was wünschen der Herr?" „Guten Appetit, die Dame." Es klang so herrlich altmodisch in unseren Ohren!

Da fällt mir doch gleich der Spruch des irischen Schriftstellers George Bernard Shaw ein: „England and America are two countries separated by the same language!" Genauso ist es mit Deutschland, Österreich und der deutschsprachigen Schweiz. Viele Formulierungen, z. B. Aufforderungen, sind im Deutschen sehr direkt und klingen in unseren Ohren nicht unhöflich. Hinweisschilder wie „Ausweis bereithalten!" ohne ein freundliches „Bitte" sind hier an der Tagesordnung. Ein Pole sagte mir einmal, für ihn klinge die deutsche Sprache wie eine Aneinanderreihung von Befehlen. Oh, wie gemein! In der Schweiz gab es sogar einmal eine Plakatkampagne, die sich direkt an die eingewanderten Deutschen bzw. die Grenzgänger:innen richtete und an einen höflicheren Umgang miteinander appellierte. Darauf war eine stereotypisch deutsch aussehende Person abgebildet und der zugehörige Text lautete: „Sag doch statt ‚Ich krieg dann mal!' lieber ‚Bitte, könnte ich vielleicht?'"[93]

Dieses Beispiel zeigt, wie Nuancen im Sprachgebrauch – z.B. die Verwendung des Konjunktives und eines „kleinen Wortes" mit abschwächender Wirkung wie „vielleicht", in der Fachsprache Modalpartikel genannt – die Kommunikation viel höflicher wirken lassen. Übrigens, Goethe schrieb einmal: „Im Deutschen lügt man, wenn man höflich ist."

Aufforderungen und Wünsche freundlicher formulieren

Wenden wir die eher einsilbige deutsche Art, Wünsche oder Vorschläge zu formulieren, in anderen Kulturen an, so können wir damit anecken, ohne dass uns das bewusst ist. Übersetzt man etwa „Könnten Sie bitte das Fenster öffnen?" ins Englische mit „Could you please open the window?", so kann das für eine in England oder den USA sozialisierte Person schon barsch klingen. Besser wäre hier: „I was just wondering if you could open the window." Und ein weiteres Zauberwort wäre „maybe": „Maybe we should consider opening the window?"[94]

Das können wir auch ins Deutsche übertragen: Mehr Konjunktive und Modalpartikel (siehe das Beispiel aus der Schweiz) lassen Wünsche und Aufforderungen höflicher klingen. In Japan würde man das übrigens auf eine ganz andere Art und Weise machen. Direkte Aufforderungen und Äußerungen von Wünschen gelten dort allgemein als unhöflich. Den Wunsch, das Fenster zu öffnen, würde man in etwa so formulieren: „Kyō wa chotto atsui desu ne." – „Heute ist es ein bisschen warm, nicht wahr?" Würden Sie darin eine Handlungsaufforderung vermuten?

Das hier soll kein Sprachkurs sein, ich möchte Sie nur ein wenig für die Wirkung von Sprache sensibilisieren. Dafür, dass wir manchmal ganz schön fordernd klingen. Und dafür, dass ein oder zwei kleine Wörtchen mehr eine ganz andere Wirkung haben können. Auch für deutsche Ohren, wenn wir die deutsche Sprache ein bisschen gefälliger einsetzen. Einige Kolleg:innen, die auch Kommunikation unterrichten, sind der Meinung, dass sich in puncto Höflichkeit und Freundlichkeit in den letzten Jahren hierzulande einiges bewegt hat. Die Menschen seien insgesamt besser geschult in „wertschätzender Kommunikation", vor allem im Servicebereich. Und was ist mit dem Rest? Der, so die Einschätzung der Kolleg:innen, drücke sich auch wertschätzender aus, weil das von den USA zu uns herübergeschwappt sei. Ja, das mag sein, auch ich nehme eine Veränderung wahr. Dennoch gehe ich hier ganz mit meiner Coach-Freundin Sandra konform: Vieles ginge auch noch freundlicher! Wieso käme die Frauenzeitschrift „Brigitte" sonst auf die Idee, einen Artikel zu veröffentlichen mit der Überschrift: „Freundlichkeit lohnt sich – 5 Tipps für den Alltag"?[95]

Was bedeutet Freundlichkeit überhaupt?

Wo vermuten Sie die freundlichsten Menschen auf der Erde? Mark Twain, der eine wahre Fundgrube für gute Zitate ist, sagte über Freundlichkeit, sie sei eine Sprache, die eine gehörlose Person hören und eine blinde sehen könne. Wir können bewusst Freundlichkeit in unsere Stimme legen – oder auch nicht. Menschen, die beruflich viel am Telefon kommunizieren, werden heute entsprechend geschult. Der Grund: Studien besagen, dass wir in Bruchteilen von Sekunden Unfreundlichkeit aus einer Stimme heraushören. Und da sind wir wieder bei den steinzeitlich geprägten Verhaltensmustern, denn das Gehirn gleicht permanent ab, ob wir sicher sind.

Vielleicht haben Sie das auch schon einmal erlebt: Sie sprechen vor einer Gruppe, der Großteil ist Ihnen sichtlich gewogen, aber eine Person drückt durch ihre Körpersprache aus, dass sie Ihnen gegenüber kritisch ist, z.B. durch Stirnrunzeln und verschränkte Arme. Was passiert? Diese eine Person bekommt sofort Ihre volle Aufmerksamkeit und verursacht Stress, denn sie verunsichert Sie. Wenn Menschen hingegen lächeln oder hin und wieder mit dem Kopf nicken, beruhigt Sie das. Zumindest in unserem Kulturkreis, denn – und das ist tricky – in anderen Kulturen kann ein Kopfnicken auch etwas anderes bedeuten. Glücklicherweise stimmen immerhin Gesichtsausdrücke und auch Körpersprache, wenn es um die menschlichen Grundgefühle wie Freude oder Trauer geht, in den meisten Kulturen überein.

Die freundlichsten Menschen der Welt: Das sagt die Wissenschaft

Die Fähigkeit, gut zuzuhören, gehört laut Untersuchungen neben Zugewandtheit, Hilfsbereitschaft und Fairness für viele zur Freundlichkeit. Eine Studie der California State University brachte zutage, dass die Menschen, die in Rio de Janeiro leben, die hilfsbereitesten und somit die freundlichsten Menschen der Welt sind.[96]

Die Studie war so angelegt: Man beobachtete, was in verschiedenen Situationen passiert, wenn eine Person Hilfe benötigt. Sie ließ z. B. einen Stift auf den Gehsteig fallen und tat so, als ob sie es nicht gemerkt hätte. In einem anderen Szenario ging jemand mit einer Beinschiene auf Krücken, ließ eine Zeitschrift herunterfallen und hatte Mühe, diese wieder aufzuheben. Oder eine Person gab vor, blind zu sein, und blieb, auf Hilfe wartend, an einer Kreuzung stehen. Die Einwohner:innen Rios waren in allen Situationen am hilfsbereitesten. Der Sozialpsychologe Aroldo Rodrigues stellt Zusammenhänge zur Sprache und Kultur Brasiliens her. Dabei verweist er auf das wichtige portugiesische Wort símpatico. *In Brasilien steht es für eine Reihe von wünschenswerten sozialen Eigenschaften, z. B. freundlich zu sein, nett, angenehm und gutherzig. Also eine Person, mit der man gerne zusammen ist und deren Gegenwart man sucht. Es ist eine zutiefst erstrebenswerte soziale Kernkompetenz. Brasilianer:innen wollen gerne* símpatico *sein. Auf Fremde zuzugehen und ihnen zu helfen, ist ein Teil dieses Konzepts.*[97]

Die indirekte „High Context"-Kommunikation

Andere Kulturen wiederum verstehen unter Freundlichkeit eine indirekte, an das Gegenüber und das geteilte Bedürfnis nach Harmonie angepasste Art zu kommunizieren. Sie erinnern sich an die auf japanische Art formulierte E-Mail von eben? Das ist sozusagen der Counterpart zu unserer Kommunikation. In der Fachsprache der interkulturellen Forschung werden die Kulturen, die wie wir direkt kommunizieren, auch als „Low Context Cultures" bezeichnet – wir pflegen einen Kommunikationsstil, der sehr explizit ist und sich auf das gesprochene oder geschriebene Wort fokussiert. Menschen aus Low Context Cultures sind nicht sehr geübt darin, nonverbale Kommunikation oder sonstige Zeichen im Raum zu dechiffrieren. Kontextmerkmale, also das Drumherum wie etwa Körpersprache, Symbole, Nichtgesagtes etc., werden eher sparsam eingesetzt. Sie unterstreichen, aber ersetzen nicht die direkte, sprachliche Kommunikation. So reicht es in der Regel nicht, wenn ich auf die Uhr schaue, um dem Gegenüber zu vermitteln, dass ich gehen muss. Ich schaue besser auf die Uhr *und* sage: „Ich muss los!"

Ganz anders in „High Context Cultures". Dort ist das, was gesagt wird, oft nur ein Teil der Botschaft. High Context Culture bedeutet, dass ein Großteil der zwischenmenschlichen Kommunikation nicht über Sprache geschieht. Der Kontext, also das Umfeld bzw. der Raum, der uns umgibt, und auch das Nichtgesagte haben unzählige Nuancen, die sich deuten lassen. Dazu gehören die Sitzordnung der Anwesenden, deren Körpersprache, ihre Gesichtsausdrücke, ihr Verhalten und sogar ihr Schweigen. Das, was nicht ausgesprochen wird, ist oft genauso wichtig wie das Gesagte, und wer nur auf Worte achtet, erfährt leider nur die Hälfte. Vielleicht kennen Sie das Axiom von Paul Watzlawick: „Man kann nicht nicht kommunizieren!" Das bringt es gut auf den Punkt, finde ich. Alles ist Kommunikation, und auch ohne Worte stehen wir jederzeit im Austausch mit unseren Mitmenschen!

In Japan wird die Luft gelesen

In Japan hört man häufig die sprachliche Wendung *kūki o yomu* – „die Luft lesen". Das bedeutet, dass viel Information in der Luft liegt, die nur richtig gedeutet werden muss. In Korea gibt es das Prinzip *nunchi*, das ich Ihnen gleich etwas näher vorstellen werde. Diese inneren Haltungen zu verstehen, ist für uns im Westen sozialisierte Menschen nicht ganz so einfach. Und es geht auch nicht darum, sie komplett zu verinnerlichen (wenn Sie nicht gerade planen, nach Japan oder in ein anderes High-Context-Land auszuwandern). Aber ich bin überzeugt, dass wir als sehr direkt Kommunizierende davon profitieren können, wenn wir uns mit anders gelagerten Ansätzen aus aller Welt befassen. Nicht nur hierzulande, sondern auch, wenn Sie gerne reisen oder viel mit Menschen aus anderen Kulturen zu tun haben, kann es Ihnen helfen, eine bessere Beziehung zu denjenigen zu knüpfen, die hier feinere Antennen haben.

Sonst geht es Ihnen vielleicht wie diesen beiden Studentinnen, die mit ihrer Art zu kommunizieren in Uganda überhaupt nicht gut klarkamen: Sie schrieben folgende Mail an ihre Betreuerin:

> Hallo, wir sind gerade in Uganda, um unser Praktikum in einem Kinderheim zu machen – und brauchen dringend Ihren Rat. Wir sind nun seit 10 Tagen hier und fühlen uns überhaupt nicht wohl. Wir wenden uns an Sie, da wir uns hier überhaupt nicht willkommen fühlen. Wir haben bereits versucht, von uns aus auf die „Erzieherinnen" zuzugehen und alles Notwendige für die alltägliche Arbeit zu erfragen, haben heute aber leider über Umwege erfahren müssen, dass wir „zu viel" fragen.... (wir wollten eigentlich unser Interesse zeigen und wissen, wie sie was und warum machen). Ohne Fragen erfahren wir aber leider überhaupt nichts, von sich aus erklärt keiner etwas ... nun sind wir ziemlich ratlos. All unser Bemühen um einen guten Umgang miteinander scheint irgendwie danebenzugehen.... Können Sie uns nun sagen, was für Möglichkeiten wir hätten, falls sich die Situation nicht verbessert und wir es hier gar nicht mehr aushalten?

Sicherlich hätte es den beiden geholfen, wenn sie die Luft um sie herum etwas besser hätten lesen können, z.B. um zu erspüren, wem man am besten diese Fragen stellt, welche Momente geeignet und welche Fragen passend sind und in welchem Tonfall sie gestellt werden. Solche Kompetenzen können uns auch innerhalb unserer Kultur helfen, besser zu kommunizieren. Denn in vielen Kulturen weiß man: Wenn Sie lange genug warten und gut beobachten, werden Sie Antworten auf die meisten Ihrer Fragen bekommen. Und man lernt durch Zuhören oft mehr als durch Sprechen.

Nunchi – Superpower aus Korea

Nunchi (wörtlich übersetzt „Augenmaß") ist ein traditionelles koreanisches Konzept, das für ein ausgeprägtes Situationsbewusstsein steht. Etwas freier übersetzen könnte man *nunchi* am ehesten mit „die Kunst zu verstehen, was die Menschen denken und fühlen". Es geht dabei um die Fähigkeit, den gesamten Kontext und die Atmosphäre einer Situation in Sekundenschnelle zu erfassen – eine komplette Bestandsaufnahme sozusagen. Die Koreaner:innen halten das für ihre Superpower.[98]

Nunchi lässt sich auf so ziemlich jede soziale Situation anwenden, von der Familienfeier bis zum Vorstellungsgespräch. Es ist in jedem Fall wichtig, sich zugunsten einer optimalen Wahrnehmung der Situation zurückzunehmen. Diese Zen-Geschichte bringt das schön zum Ausdruck:

> *Einmal wurde ein Meister nach dem Weg der Weisheit gefragt. Doch statt auf den Rat des Meisters zu hören, war der Besucher die ganze Zeit damit beschäftigt, von seinen Sorgen und Schwierigkeiten zu erzählen. Schließlich kam die Teestunde und der Meister begann einzuschenken. Er goss die Schale des Besuchers bis zum Rand voll, und wäre ihm sein Besucher nicht in den Arm gefallen, hätte er mit dem Einschenken nicht aufgehört. „Was tut Ihr da, Meister?“, rief dieser verwundert. „Seht Ihr nicht, dass die Schale schon voll ist?“ „Ja, sie ist voll“, bestätigte der Meister. „Und auch du bist bis zum Rand angefüllt mit eigenen Gedanken und Vorstellungen. Wie soll ich dir Weisheit vermitteln, wenn du mir keine leere Schale reichst?“*[99]

Meines Erachtens hat *nunchi* sehr viel mit emotionaler Intelligenz zu tun, also mit der Fähigkeit, „die eigenen Gefühle und Emotionen sowie die Gefühle und Emotionen anderer zu beobachten, zu unterscheiden und sich von den dabei gewonnenen Informationen in seinem Denken und Handeln leiten zu lassen“.[100]Aber anders als das relativ neue Konzept der emotionalen Intelligenz ist das Wissen um *nunchi* 5000 Jahre alt und tief in der koreanischen Kultur verankert. Bei einem gut ausgebildeten *nunchi* gelingt es, den eigenen Eindruck ständig neu zu justieren. Es umfasst auch ein gutes Gespür für die Dynamik innerhalb einer bestimmten Gruppe und ähnelt damit dem „Luftlesen“ in Japan. In der Praxis bedeutet *nunchi*, den Raum, den man betritt, sofort in Gänze zu erfassen. Man sieht ihn als lebendigen Organismus, der eine eigene Temperatur, eine eigene Luftbeschaffenheit, Lautstärke und Stimmung hat, die sich ständig ändern kann.

Auch für die besondere Eigenschaft eines Raumes gibt es einen speziellen Ausdruck: *Boonwigi* bezeichnet die Atmosphäre mit Blick auf das Wohlbehagen. Jede Person im Raum trägt durch ihre Präsenz zum *boonwigi* bei. Ein gutes *nunchi* lässt die Person, die einen Raum betritt, gleich erfassen, welche emotionale Energie im Raum vorherrscht. Sie nimmt wahr, wer in einem bestimmten Kontext spricht, wer zuhört, wer unterbricht, wer sich entschuldigt, wer begeistert ist und wer Missbilligung ausdrückt. Daraus lassen sich nützliche Einschätzungen über die Art der Beziehungen und Hierarchien innerhalb einer Gruppe und die allgemeine Stimmung ableiten, und man kann sich entsprechend verhalten.

Die *nunchi*-Expertin Euny Hong sagt, es sei für alle Lebensbereiche nützlich, „schnelles“ *nunchi* zu haben, also die Fähigkeit, sich ändernde soziale Informationen innerhalb kurzer Zeit zu verarbeiten.[101] Menschen mit dieser Gabe können den Kontext rasch erfassen und sich anpassen, sie knüpfen schneller Kontakte und ihnen unterlaufen weniger peinliche Fauxpas. Insgesamt steigert ein schnelles *nunchi* die persönlichen Erfolgschancen in jedem sozialen Umfeld. Manche Personen behaupten auch, die Koreaner:innen könnten Gedanken lesen. Das ist vermutlich etwas übertrieben, aber *nunchi*-Expert:innen sagen, dass diese Fähigkeit eng verbunden ist mit dem siebten Sinn bzw. dem Bauchgefühl. Dieses lässt sich durch Meditation oder Stille kultivieren, wie die Zen-Geschichte oben zeigen möchte.

Konfuzianische Konzepte als Grundlage für nunchi

Sowohl der Konfuzianismus als auch der Buddhismus messen der Meditation und der ruhigen Überlegung große Bedeutung bei. Dazu gehört auch das Bewusstsein, welchen Einfluss das eigene Handeln auf die Umgebung hat. Laut der konfuzianischen Lehre sollte in einer harmonischen Gesellschaft jede:r ihren bzw. seinen Platz kennen und sich dementsprechend verhalten. Im Konfuzianismus wurzelt auch das Verständnis, dass jedes Mitglied in einer Gesellschaft eine Rolle ausfüllt. Wer von dieser ihr oder ihm zugewiesenen Rolle abweicht, schadet allen bzw. dem großen Ganzen. Analog dazu ist die koreanische Sprache streng hierarchisch aufgebaut. Es gibt zahlreiche Regeln, die mit dem sozialen Gefüge zu tun haben. So dürfen Koreaner:innen nicht einmal die eigenen Geschwister beim Vornamen nennen, sondern müssen auf Höflichkeitsformen zugreifen wie „älterer Bruder“ oder „ältere Schwester“.

Die Kinder lernen dort früh, sich zurückzunehmen, und auf die Kultivierung von *nunchi* wird auch bei der Erziehung sehr geachtet. Wenn man mit Kindern schimpft, dann häufig mit den Worten: „Warum hast du kein *nunchi*?", etwa wenn sie drängeln oder mit ihrem Verhalten aus der Reihe tanzen. Gerade für uns individualistische Westler:innen birgt *nunchi* ein großes Lernpotenzial, da es uns neue Sichtweisen und neue Welten erschließen kann, und darüber hinaus vermittelt, wie man Informationen zum Wohle aller Beteiligten nutzt. Auch in Korea gibt es Tendenzen zum Individualismus; von einem Wissenschaftler weiß ich, dass es dort inzwischen hoch kompetitiv zugeht. Aber noch ist *nunchi* allgegenwärtig. *Nunchi* betont nach wie vor die Herstellung von Einheit, von Beziehungen und von kollektiver Harmonie. Letztlich geht es darum, die anderen besser zu verstehen und sich besser auf sie einstellen zu können.

Immerhin ist es Südkorea gelungen, sich von einem der ärmsten Länder der Welt zu einem wohlhabenden, hoch technologisierten Land zu entwickeln. Nicht nur Autos und High-Tech-Produkte, sondern auch koreanische Popmusik und Serien sind Exportschlager geworden und haben Südkorea zu einer der reichsten, coolsten und modernsten Kulturen der Welt gemacht. Viele Expert:innen denken, dass dies auf das hochentwickelte *nunchi* der Koreaner:innen zurückzuführen ist. Minsoo Kang von der University of Missouri in Saint Louis meint, das liege daran, dass das kleine Land immer wieder von seinen Nachbarn China und Japan annektiert wurde.[102] Als eine Art Gegenhaltung bildeten die Koreaner:innen *nunchi* aus, um sich zu behaupten, sich gleichzeitig anzupassen und dennoch die eigene Kultur zu bewahren.

So wird das koreanische Wirtschaftswunder auch der Fähigkeit zugeschrieben, dass die Koreaner:innen einerseits einen guten Instinkt für die sich rasch entwickelnden Bedürfnisse anderer Nationen entwickelten, die entsprechenden Produkte herstellten und die Pläne dem schnelllebigen gesellschaftlichen Wandel anpassen konnten. Andererseits könnten sie dank *nunchi* andere Menschen und Kulturen sehr gut lesen. Doch nicht nur für das Business ist *nunchi* gut – der koreanische Psychologe Jaehong Heo hat eine *nunchi*-Skala entwickelt, die abbildet, dass *nunchi* Menschen zu mehr Glück verhilft! In seinen Untersuchungen korreliert ein hoher Wert auf der *nunchi*-Skala mit guten Werten in Bezug auf Selbstbewusstsein, Lebenszufriedenheit und Empathie.[103]

Nunchi trotz Onlinekommunikation

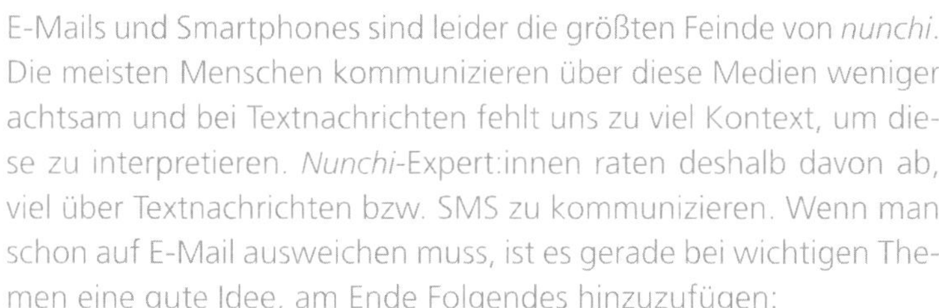

E-Mails und Smartphones sind leider die größten Feinde von *nunchi*. Die meisten Menschen kommunizieren über diese Medien weniger achtsam und bei Textnachrichten fehlt uns zu viel Kontext, um diese zu interpretieren. *Nunchi*-Expert:innen raten deshalb davon ab, viel über Textnachrichten bzw. SMS zu kommunizieren. Wenn man schon auf E-Mail ausweichen muss, ist es gerade bei wichtigen Themen eine gute Idee, am Ende Folgendes hinzuzufügen:

„Also, was denkst du/denken Sie?" oder

„Wir sprechen noch eingehender darüber, wenn wir uns sehen."

Damit stellen wir sicher, dass wir das Gespräch persönlich weiterführen wollen, und unser *nunchi* besser einsetzen können.[104]

Nunchi im Business

Weiter oben haben Sie schon erfahren, dass Menschen mit schnellem *nunchi* erfolgreicher sind. Also: Ein schnelles *nunchi* kann Ihnen helfen, bessere Leistungen im Job zu erzielen, aber auch besser integriert zu sein und eventuell mehr Spaß dabei zu haben. Sowohl Steve Jobs und Bill Gates als auch Jeff Bezos wird gutes *nunchi* zugeschrieben, das heißt die Fähigkeit, die Bedürfnisse der Menschen zu erkennen, die entsprechenden Produkte zu entwickeln und sich an die Veränderungen anzupassen. Mit ihrem *nunchi* haben sie drei der größten Konzerne der Welt geschaffen. Diese Fähigkeit hilft auch, die Konkurrenz und Ihre Vorgesetzten gut einschätzen zu können. Somit kann ein gutes *nunchi* natürlich auch zu einem besseren Gehalt verhelfen: Je mehr Sie über das Unternehmen, die Kolleg:innen und Ihre Vorgesetzten wissen, desto gezielter können Sie verhandeln. In Meetings können Sie als gute:r Beobachter:in die Körpersprache der Anwesenden lesen und einordnen. Durch *nunchi*-Einsatz können Sie herausfinden, mit welchen betrieblichen Problemen Ihre Vorgesetzten gerade zu tun haben, und diesen dann proaktiv eine Lösung anbieten.

Was man vielleicht auch noch wissen sollte: In Korea, aber auch in anderen asiatischen Ländern wird im Business oft erst nach mehreren

Treffen direkt über das Geschäft gesprochen. Bei den ersten Zusammenkünften finden die Beteiligten heraus, ob sie längerfristige Beziehungen aufbauen möchten. Bei diesen Treffen wird genau auf die Körpersprache geachtet. Auch hier ist ein gutes *nunchi* von großem Vorteil! Die folgende Übersicht basiert auf den Erkenntnissen von Euny Hong und fasst die wichtigsten Regeln für die Kultivierung von *nunchi* zusammen:[105]

Die acht goldenen nunchi-Regeln

1. *Leeren Sie Ihren Geist und versuchen Sie, sich von vorgefassten Meinungen zu befreien. Ein stiller, klarer Geist hilft Ihnen dabei, Situationen unvoreingenommen zu beobachten.*
   Es ist eine hohe Kunst, von sich selbst zu abstrahieren. Denken Sie an die Zen-Geschichte mit der leeren Schale. Manchmal hilft es, einfach einen Schritt zurückzutreten, entspannt durchzuatmen oder eine Atemübung zu machen. Meditation und Achtsamkeitspraxis können hier unterstützen.

2. *Seien Sie sich bewusst, dass sich die Atmosphäre ändert, wenn Sie einen Raum betreten. Vergessen Sie Ihren Einfluss darauf nicht und nutzen Sie ihn weise.*
   Ein großer Auftritt ist nicht nötig. *Nunchi*-Expert:innen raten, sich nicht in den Vordergrund zu drängen.

3. *Denken Sie bei Ihrer Ankunft daran, dass die, die schon da sind, sich schon länger in diesem Raum befinden. Beobachten Sie die Atmosphäre im Raum, um die Situation einschätzen zu können.*
   Erfassen Sie die emotionale Energie im Raum und finden Sie heraus, welche emotionale Energie Sie selbst beitragen können, um sich gut einzupassen. Ersteres können Sie z. B. gut üben, wenn Sie das nächste Mal ein volles Café betreten. Versuchen Sie einzuschätzen, wer als Nächstes gehen wird.

4. *Lassen Sie nie eine gute Gelegenheit verstreichen, den Mund zu halten.*
   Dafür gibt es sogar im Deutschen ein passendes Sprichwort: Reden ist Silber, Schweigen ist Gold. Wenn Sie lange genug warten, werden Sie Antworten auf die meisten Ihrer Fragen bekommen, ohne etwas sagen zu müssen.

5. *Manieren verleihen Struktur und soziale Sicherheit.*
Etwas weiter gefasst sind Manieren nichts anderes als soziale Regeln. Wer diese befolgt, beweist gutes *nunchi*. Gerade im Ausland ist es hilfreich, sich mit den Konventionen und Regeln zu befassen, um niemanden vor den Kopf zu stoßen. Hier gilt: „When you're in Rome, just do it like the Romans do!" Soziale Konventionen sorgen auch dafür, dass Menschen sich wohlfühlen.

6. *Lesen Sie zwischen den Zeilen.*
Menschen sagen nicht immer, was sie denken. Versuchen Sie auch, den Wink mit dem Zaunpfahl zu verstehen. Wenn jemand etwa sagt, „Oh je, es ist schon spät und morgen habe ich viel zu tun", dann ist es Zeit zu gehen.

7. *Wenn Sie unbeabsichtigt etwas falsch machen, befreit Sie das nicht von der Verantwortung für Ihr schlechtes* nunchi.
Manchmal tritt man mit guter Absicht ins Fettnäpfchen. Prädestiniert dazu sind Fragen wie „Bist du schwanger?", „Hast du abgenommen?" oder „Woher kommen Sie ursprünglich?" Damit beweist man schlechtes *nunchi* und riskiert, trotz eventueller guter Absichten anzuecken.

8. *Seien Sie geschickt, seien Sie schnell.*
Sammeln Sie rasch Informationen, verarbeiten Sie sie schnell, passen Sie sich daran an. Das kann in vielen Lebenslagen helfen, von Gehaltsverhandlungen über Job-Interviews bis hin zur ersten Begegnung mit den künftigen Schwiegereltern.

Kurz gesagt

In Deutschland, dem Land der Dichter:innen und Denker:innen, wird trotz unserer so reichen Sprache oft (zu) kurz und knapp kommuniziert. Das gilt vor allem für die gesprochene Sprache. Klar, die sachbezogene Kommunikation hat durchaus Vorteile, sie ist effektiv und lässt vielleicht etwas weniger Drama entstehen. Und auch die Direktheit an sich hat Vor- und Nachteile. Zwar ist direkte Kommunikation aufrichtig und man weiß, woran man ist, sie kann jedoch auch schroff, wenn nicht sogar verletzend wirken. Unsere sprachliche Sozialisierung zielt eher auf explizite Informationswiedergabe und -aufnahme. Das wirkt oft nicht sehr beziehungsorientiert und auch nicht immer freundlich. Hier können uns viele andere Kulturen ein Vorbild sein. Freundlichkeit schafft nachweislich Verbindung und motiviert Menschen dazu, ihr Bestes zu geben. Nehmen wir uns beispielsweise die US-Amerikaner:innen in puncto beziehungsorientierte Kommunikation als Vorbild. Sie zeigen uns, wie man über Small Talk, positives Feedback, Lob und Komplimente freundlicher und verbindender kommunizieren und sogar Glückshormone beim Gegenüber erzeugen kann. Lernen können wir aber auch von den asiatischen Kulturen, in denen viele Dinge sehr vorsichtig und gesichtswahrend ausgedrückt werden. Während man in Japan die Luft liest, setzen die Koreaner:innen *nunchi* ein – eine feine Beobachtungsgabe bzw. ein Gespür für den Raum und die Menschen. Sie können sie kultivieren, indem Sie die acht goldenen *nunchi*-Regeln beachten. Etwas mehr Lob und Komplimente, etwas mehr *nunchi* im Alltag und Sie werden sehen, dass es einen Unterschied macht!

Freude an der Arbeit lässt das Werk trefflich geraten.

ARISTOTELES

Work smarter, not harder

AMERIKANISCHE REDENSART

Kapitel 4: Die Arbeitswelt der Zukunft: Menschliche Ressourcen besser nutzen und Innovation fördern

Wie wollen wir künftig arbeiten? Welche Möglichkeiten haben wir und welche Chancen lassen wir ungenutzt verstreichen? Diese Fragen stehen im Zentrum dieses Kapitels. Vermutlich hat die Welt noch nie so einen rasanten Wandel erlebt wie in den letzten Jahren und Jahrzehnten. Heute sind wir vernetzter denn je, wir werden mit Informationen geradezu überflutet und Wissen war noch nie so leicht zugänglich. Doch immer mehr wird uns bewusst, dass die Digitalisierung auch ihre Schattenseiten hat. Gleichzeitig stellen uns Phänomene wie Klimawandel, drohende Ressourcenknappheit und Pandemien vor viele neue Aufgaben. In Deutschland kommen zusätzlich die Überalterung der Gesellschaft und der Fachkräftemangel hinzu. Kurz: Um den aktuellen Entwicklungen zu begegnen, brauchen Wirtschaft und Arbeitsmarkt dringend neue Ausrichtungen, Kompetenzen und Strukturen.

Und nicht nur Arbeitgeber:innen müssen sich den neuen Herausforderungen stellen, sondern auch Arbeitnehmer:innen, wenn sie diese motiviert und gesund meistern wollen. Natürlich können nicht alle Probleme auf dem Arbeitsmarkt auf einen Schlag gelöst werden. Doch ein Blick in andere Länder zeigt, dass viel mehr möglich wäre, wenn Staat, Unternehmen und Gesellschaft flexibler auf die Bedürfnisse der Menschen reagieren würden. Meine Analyse in diesem Kapitel zeigt, dass wir noch einiges an Nach- oder auch Aufholbedarf haben, was z. B. die Themen Diversität und Gleichberechtigung angeht, aber auch in puncto Kreativität und Innovation. In manchen Bereichen können uns staatliche Strukturen und Initiativen durchaus unterstützen, aber auch wir als Individuen und als Gesellschaft sollten uns fragen, wie wir das Morgen gestalten möchten und welche Welt wir unseren Kindern hinterlassen wollen.

Was das wichtige Thema „Innovation" angeht, können wir von den sogenannten Schwellenländern (kein wertschätzender Begriff, wie ich finde) einiges lernen. Ich werde Ihnen in diesem Kapitel unter anderem *jugaad* vorstellen, eine Arbeitsphilosophie aus Indien, die mit komplexen Herausforderungen des alltäglichen Lebens innovativ umgeht, und das, ohne viele Ressourcen zur Verfügung zu haben. Aber es soll auch um menschliche Ressourcen bzw. Human Resources gehen, wie das Personalwesen in Firmen zumeist genannt wird. Ich bin der Meinung, dass wir hierzulande die wertvollen menschlichen Ressourcen nicht optimal einsetzen und dass dafür ein neues Denken nötig ist.

Ist Deutschland zukunftsfähig?

Ende 2020 bescheinigte uns eine Studie des Weltwirtschaftsforums (WEF) zur Zukunftsfähigkeit von rund drei Dutzend Ländern kaum mehr als Mittelmaß. Die besten Noten bekommen – wieder einmal – die nordischen Länder, insbesondere Finnland und Schweden. Deutschland liegt in allen Kategorien mehr oder weniger knapp über dem Mittelwert der 37 untersuchten Volkswirtschaften.[106] Richtig gut schneiden wir nur in puncto „Arbeitsrecht und sozialer Schutz für neue Bedürfnisse der Arbeitskräfte" ab. Immerhin. Weitere Aspekte, die ich in Bezug auf Zukunftsfähigkeit wichtig fände, wurden gar nicht abgefragt, zum Beispiel sozio-emotionale Kompetenzen, Diversity-Toleranz und Problemlösekompetenz.

Was wir auf jeden Fall sind: effizient! „Made in Germany" steht schon seit Langem für Qualität. Deutsche Autos und Maschinen sind eine

Erfolgsgeschichte, und jahrzehntelang war Deutschland Exportweltmeister. Doch 2021 hat China Deutschland beim Export von Maschinen erstmals überholt.[107] Noch sind wir bei Patentanmeldungen weltweit führend. Das hat sich zuletzt deutlich während der Pandemie gezeigt; Deutschland war eines der ersten Länder, in denen ein Impfstoff entwickelt wurde. Doch in dieser Zeit wurde auch eine große Schwäche in der digitalen Infrastruktur Deutschlands offenkundig: Das Meldesystem zwischen Arztpraxen, Testlabors und Gesundheitsämtern erwies sich als mangelhaft, und auch die Corona-Warn-App hat sich nicht wirklich bewährt. Unlängst ist Deutschland beim Ländervergleich von Innovationen (Global Innovation Index) von Platz 9 auf Platz 10 gefallen.[108] Gerade in den Teilkategorien, die sich auf digitale Infrastruktur beziehen, rangiert Deutschland weit abgeschlagen auf den hinteren Plätzen. Besonders schlecht schneiden wir bei der digitalen Partizipation der Bevölkerung und bei öffentlichen Digitalangeboten ab. So befindet sich unser hoch industrialisiertes Land etwa in der Kategorie „Government's online service" auf Platz 59! Bei Bekanntgabe der Daten sagte Cornelia Rudloff-Schäffer, die Präsidentin des Deutschen Patent- und Markenamts:

> *„Die digitale Transformation und das Bewusstsein für die Dringlichkeit ihres Vorantreibens ist in unserer Gesellschaft noch nicht so ausgeprägt wie in anderen Teilen der Welt, etwas mehr Dynamik würde unserer Innovationslandschaft guttun."*[109]

Ich bin nicht der Meinung, dass ewiges Wachstum die Lösung für unsere Probleme ist, ganz im Gegenteil. Doch ich glaube, wir brauchen innovatives Denken und neue Perspektiven, wenn wir dem Wandel und den Herausforderungen der Zukunft begegnen wollen. Und da nicht alle von heute auf morgen aufs Land ziehen und unsere Zukunft durch ökologisch-nachhaltige Landwirtschaft und Gärtnern sichern können, müssen wir uns überlegen, wie die Unternehmen wettbewerbsfähig und dabei nachhaltig agieren können. Dazu gehört die Frage, wie wir als arbeitende Individuen gesund und motiviert bleiben. Und wie wir den Laden am Laufen halten. Der Fachkräftemangel ist jetzt schon stark spürbar – wie soll das erst werden, wenn die geburtenstarken Jahrgänge in Rente sind? Immer noch werden über 50-Jährige trotz all ihrer wertvollen Erfahrung nicht gerne eingestellt, und von der Gleichbehandlung der Geschlechter sind wir leider auch noch weit entfernt.

Dass Diversität in Teams sehr positiv ist und Innovation und Flexibilität mit sich bringt, ist auch noch nicht überall angekommen, weder in der Politik noch in der Wirtschaft.

Frauenpower: Da geht noch mehr!

Deutschland hat 2021 eine Frauenquote eingeführt, das „Zweite Führungspositionen-Gesetz" (FüPoG II). Es besagt, dass börsennotierte, paritätisch mitbestimmte Unternehmen mit mehr als drei Vorständen bei der nächsten Möglichkeit mindestens eine Frau ins Gremium holen müssen. Es gab viele Diskussionen um dieses Gesetz, sogar bei einem Abendessen mit unseren Nachbar:innen (einem im Osten sozialisierten Paar) haben wir letzten Sommer darüber ein Streitgespräch geführt. Sie waren der Meinung, dass Frauenquoten nicht nötig sind. Ich schon! Davon zeugt dieses Beispiel:

Seit ich denken kann, fehlen mir weibliche Role Models. Die Professoren während meines Romanistikstudiums waren ALLESAMT Männer (obwohl es fast nur weibliche Studierende gab). Als ich meine Professur Jahrzehnte später antrat, begrüßte mich eine Kollegin mit: „Oh, wie schön, eine Frau!" Und das im Jahr 2019!

Das war Wasser auf meinen Mühlen – ähnlich wie diese Geschichte: Im Februar 2022 sorgte ein Bild von deutschen Wirtschaftsbossen für Aufregung in den Medien. Bei einem Business-Lunch, der am Rande der Münchner Sicherheitskonferenz stattfand, saßen viele und ausschließlich (alte) weiße Männer am Tisch. Echt jetzt? Im Jahr 2022?

Und dann gab es in derselben Woche auch noch folgenden Vorfall: Das Wochenmagazin „Die Zeit" schrieb, dass die Deutz-AG (die älteste Motorenfabrik der Welt) das mit der Frauenquote irgendwie vermasselt habe, jedenfalls wurden mitten in der Debatte um die Quote zwei Vorstandsposten neu besetzt – beide mit Männern ... auweia! Daraufhin hatte ein Manager bei Deutz die geniale Idee, die Quote zu umgehen, indem man plante, einen der vier männlichen Vorstände zum Generalbevollmächtigten zu degradieren. Für einen dreiköpfigen Vorstand hätte das Quotengesetz nicht gegriffen. Aber, wenig verwunderlich, der zu degradierende Kollege lehnte ab. Auch soll es den Plan gegeben haben, die laufenden Verträge der aktuellen Vorstände schnell zu verlängern, bevor die Frauenquote gelten würde. Das Ende vom Lied: Beide Manager verloren ihre Posten.[110]

Immerhin ist seit Einführung der Quote die Zahl der weiblichen Vorstände in den börsennotierten Unternehmen leicht gestiegen (von 10,1 auf 13,4 Prozent). Vier Dax-Konzerne (Mercedes-Benz Group, Deutsche Telekom, Airbus und Allianz) haben erstmalig je drei weibliche Vorstandsmitglieder, ein Rekord. Aber sind 13,9 Prozent ein Grund zum Feiern, wenn man in Betracht zieht, wie viele hochqualifizierte Frauen es in Deutschland gibt? Der europäische Schnitt liegt bei 27 Prozent. Die Nase vorne haben hier die Französinnen mit 44 Prozent weiblicher Vorstände in börsennotierten Unternehmen.[111] Die vorbildliche Familienpolitik in Frankreich habe ich im letzten Kapitel schon kurz beschrieben. Offenbar ermöglicht diese weitaus mehr Frauen den beruflichen Aufstieg als bei uns!

Auch was den Anteil an weiblichen Führungskräften generell angeht, haben wir viel Aufholbedarf. Innerhalb Europas belegen wir hier nur einen – wie ich finde – traurigen 20. Platz mit 29,4 Prozent. Ganz oben auf dieser Liste stehen Lettland (Platz 1) mit 46 Prozent, Polen (2) mit 43 Prozent und Schweden (3) mit 40 Prozent.[112]

Warum sind wir Frustweltmeister:innen im Job?

Bleiben wir noch kurz bei einer Bestandaufnahme unseres Arbeitsalltags. Die Personalberaterin Constanze Buchheim sagte in einem Interview mit dem Deutschlandfunk, dass heutzutage aufgrund des generellen Wohlstands den jüngeren Menschen vor allem genügend freie Zeit wichtig sei.[113] Wir brauchen also noch innovativere Arbeitszeitmodelle. Und obwohl wir doch, was gesetzliche Arbeitszeit- und Urlaubsregelungen angeht, im globalen Vergleich ganz vorne liegen, liest man immer wieder, dass deutsche Arbeitnehmer:innen enorm viel Frust bei der Arbeit verspüren. So zeigt eine Fiverr-Untersuchung aus dem Jahr 2021, dass fast die Hälfte (47 %) der über 1000 Befragten aus den unterschiedlichsten Branchen sich in ihrem Job frustriert fühlt.[114] Und eine:r von sechs Befragten (16 %) gibt sogar an, „sehr frustriert" zu sein. Die am häufigsten genannten Gründe für Jobfrustration sind:

1. Mangelnde Unterstützung von der Geschäftsleitung (29 %)
2. Eine auf ein unerträgliches Maß angestiegene Arbeitsbelastung (27 %)
3. Der Verlust des tieferen Sinns der Arbeit während der Pandemie (26 %)

Mehr als ein Viertel wünschte sich generell eine offenere Unternehmenskultur, die flexiblere Arbeitszeiten und Homeoffice erlaubt (der zweite Wunsch dürfte durch Corona nun weitaus häufiger in Erfüllung gehen). Die Frusttendenz gibt es jedenfalls schon seit Jahren: Bereits 2015 berichtete der „Spiegel“ von einer dänischen Studie, bei der sich die Deutschen als die Arbeitnehmer:innen mit dem größten Frust erwiesen. Damals ging fast jede:r vierte Arbeitnehmer:in hierzulande unmotiviert ins Büro. 2020 hatten sich die Zahlen nicht verändert.[115] Einer der Studienleiter führt dies u.a. auf die Kultur der Mitarbeiterführung in Deutschland zurück, die anders ist als z.B. in den skandinavischen Ländern. Hauptmanko der Unternehmen in Deutschland, so der Experte Martin Daniel, sei nicht nur mangelnde Flexibilität, sondern auch ein fehlendes Problembewusstsein bei den Führungskräften in Bezug auf die Bedürfnisse der Mitarbeitenden.[116]

Skandinavische Work-Life-Balance

Es lohnt wieder einmal ein Blick nach Skandinavien. Was machen die Leute dort besser? Beginnen wir mit Norwegen:

Ein Bekannter erzählte mir neulich von einem befreundeten Paar mit zwei Kindern, das in Norwegen arbeitete. Es gefiel ihnen ganz gut dort, doch nach ein paar Jahren wollten sie aus familiären Gründen zurück nach Deutschland kommen. Sie hatten bereits alles für die Rückkehr vorbereitet. Dann wurde die Frau ungeplant schwanger und zwar mit Zwillingen. Sofort war dem Paar klar, dass sie unter diesen Umständen in Norwegen bleiben würden. Sie hatten das Land als sehr familienfreundlich erlebt. Nicht nur die Work-Life-Balance, auch die Kinderbetreuung und Unterstützung für Familien ist dort wesentlich besser als in Deutschland.

Rund 94 Prozent der Beschäftigten in Norwegen sind mit ihren Arbeitsbedingungen zufrieden. Damit steht das Land in puncto Arbeitszufriedenheit europaweit an der Spitze. Die norwegische Arbeitswoche beträgt im Durchschnitt nur 35 Stunden. Flexible Arbeitszeiten sind dort viel verbreiteter als weiter südlich in Europa. Neun von zehn Befragten sind mit ihrer Work-Life-Balance zufrieden. Offenbar ist die Vereinbarkeit von Arbeit und Privatleben in Norwegen viel besser organisiert als in den meisten EU-Ländern. Auch die anderen nordischen Länder schneiden in dieser Hinsicht gut ab.[117] Wer in Norwegen oder in anderen skandinavischen Ländern lebt und arbeitet, lernt schnell die hohe Lebensqualität dort schätzen. Nun können wir ja nicht alle nach Skandinavien auswandern. Aber spannend ist auch hier die Frage: Was können wir von den nordeuropäischen Ländern lernen? Ein guter Moment, sich mit *lagom* zu beschäftigen!

Lagom – die Kunst der Ausgewogenheit

Lagom bedeutet: das richtige Maß, „nicht zu viel, nicht zu wenig", „gerade genug" oder „gut genug", je nach Kontext. Vermutlich stammt das Wort von dem Wikingerbegriff *laget om* (= „in der Gruppe herumgereicht") ab. Die Geschichte geht so, dass die Wikinger:innen bei gemeinsamen Mahlzeiten immer eine Schale mit Essen oder ein Trinkhorn in der Gruppe herumgereicht haben. Damit es für alle reichte, war es wichtig, nicht zu viel zu nehmen, sondern *lagom* – gerade genug. Diesem Geist entspringt auch das schwedische Sprichwort *lagom är bäst*, das übersetzt werden kann mit „Gerade genug ist das Beste" oder „Genug ist so gut wie ein Festmahl". Diese Mentalität der Mäßigung und der Rücksichtnahme ist auch in anderen skandinavischen Gesellschaften präsent. Sie spiegelt sich in einem Grundsatz wider, der als „Jantes Gesetz" bekannt wurde, verfasst 1933 vom dänisch-norwegischen Autor Aksel Sandemose. Darin wird ein Gemeinwesen gelobt, in das sich alle einfügen, bei dem alle an einem Strang ziehen und einander achten.

Jantes Gesetz und *lagom* finden ihren Ausdruck z. B. im typisch skandinavischen, schlichten Design – Stichwort Purismus. In Schweden bevorzugen die Menschen, ganz im Sinne der Nachhaltigkeit, tendenziell eher weniger, dafür aber hochwertige Produkte. *Lagom* bedeutet auch, herauszufinden, was der Gemeinschaft nutzt, und diese Erkenntnisse dann optimal umzusetzen. Bei *lagom* geht es nicht darum, der Beste zu sein, es geht darum, gut genug zu sein und langfristig zu bestehen. Das verinnerlichte Ethos von Mäßigung und Zurückhaltung schließt aber

Erfolg nicht aus – Schweden kann neben Ikea viele weitere wirtschaftliche Erfolgsgeschichten vorweisen, z. B. Spotify, Volvo oder H&M. Wie zeigt sich nun *lagom* am Arbeitsplatz in Schweden?

Gleichberechtigung und Work-Life-Balance auf Schwedisch

Im Arbeitsalltag bedeutet *lagom* zum einen eine gute Work-Life-Balance. Von den Arbeitsbedingungen im Geist von *lagom* profitieren insbesondere Frauen in Bezug auf Beschäftigung und Karriere-Optionen. Die Gesetzgebung des Landes trägt seit Langem auf verschiedene Arten dazu bei: Es gibt einen achtstündigen Arbeitstag und Regeln und Vorschriften, die dafür sorgen, dass nicht zu viel gearbeitet wird. So dürfen z. B. am Wochenende keine E-Mails verschickt werden und es ist untersagt, Kolleg:innen nach 17 Uhr zu stören.

Ein vom schwedischen Staat klar formulierter Standpunkt, den es schon seit den 1960er-Jahren gibt, besagt, dass jeder Mensch, sofern es möglich ist, ihren/seinen eigenen Lebensunterhalt durch Erwerbsarbeit sichern soll. Deutschland und Schweden befanden sich damals übrigens in einer ähnlichen Situation, da in beiden Ländern Wirtschaftsaufschwung herrschte und es an Arbeitskräften fehlte. Doch die Länder gingen höchst unterschiedlich mit dieser Herausforderung um. Während Deutschland Arbeitskräfte aus dem Ausland anwarb (in der Regel Männer, z. B. aus Italien und später aus der Türkei), integrierte man in Schweden bewusst Frauen, insbesondere Mütter, stärker in das Erwerbsleben. Damit ging eine breite öffentliche Diskussion einher, bei der es jedoch nicht (wie bei uns noch jahrzehntelang) um den Kampf der Frauen um gleiche Rechte ging – in Schweden sprach man schon früh über Gleichstellung (schwed. *jämställdhet*).[118]

Schweden hat laut dem Women in Work Index 2019 eine Frauenbeschäftigungsquote von 69 Prozent. Die Autor:innen des Index gehen davon aus, dass die OECD-Länder (= Organisation für wirtschaftliche Zusammenarbeit und Entwicklung) enorme finanzielle Vorteile hätten, wenn sie die schwedische Frauenbeschäftigungsquote erreichen würden.[119] Dabei ist nicht nur die Anzahl der beschäftigten Frauen maßgeblich, sondern auch die Art der Beschäftigung und die Frage, ob die Frauen genauso viel verdienen wie die Männer. Auch wenn in

Schweden noch nicht alles perfekt ist in puncto Gleichberechtigung, so steht das Land besser da als alle anderen Länder (zusammen mit Island, das aber so klein ist, dass seine Werte schwer auf andere Länder zu übertragen bzw. hochzurechnen sind).

Kurzer Perspektivwechsel: Natürlich profitieren von der Work-Life-Balance und der Frauenförderung auch Männer. Schwedische Väter sind im Vergleich mit Männern in anderen Ländern viel eher bereit, Vaterschaftsurlaub zu nehmen. Hier musste der Staat zunächst etwas nachhelfen (ähnlich wie bei der Frauenquote bei uns) – so bekamen Väter die Option, bezahlten Urlaub zu nehmen, der nicht auf die Frau übertragen werden konnte und der verfiel, wenn er nicht in Anspruch genommen wurde. Zudem wurde bereits 1995 ein „Vater-Monat" eingeführt, und es gibt weitere Maßnahmen, die Väter dabei unterstützen, mehr Zeit mit der Familie zu verbringen.[120] Als Folge sieht man auf Schwedens Straßen besonders viele Väter mit Kleinkindern und einem Becher Kaffee in der Hand – aus diesem Grund auch „Latte-Väter" genannt.

Der *lagom*-Geist fördert also auch ein Gleichgewicht zwischen den persönlichen Ressourcen und den Anforderungen der Arbeit. Die Glücksforschung hat es uns gezeigt: Work-Life-Balance macht zufriedene Mitarbeitende! Wer *lagom* lebt, hat mehr Zeit für sich selbst, die Familie und Freund:innen. Wer ausgeruht und zufrieden ist, kann besser und länger arbeiten. Das ist gut für alle, das Unternehmen, die Gesellschaft und die einzelnen Menschen.

Ich bin als Gastdozentin zu Besuch an der Universität in Malmø – und zum ersten Mal in Schweden. Im Vorfeld wurde von den Organsiator:innen des Austauschprogramms geprüft, wer zu ähnlichen Themen arbeitet wie ich, und die Universität stellte den Kontakt zu einem Mann namens Bo her. Er empfängt mich. Ich schätze, er ist in meinem Alter, also Anfang 40. Etwas wortkarg, aber freundlich führt er mich durch das Institut. Dann treffen sich alle zum *fika*, der schwedischen Kaffeepause. Bo stellt mir andere Personen verschiedenen Alters vor, alle mit Vornamen. Ich weiß die ganze Zeit über nicht, wer hier welche Rolle hat. Dann muss sich Bo verabschieden, er hat Unterricht. So übernimmt ein anderer Kollege, Carl, meine Betreuung. Er scheint älter als ich zu sein. Ich denke: „Vielleicht ist das der Professor hier?" Ich schiele auf das Namensschild an seinem Büro. Nein, weit und breit keine akademischen Titel zu sehen. Irgendwann erzählt er mit von seiner Doktorarbeit. Ach so, ein Doktorand? Ich, die an die akademischen Hierarchien gewöhnt ist, blicke hier nicht durch.

Hierarchien sind in Schweden flach. Niemand prahlt mit Titeln und Errungenschaften. Auch das ist *lagom*. Lotta Dellve, Professorin an der Universität Göteborg, vergleicht die *lagom*-Art der Führung mit der Arbeit eines Fußballcoachs. Das Team wird von ihr oder ihm so geführt bzw. entwickelt, dass es gemeinsam danach strebt, den Ball ins Tor zu bringen. Dellve untersuchte die schwedischen Arbeitsbedingungen und fragte danach, wie Unternehmen ein nachhaltiges Umfeld schaffen können, in dem sich die Mitarbeitenden wohlfühlen. Dabei wurde deutlich, wie wichtig es ist, Verantwortung für jeden Einzelnen zu übernehmen – verbunden mit dem Bemühen, das Beste für die gesamte Gruppe zu finden.

Weiter stellten Dellve und ihr Team fest, dass der Krankenstand bei direktiver Führung zu- und das Engagement der Mitarbeitenden abnahm. Ihre Studien ergaben, dass Dinge weniger Zeit brauchen, wenn man den Mitarbeitenden mehr Verantwortung überträgt.[121] Dafür braucht es einen regelmäßigen Austausch. Die soziale Institution *fika* haben Sie schon in Kapitel 2 (Gemeinschaftsgefühl) kennengelernt. Erwiesenermaßen ist es gut für die Bürokultur und den Teamgeist, wenn sich Kolleg:innen regelmäßig miteinander austauschen. Und kurze Auszeiten sind gut für die Work-Life-Balance. Das geht wunderbar bei einer (oder mehreren) Tassen Kaffee oder Tee.

Lagom-Tipp

Laden Sie Ihre Kolleg:innen öfters einmal zu einem gemeinsamen Kaffeetrinken ein. Sie können klein, mit einem einmaligen Treffen anfangen und mit der Zeit eine regelmäßige Kaffeerunde, z. B. freitags, organisieren. Gerade in Zeiten, in denen immer mehr Menschen auch im Homeoffice arbeiten, ist ein regelmäßiger persönlicher Austausch besonders wichtig.

Kaffeetrinken allein wird aber nicht reichen, um „schwedische Verhältnisse" bei uns zu etablieren. Vielleicht sollten mehr Frauen in die Politik gehen, damit die staatlichen Strukturen und Gesetze besser an ihre Bedürfnisse angepasst werden. Dafür kann Finnland ein Vorbild sein. Vielleicht erinnern Sie sich noch daran: Finnland geriet nach der letzten Wahl 2019 in die Schlagzeilen, zum einen, weil das Land seitdem von Sanna Marin, einer ziemlich jungen Frau und Mutter, geführt wird, zum anderen, weil zwölf Ministerposten mit Frauen besetzt sind (nur sieben Männer sind im Kabinett). Darüber hinaus werden alle fünf Regierungsparteien Finnlands aktuell von Frauen geführt und vier davon sind unter 35 Jahre alt. Anders als in Deutschland, wo der Frauenanteil im 2021 gewählten Bundestag bei gerade mal 34 Prozent liegt, ist im finnischen Parlament mit 47 Prozent fast die Hälfte der Abgeordneten weiblich.[122] Es wird Sie vermutlich nicht wundern, dass es in Finnland ähnlich optimale Kinderbetreuungsstrukturen gibt wie in Schweden.

Freude bei der Arbeit und gute Atmosphäre im Team (© Katharina Neubert)

In Skandinavien sind die Menschen nicht nur insgesamt glücklicher, sie haben auch Strukturen geschaffen, um das individuelle Glück zu fördern. Wir können uns von diesen Ländern inspirieren lassen: zu einer besseren Work-Life-Balance, zur besseren Integration von Frauen und vor allem Müttern in den Arbeitsmarkt und in gesellschaftlich relevante Positionen, aber auch zu flacheren Hierarchien und zu einem guten kollegialen Miteinander. Kurz: zu einem nachhaltigen, gleichberechtigten und gesundheitsfördernden Umgang mit uns, den Menschen, als wertvolle Ressource.

Umdenken in Bezug auf Innovation und Ressourceneinsatz

Die komplexen Herausforderungen der Wirtschaft erfordern nicht nur ein Umdenken bei der Nutzung menschlicher Arbeitskraft, sondern verlangen uns auch viele neue Kompetenzen ab. Was Arbeitsmarkt und Wirtschaft der Zukunft dringend benötigen, ist die Implementierung von Kreativität und Innovation. Dabei geht es nicht darum, wie viele Patente wir jährlich anmelden (denn darin sind wir ja gut), sondern z.B. um die Frage, wie wir nützliche und nachhaltige Produkte entwickeln, die das Leben der Menschen verbessern. Und darum, wie wir auf volatile, also unbeständige und nicht gut planbare Situationen zeitnah reagieren.

Nehmen wir noch einmal die Pandemie, die uns 2020 völlig überraschte, als Beispiel. Plötzlich musste auf vielen Ebenen auf eine komplett neue Situation reagiert werden. Wirtschaft, Staat und jede:r Einzelne waren herausgefordert, vieles musste zeitnah organisiert, improvisiert, geregelt werden. Die Einschätzung, wie agil unser Staat und seine Einwohner:innen auf diese Herausforderung reagierten, überlasse ich Ihnen, liebe Leserin, lieber Leser. Fakt ist, dass die westliche Welt im Vergleich zu den Schwellenländern generell hinterherhinkt, wenn es um Innovation, Improvisation oder das Entwickeln von Lösungen geht. Darüber hinaus gelingt diesen auch noch ein schonenderer Umgang mit den vorhandenen Ressourcen. Wie das funktioniert? Um das zu erklären, möchte ich Ihnen nun *jugaad* vorstellen, eine Innovationsphilosophie aus Indien.

Jugaad – kreativ das Beste aus allem machen

Jugaad ist ein Ansatz, der unsere aktuelle Art zu arbeiten und nach Lösungen zu suchen infrage stellt. Vielleicht können wir in unserer saturierten und oftmals auch festgefahrenen Denk- und Arbeitsweise uns davon inspirieren lassen! Selbstkritisch äußerte die Mehrheit der Manager:innen der deutschen Wirtschaftsunternehmen 2020

Zweifel an der Innovationsfähigkeit der Betriebe hierzulande. Die Bertelsmann-Stiftung bestätigte den Deutschen in einer Studie einen technologischen Rückstand und wenig förderliche Rahmenbedingungen.[123] Die Untersuchung förderte weitere große Defizite bei der Innovationsfähigkeit deutscher Unternehmen zutage. Was uns fehle, so Bertelsmann, sei eine Innovationskompetenz und -kultur, um die Wettbewerbsposition langfristig zu sichern. Dazu braucht es nicht nur entsprechende Entwicklungslabore, sondern insbesondere die Offenheit, sich mit anderen Akteur:innen zu vernetzen, um Innovationen gemeinsam zu entwickeln.

Laut Bertelsmann hat es fast die Hälfte aller deutschen Unternehmen versäumt, ihr Innovationsprofil an neue Bedingungen und Herausforderungen anzupassen. Wie in vielen westlichen Ländern sind auch in Deutschland die Innovations-, Forschungs- und Entwicklungsansätze sehr kostenintensiv, zeitaufwändig und nicht immer kundenorientiert. Außerdem sind sie in unserer komplexen und volatilen Welt oft nicht effizient. Immer noch wird Fortschritt an der Anzahl der angemeldeten Patente gemessen und nicht z. B. unter der Fragestellung, inwiefern sich die Qualität für die Kund:innen verbessert hat.

Darüber hinaus liest man in den Medien immer wieder, dass junge Leute mit guten Ideen, aber ohne Kapital, hierzulande keine Investor:innen finden. Viele wandern deshalb ab ins Ausland. Dabei ist Innovation mehr als nötig, auch hier in Europa und in Deutschland, um die immer komplexeren Probleme bei immer weniger Ressourcen zu lösen. Navi Radjou, Innovationsberater im Silicon Valley, sieht die Lösung in *jugaad*. Er schreibt:

> *„Die Übernahme der Grundsätze von jugaad könnte Unternehmen – überall auf der Welt – helfen, in einem hochgradig volatilen, wettbewerbsintensiven Umfeld zu innovieren und zu wachsen"*[124]

Das Buch „Jugaad Innovation", das Radjou zusammen mit Jaideep Prabhu und Simone Ahuja geschrieben hat, ist gespickt mit Beispielen für diesen Erfindergeist, der oft einfache, aber geniale Lösungen hervorbringt. Dabei sparen die Autor:innen nicht mit Kritik am Westen. Sie weisen darauf hin, dass die Innovationsmaschinerie dort zu starr und zu aufgeblasen ist und zu isoliert arbeitet. Darüber hinaus verbraucht sie eine Menge an Ressourcen und macht großen Lärm, um am Ende wenig Bedeutsames zu schaffen. Ein Großteil der „neu" auf den Markt kommenden Produkte ist nur eine kompliziertere Version von etwas bereits Vorhandenem. Immer mehr Features verkomplizieren das Ganze, und egal ob Auto, Handy oder Kleidung, die Produkte haben eine immer kürzere Lebensdauer. Viele Artikel, von Nahrung bis hin zu elektronischen Geräten, sind teuer, doch sie verbessern nicht das Leben der Menschen, die sie kaufen. Kurz: Sie sind nicht nachhaltig.

Jugaad bedeutet im umgangssprachlichen Hindi: eine innovative und improvisierte Lösung, die auf Einfallsreichtum und Cleverness beruht. Der Begriff stammt aus Indien, einem Land, in dem es an allen Ecken und Enden an Ressourcen und Infrastruktur fehlt, und bezeichnet einen erfinderischen und unternehmerischen Geist, der auch mit widrigen Umständen klarkommt.

Es gibt in vielen Kulturen Wörter, die einen solchen Einfallsreichtum bezeichnen – auch in Europa, zum Beispiel in Frankreich das *système d* (von „se debrouiller" = eine kreative Lösung finden, zurechtkommen), oder auf Polnisch *kombynować* (= etwas austüfteln, hinkriegen). Insbesondere die Schwellenländer sind gut darin, trotz weniger Ressourcen innovative Lösungen zu finden. In Brasilien gibt es den Begriff *gambiarra*, was bedeutet, „improvisierte Methoden zu verwenden, um ein Problem zu lösen, mit jedem verfügbaren Material". In China ist Einfallsreichtum sogar eine Kompetenz, die staatlich gefördert wird, sie heißt *zizhu chuangxin* (= unabhängige bzw. selbstbestimmte Innovation). Und in Kenia bezeichnet man mit *jua kali* (= heiße Sonne) einen ganzen beruflichen Sektor von Menschen, die ihre Geschäfte im Freien betreiben. Dazu werden solche Bilder assoziiert:

> *„... die Mechaniker am Straßenrand und auf leeren Grundstücken, die eine Dourneville-Kakaodose anschweißen, um den Auspuff des Mercedes eines Beamten zu reparieren, die Lederarbeiter, die handgefertigte Taschen für den Tourismus herstellen, die Möbelmacher, die Männer, die zweimal am Tag leere Essolube-Dosen aus den Garagen einsammeln und sie bis zum Sonnenuntergang zu brauchbaren Öllampen verarbeiten lassen."*[125]

Ressourcen schonen

Ähnlich sieht es in Indien aus: Knappheit und Recycling sind allgegenwärtig, und die Menschen müssen tagtäglich kreativ und flexibel sein, um den Alltag zu bewältigen. Dabei ist *jugaad* viel mehr als die Fähigkeit, angesichts fehlender Ressourcen Notlösungen zu entwickeln. Es geht auch darum, die vorhandenen Ressourcen bestmöglich und innovativ zu nutzen und damit wichtige gesellschaftliche Probleme zu lösen. *Jugaad* steht also nicht nur für Innovation, sondern beinhaltet auch die Idee, nachhaltigere Produkte zu entwickeln, die den Menschen wirklich nutzen. Innovative Ideen, die aus dem *jugaad*-Geist entstehen, sind z. B. selbstgeschweißte Schuhgestelle, mit denen Inder:innen Strommasten erklimmen können, um dort zu arbeiten, oder ein Zwei-Kammer-Kühlschrank aus Lehm, der Lebensmittel in Gebieten ohne Stromversorgung zuverlässig kühlt.

Besonders beeindruckt hat mich die Geschichte des Start-ups Embrace, das einen kostengünstigen Inkubator für zu früh geborene Babys nach den *jugaad*-Prinzipien entwickelte. Im Westen werden solche Geräte für 20.000 Dollar verkauft, was für die wirtschaftlich schwächeren Länder viel zu teuer ist. In Indien sterben pro Jahr rund 1,2 Millionen zu früh geborene Kinder. Um hier Hilfe zu leisten, entwickelte das Start-up einen elektrisch betriebenen kostengünstigen Prototyp und testete ihn in einem nepalesischen Krankenhaus.

Nun ist es aber so, dass dort 80 Prozent der zu früh geborenen Babys zu Hause auf die Welt kommen, in Gegenden, in denen Elektrizität nicht zuverlässig zur Verfügung steht (ich erinnere mich an einen Aufenthalt in Nepal, wo sogar in der Hauptstadt Kathmandu immer wieder stundenlang der Strom ausfiel). Also entwickelte das Start-up eine Art tragbaren und wärmenden Schlafsack mit schnell aufladbarem Akku, in dem die Frühchen sogar transportiert werden konnten. Auch dieses Produkt wurde weiter an die Bedürfnisse der Mütter in Indien und Nepal angepasst, sodass inzwischen auch eine Lösung gefunden wurde, die ohne Strom und dafür mit heißem Wasser auskommt. Kostenpunkt? Zwei Prozent vom Preis eines Inkubators bei uns. Und für diejenigen, die sich auch das nicht leisten können, gibt es ein Leihsystem.[126] Dieses Beispiel verkörpert alle sechs *jugaad*-Prinzipien.[127]

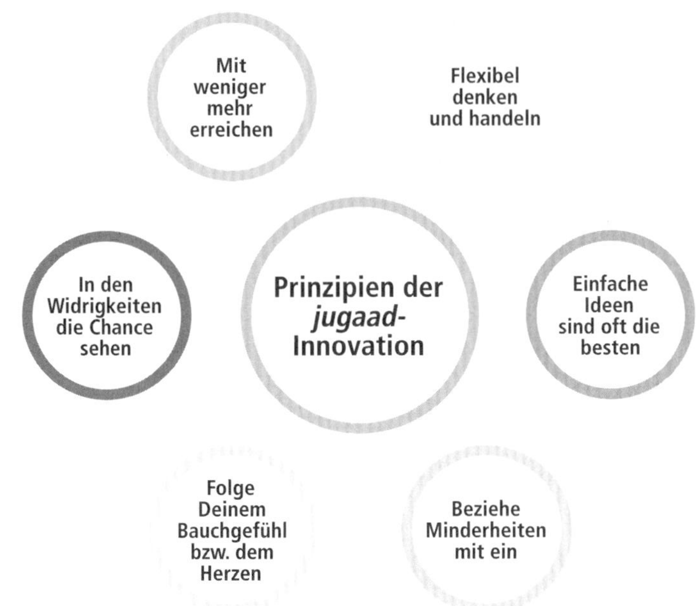

Die jugaad-*Prinzipien*

Schauen Sie einmal, welche dieser Prinzipien Sie inspirieren könnten!

Die sechs jugaad-Prinzipien[128]

1. *In den Widrigkeiten die Chance sehen*
   Jugaad-Innovator:innen entwickeln ihre Ideen vor dem Hintergrund immer neuer Herausforderungen und knapper Ressourcen. Sie gehen davon aus, dass Probleme dazu da sind, um gelöst zu werden, und sehen in Widrigkeiten eine Chance.

2. *Mit weniger mehr erreichen*
   Angesichts der Knappheit an Ressourcen und unzureichender Infrastruktur arbeiten *jugaad*-Innovator:innen lediglich mit dem, was vorhanden ist. Das ist nachhaltig und sparsam. Wir können von ihnen lernen, wie man die Nutzung von Ressourcen optimieren und trotzdem wertvolle Produkte und Lösungen finden kann.

3. *Flexibel denken und handeln*
   Dies ist ein Kernpunkt von *jugaad*: Die flexible Denkweise hinterfragt Dinge und Lösungen, wechselt die Perspektiven und denkt

Produkte und Lösungen von der Zielgruppe her. *Jugaad*-Innovator:innen arbeiten ergebnisoffen, probieren aus und verändern bestehende Produkte, Dienstleistungen und Geschäftsmodelle immer wieder. Es geht nicht nur darum, „outside the box" zu denken, sondern vor allem darum, neue Boxen zu erfinden

4. *Einfache Ideen sind oft die besten*
   Warten Sie nicht, bis alles perfekt ist. Ein *jugaad*-Produkt besitzt nur das, was nötig ist, um den Anforderungen der Kund:innen gerecht zu werden.

5. *Beziehe Minderheiten mit ein*
   Minderheiten werden in Innovationsprozessen häufig außer Acht gelassen. Der Geist des *jugaad* bezieht diese mit ein. Kleine Innovationen können, gerade für gesellschaftliche Randgruppen, eine große Wirkung haben. Das hilft auch, Unterschiede zu verkleinern.

6. *Folge deinem Bauchgefühl bzw. dem Herzen*
   Jugaad-Innovator:innen entscheiden nicht nur auf Grundlage von Zahlen und Daten. Sie richten sich nach ihren Kund:innen und vertrauen ihrer Intuition bzw. ihrem Herzen.

Vielleicht haben wir uns in den letzten Jahren viel zu sehr auf unsere Brainpower verlassen. Im Bauch, bzw. metaphorisch gesehen im Herzen, sitzen Leidenschaft, Intuition und Empathie. Gerade in komplexen Situationen, bei denen man die Entwicklung nicht voraussehen kann, ist es weise, seine Intuition einzusetzen. Unsere gängigen Praktiken haben die linke Gehirnhälfte und damit das rationale Verhalten überbetont, was Innovationen eher verhindert. Steve Jobs, der viele Innovationen entwickelt hat, setzte sehr auf seine Intuition. Er führte z.B. das iPad ein, obwohl sein Entwicklungsteam meinte, dass es dafür keinen Markt gebe – und es wurde zum Riesenerfolg. Eine hundertprozentige *jugaad*-Innovation wird daraus aber erst, wenn ein solches Tablet so kostengünstig produziert wird, dass auch Kinder in Entwicklungsländern darauf Zugriff haben.

Best Practice: *jugaad*-Tablets

Viele westliche Technologiegiganten wie Intel, Microsoft und HP, aber auch akademische Einrichtungen wie das MIT, haben schon versucht, einen kostengünstigen PC für Schwellenländer zu entwickeln. Aber keines dieser Projekte war erfolgreich, weil diese PCs entweder zu komplex in der Anwendung oder zu teuer in der Anschaffung waren oder nicht den spezifischen lokalen Anforderungen entsprachen. Im Jahr 2011 brachte DataWind, ein britisches Start-up-Unternehmen, in Zusammenarbeit mit mehreren führenden indischen technischen Universitäten ein Tablet für 60 Dollar auf den Markt, das ideal auf die lokalen Anforderungen zugeschnitten war. Das Tablet kann zwar nicht mit der Rechenleistung oder den Funktionen des iPad von Apple mithalten, aber es wurde mit Blick auf eine andere Gruppe von Nutzer:innen entwickelt: indische Schüler:innen und Studierende, die ein einfaches und praktisches Gerät brauchen. Das „Aakash" („Himmel" in Sanskrit) genannte System wurde vom indischen Staat subventioniert, sodass es nur noch 35 Dollar kostete.

Jugaad hat nicht nur die Ressourcen im Blick, sondern auch die Gleichberechtigung aller, zum Beispiel, wenn es um den Zugang zu wichtigen Technologien geht. Nicht alles ist planbar und die Probleme der Welt lassen sich nicht nur mit unserem Verstand lösen. *Jugaad* fußt darüber hinaus auf der Erkenntnis, dass alle auf dieser globalisierten Erde miteinander verbunden und die Ressourcen auf dem Planeten endlich sind.

Best Practice: 15-Prozent-Programm für Traumprojekte

Der Klebstoffkonzern 3m (der z. B. die Post-its erfunden hat) bietet seinen Mitarbeitenden ein 15-Prozent-Programm an. Es besagt, dass die Angestellten während 15 Prozent ihrer bezahlten Arbeitszeit ihre Traumprojekte verfolgen dürfen!

Klingt gut, oder? Was wohl passieren würde, wenn wir in deutschen Unternehmen und Institutionen, egal ob groß oder klein, regelmäßig Kreativzeit bekämen und uns mit Verbesserungsvorschlägen und neuen Ideen einbringen könnten?

„Der wahre Wert eines Unternehmens liegt nicht mehr in seinen materiellen Vermögenswerten oder gar in seinen technologischen Prozessen, sondern in seinem Humankapital und dem zugrunde liegenden psycho-

logischen Kapital – beides lässt sich nicht nachahmen. Jeder kann Technologie kaufen, um Geld von den Finanzmärkten zu erhalten, aber wir können keine Motivation, kein Engagement, kein Vertrauen, keine Widerstandsfähigkeit, keine Hoffnung, keinen Optimismus kaufen."[129]

Fred Luthans, Professor im Bereich Organisations- und Verhaltensforschung an der University of Nebraska, bringt in diesem Zitat wunderbar auf dem Punkt, dass Kapital und technologischer Fortschritt nicht alles sind. Was die Unternehmen der Zukunft brauchen, sind motivierte und resiliente Mitarbeitende, die gute und neue Ideen für eine bessere Zukunft entwickeln. Deshalb ist es so wichtig, eine Arbeitskultur zu etablieren, in der Diversität und Gleichbehandlung keine Randthemen sind und in der die Menschen ermutigt werden, ihr volles Potenzial einzubringen. Kompetenzen wie Empathie, Kreativität und Intuition sollten gefördert werden, da die Welt Menschen braucht, die gute Arbeitsumgebungen schaffen und das wirtschaftliche Wachstum umsichtig und ressourcenschonend begleiten. Gleichzeitig brauchen wir neue Denkarten und innovative Lösungen, um den komplexen Problemen unserer globalisierten Welt konstruktiv zu begegnen.

Kurz gesagt

Wir leben in einem Zeitalter der schnellen Veränderungen und knapper werdenden Ressourcen. In Deutschland verstärkt sich der Fachkräftemangel gerade drastisch; dennoch gelingt es weder der Wirtschaft noch dem öffentlichen Sektor, Diversität gezielt zu fördern. Die Gleichberechtigung der Geschlechter lässt nach wie vor zu wünschen übrig. Auch die Work-Life-Balance stimmt in Deutschland noch nicht, was bei vielen zu ausgeprägtem Jobfrust führt. Inspirieren lassen können wir uns von den skandinavischen Ländern, etwa dem schwedischen *lagom*-Prinzip, das stets nach Ausgleich sucht und somit für faire Strukturen und gute Arbeitsbedingungen sorgt. Von Ländern der „Dritten Welt" und den sogenannten Schwellenländern können wir in Sachen Innovationsgeist und nachhaltiger Umgang mit Ressourcen sehr viel lernen. Die *jugaad*-Prinzipien zeigen, wie das geht.

Wer seinen eigenen Weg geht, dem wachsen Flügel.

ZEN-WEISHEIT

Kapitel 5: Lebensplanung oder: Glücklich ist, wer Werte lebt

Wie sieht eigentlich unsere Lebensplanung aus, wonach streben wir? Geht es uns gut damit, wie wir leben, und entspricht das den Werten, die wir in unserem Innersten hegen? Ich bin überzeugt: Die Art und Weise, wie wir unser Leben planen und gestalten, hat einen großen Einfluss darauf, wie zufrieden wir sind. Vielleicht geht es Ihnen ähnlich wie mir und vielen Menschen aus meinem Bekanntenkreis – wir ahnen, dass unsere Lebensweise in die falsche Richtung geht und uns nicht zufrieden macht. Und die schwerwiegenden Ereignisse der letzten Jahre – die Pandemie, das Infragestellen von Sicherheit und Frieden in Europa, Russlands Überfall auf die Ukraine – waren Wake-up-Calls, die uns bewusst machten, dass es viel Wichtigeres gibt als Karriere und materielles Wachstum.

Viele Menschen halten spätestens in der Lebensmitte inne und fragen sich, ob das jetzt alles war. Auch das seit Längerem angesagte Streben nach Selbstoptimierung kann eine Sackgasse sein. Viele von uns haben das Gefühl, nie „anzukommen", immer noch mehr lernen und leisten zu müssen. Letztes Jahr habe ich eine Frau getroffen, die mir erzählte, sie belege seit 28 Jahren Seminare im Bereich Persönlichkeitsentwicklung und sei immer noch nicht an dem Punkt, an dem sie sein wolle. Das hat mich sehr betroffen gemacht. Was läuft hier schief? Jagen viele von uns den falschen Träumen nach? Akzeptieren sie sich selbst, so wie sie sind? Und wissen die meisten eigentlich, was sie wirklich erfüllt? Der Markt für Selbstliebe-Ratgeber und -Seminare boomt. Googeln Sie einmal die Stichwörter „Selbstliebe", „Selbstwert" oder „Selbstmitgefühl". Allein „Selbstliebe" hat 8.740.000 Treffer! Was steckt dahinter, wie kommt es, dass sich offenbar viele Menschen in unserer Gesellschaft nicht selbst lieben? Sind wir zu streng mit uns oder sind es eher „die anderen", die Gesellschaft? Dazu fällt mir eine Anekdote über den Dalai Lama ein:

Seine Heiligkeit war bei einem Psychologiekongress eingeladen, bei dem es unter anderem um das Thema Selbstwertgefühl ging. Offenbar hatten sowohl der Dolmetscher als auch der Dalai Lama Mühe, das Wort ins Tibetische zu übertragen, weil es dazu keine Entsprechung gab. Obwohl er sich wirklich bemühte, es zu verstehen, war ihm das Konzept komplett fremd. So fragte der Dalai Lama nach einiger Zeit in die Runde, ob ihm das jemand wohl einmal erklären könne, da es so ein Problem in seiner Kultur nicht gebe …

Die Geschichte zeigt, dass mangelndes Selbstwertgefühl bzw. fehlende Selbstliebe vermutlich Symptome moderner Industriegesellschaften sind. Wie ist es dazu gekommen? Der US-amerikanische Autor Alfie Kohn sagt, dass es für das Selbstwertgefühl eine große Bedeutung habe, ob die Eltern ihrem Kind das Gefühl vermitteln, es vorbehaltlos zu akzeptieren.[130] Das scheint in unserer Gesellschaft nicht oft genug der Fall zu sein. Warum das so ist? Schwer zu sagen. Viele Expert:innen meinen, es läge daran, dass die Generationen unserer Eltern und Großeltern nach dem Zweiten Weltkrieg sehr damit beschäftigt waren, zu funktionieren, das Land wieder aufzubauen und so weiter … und dabei ihre Kinder oft emotional vernachlässigten. Das sei, zumindest noch im letzten Jahrhundert, von Generation zu Generation weitergegeben worden. Die Persönlichkeitspsychologin Astrid Schütz von der Universität Bamberg meint: „Wir haben oft verinnerlicht, nur dann etwas wert zu sein, wenn wir etwas leisten." Und genau diese Kopplung ist es, die es zu lösen gilt.[131] Wettbewerbsdenken, soziale Vergleiche und das Streben nach Geld und Erfolg bringen uns oft irgendwohin, wo wir eigentlich gar nicht sein wollen. Warum würden sonst immer mehr Leute am Burnout-Syndrom leiden, an Depressionen erkranken oder ihren Job hinschmeißen (mehr dazu in Kap. 7)?

Einerseits gibt es viel Frust im Job, andererseits sind die Ansprüche an uns selbst und auch an die anderen sehr hoch. Die Ansprüche an uns werden zudem immer höher und auch unrealistischer, wenn wir uns permanent mit anderen vergleichen. Vermutlich ist das, was ich die „Perfektionismusfalle" nenne, eines der größten Hindernisse auf dem Weg zum langfristigen Wohlbefinden in unserer Gesellschaft. Deshalb werden wir uns dieses Thema gleich etwas genauer anschauen.

In vielen Kulturen gibt es Konzepte, die uns zeigen, dass ein Leben im Einklang mit unseren Werten unser Wohlbefinden wesentlich beeinflusst – und dass Sinnhaftigkeit und das Gefühl des Eingebundenseins ins große Ganze maßgeblich sind für ein gutes Leben. In diesem Kapitel möchte ich Sie auf eine Reise nach Japan mitnehmen. Auch wenn das Land der aufgehenden Sonne heute genauso wie wir eine hochmoderne Industrienation ist, so lassen sich dort alte Weisheiten und darauf basierende neue Konzepte aufspüren, die mich beim Entdecken sehr froh gemacht haben. Ich hoffe, Sie auch!

Schneller, weiter, höher

Noch nie waren wir so großem Druck ausgesetzt wie heute. Schneller, weiter, höher. Dabei sollen wir auch noch blendend aussehen und besser und interessanter sein als die anderen! Generell hat das neoliberale Denken in den westlichen Gesellschaften einen konkurrierenden Individualismus gefördert. Mit der Folge, dass Eltern immer mehr von ihren Kindern verlangten. Und nicht nur materiell orientierte Wertesysteme, ein großer Konkurrenzkampf und hohe Erwartungen setzen uns zu, sondern auch unrealistische Schönheitsideale und Social Media. Letztere sorgen dafür, dass wir uns ständig mit anderen vergleichen. Mir ging es jedenfalls lange Zeit so und ganz kuriert bin ich davon auch noch nicht.

Der Wissenschaftsmarkt ist übrigens auch gnadenlos. Um hier Karriere zu machen, muss man durch ein ziemlich enges Nadelöhr schlüpfen. Von Konkurrenzkampf und Druck kann ich ein Lied singen. Früh lernte ich: Entweder ist frau supergenial oder sie erarbeitet sich unter Höchsteinsatz ihre Position. Und irgendwie habe ich das Gefühl: Das hört nie auf, denn ich werde weiter evaluiert! In unserer individualistischen und leistungsorientierten Gesellschaft werden Menschen von klein auf, in der Schule und bis über die Universität hinaus, ja selbst noch bei der Arbeit permanent beurteilt und eingeordnet. Bei den Beurteilungen geht es zumeist um die Performanz, also die Leistungen, die in Noten und Zertifikaten gemessen werden, und später im Beruf dann in den branchenspezifisch geltenden Währungen. Das können beispielsweise Verkaufsabschlüsse oder Anzahl der Projekte sein, oder wie bei mir in der Wissenschaft die Zahl der Publikationen, die eingeworbenen Drittmittel und die Evaluationen der Studierenden.

Gesamtgesellschaftlich gesehen, steht bei alledem der materielle Erfolg meist ganz oben auf der Bewertungsskala. Hinzu kommen die Erwartungen von anderen, z. B. wenn wir in einem Umfeld arbeiten, in dem es normal ist, ständig erreichbar zu sein oder Überstunden zu machen. „Overperformance" im Sinne einer Selbstausbeutung wird plötzlich zur Normalität. Darüber hinaus gibt es die vielen geschlechterspezifischen Erwartungen, also dass Frauen „weiblich" sein sollen und Männer „männlich", mit allen Attributen, die die sozialen Rollenvorstellungen so mit sich bringen. Das ist der Druck von außen.

Die Optimierungs- und Perfektionismusfallen

Dieser äußere Druck steht in Wechselwirkung mit einem Druck, den wir in uns erzeugen, um den äußeren Erwartungen und Ansprüchen gerecht zu werden. Die meisten von uns wollen den gesellschaftlich vorgegebenen Bildern, den Erwartungen der Eltern, der Vorgesetzten, der Gesellschaft entsprechen. Wir wollen dazugehören, nicht aus der Reihe tanzen. Darüber hinaus ist der Drang, uns ständig zu verbessern, heute präsenter denn je. Laut Trendforscher:innen befinden wir uns im „Zeitalter der Selbstoptimierung" und die Soziologie spricht von „Optimierungsgesellschaften"[132]. Dies bringt eine neue Form des Drucks hervor, der maßgeblich durch das Streben nach Optimierung der eigenen Person und des eigenen Lebens entsteht. Erzeugt wird dieser zwar im Außen, gepflegt jedoch im Inneren.

Nun kann man den Optimierungsbegriff positiv sehen oder eher kritisch betrachten: Im Duden steht, Selbstoptimierung sei „jemandes (übermäßige) freiwillige Anpassung an äußere Zwänge, gesellschaftliche Erwartungen oder Ideale". Diese Definition betont den äußeren Druck. Doch was heißt das überhaupt, „optimieren"? Das Wort kommt vom lateinischen „optimus" und heißt „der, die Beste". Dementsprechend bedeutet Optimierung das Streben nach dem bestmöglichen oder vollkommenen Zustand, den ein Mensch erreichen kann. Und hier lauert schon der nächste Fallstrick, die „Perfektionismusfalle". Der Begriff „Selbstoptimierung" bezeichnet in diesem Sinne das fortwährende Streben nach ständiger Verbesserung der persönlichen Eigenschaften und Fähigkeiten. Dazu gehören die äußere Erscheinung genauso wie die körperliche Fitness, kognitive Fähigkeiten und soziale Kompetenzen, im Sinne von „Becoming the best version of yourself".

Das recht kapitalismusaffine Gedankengut zur Selbstoptimierung ist ausgerechnet im Epizentrum der Hippiekultur, also an der amerikanischen Westküste entstanden, einem Ort, der für alternative Lebenskonzepte, Aussteigertum und Peace and Love stand.[133] Das klingt doch ein bisschen nach Ironie der Geschichte, finde ich. Zudem sind in Kalifornien die sozialen Netzwerke entstanden, die das Streben nach Perfektion durch all die Rankings und Scorings, durch Selbstdarstellung, Vergleiche und Kommentare bzw. Bewertungen noch verstärken. Die Bilderwelt in den sozialen Medien setzt die Messlatte in Bezug auf ein „perfektes Leben" und ein „perfektes Aussehen" immer höher. Studien zeigen, dass die sozialen Netzwerke eine der Hauptursachen für Perfektionismus sind, da sie Vergleiche und gegenseitige Leistungskontrolle pushen. Auf Facebook, Instagram & Co stellen Menschen allen Alters ein photogeshopptes Hochglanzleben zur Schau, was bei vielen ein permanentes Vergleichen bzw. Abgleichen mit der eigenen Lebensrealität auslöst. Und nicht nur der jungen Generation geht das so.

Ich reise viel und gerne, wie Sie sicherlich bereits mitbekommen haben. Darüber hinaus bin ich begeisterte Hobbyfotografin. Entsprechend habe ich jahrelang auf jeder Reise enthusiastisch schöne Aufnahmen auf Facebook gepostet, um sie (und meine Freude darüber) mit anderen zu teilen. Auch dachte ich an die Menschen, die nicht so viel reisen können, so könnten sie über meine Fotos ein bisschen daran teilhaben. Irgendwann sagte ein Kollege, der mehr an den heimischen Schreibtisch gebunden ist als ich, zu mir, er hasse es jedes Mal, meine Reisefotos zu sehen. In diesem Moment fiel es mir wie Schuppen von den Augen, dass meine Fotos bei anderen auch negative Gefühle wie Neid oder Frust auslösen können.

Der Hang zur Perfektion kann aber noch andere negative Folgen haben: Unsere Angst davor, zu scheitern, wird immer größer. Die Forschung verweist darauf, dass Millenials diesbezüglich besonders gefährdet sind, und dass Depressionen, Angsterkrankungen und die Neigung zum Suizid ebenso wie Einsamkeitsgefühle bei jungen Menschen zugenommen haben. Neulich berichtete mir eine meiner Studentinnen, dass sie sich selbst unter großer Überwindung gezwungen habe, ihren Instagram-Account zu löschen, weil sie sich zu sehr unter Druck gefühlt hatte, immer perfekt aussehen zu müssen und gut drauf zu sein. Das „Deutsche Ärzteblatt" schrieb 2019, dass die sozialen Medien die Nachfrage nach Schönheitsoperationen ankurbelten.[134]

Ich lasse meine Studierenden in manchen Seminaren Erklärvideos drehen. Sie können wählen, in welcher Form sie das tun, ob sie selbst vor die Kamera treten oder lieber animierte Darstellungsformen verwenden wollen. In dieser Situation nehme ich bei vielen von ihnen ausgeprägte Selbstzweifel wahr. Wenige trauen sich direkt vor die Kamera, andere wollen ihre Stimme nicht aufzeichnen und fragen, ob jemand anderes für sie den Text einsprechen könne. Ich denke, es ist ein großes Thema unserer Zeit, und vor allem der jüngeren Generation, sich selbst in seiner Unperfektheit anzunehmen.

Selbstoptimierung und Perfektionismus: Das sagt die Wissenschaft

In einer 2019 veröffentlichten Studie wurde deutlich, dass in den letzten 20 Jahren der von außen gesetzte, gesellschaftliche Druck massiv zugenommen hat.[135] Über 40.000 Studierende aus den USA, Kanada und Großbritannien wurden zwischen 1989 und 2016 befragt, um herauszufinden, wie sich die gesellschaftlich-kulturellen Veränderungen auf ihre Persönlichkeit auswirkten. Das Ergebnis: Das Streben nach Perfektionismus spielt im Leben der jungen Menschen heute eine viel größere Rolle als bei den vorhergehenden Generationen. Gemessen wurden drei Arten des Perfektionismus: ein „selbstorientierter" Perfektionismus (hohe Ansprüche an sich selbst, perfekt zu sein), ein „sozial vorgeschriebener" Perfektionismus (bezüglich der von anderen wahrgenommenen hohen Erwartungen, perfekt zu sein) und ein „auf die anderen gerichteter" Perfektionismus (unrealistische Erwartungen an andere). Nach Auswertung der Ergebnisse stellten die Wissenschaftler:innen fest, dass im Beobachtungszeitraum alle drei Perfektionismustypen mehr Bedeutung bekommen hatten:

- ◇ *Der sozial vorgeschriebene Perfektionismus stieg um 33 Prozent;*
- ◇ *der auf die anderen ausgerichtete Perfektionismus stieg um 16 Prozent;*
- ◇ *der selbstorientierte Perfektionismus stieg um 10 Prozent.*

Das Forscher:innenteam verweist in dieser Studie auch auf andere Daten, die zeigen, dass in den letzten Jahren generell die Tendenz zugenommen hat, sich mit anderen zu messen und zu vergleichen. Damit einher geht auch der gefühlte Druck, sich selbst zu optimieren. Hinzu kämen die zahllosen Persönlichkeitsentwicklungstipps, die wir in Büchern, Coachings, Seminaren und Zeitschriften erhalten. Diese massive Aufforderung, sich permanent zu optimieren, dürfte als Verstärker der gefühlten Unzulänglichkeit wirken.

Aus einer leistungsorientierten Perspektive heraus spricht ja nichts dagegen, wenn sich Menschen anstrengen, in bestimmten Dingen „gut" zu sein – ich freue mich sehr darüber, wenn sich meine Studierenden konzentrieren können oder die Kolleg:innen achtsam sind. Es ist auch gut für die Gesellschaft, wenn Menschen Sport treiben, um fitter zu sein. Und auch ich bin der Meinung, dass wir alle unser Potenzial ausschöpfen und versuchen sollten, bis ins hohe Alter gesund zu bleiben!

Aber die Fragestellung, mit der ich hier auf das Phänomen blicke, ist die, ob unsere Lebensführung uns auch wirklich entspricht. Wenn ich ins Fitnessstudio gehe und mir das großen Spaß macht, dann ist das super. Aber wenn ich mich dort durchquäle, weil ich z. B. denke, ich müsse das tun, weil alle anderen in meinem Umfeld das auch tun, oder weil ich schlank sein muss, um akzeptiert zu werden, dann ist das kontraproduktiv. Den gleichen negativen Effekt hat es, wenn mich das vollgepackte Selbstoptimierungsfreizeitprogramm stresst und mir keine Zeit lässt, einfach einmal das Leben zu genießen. Ein rein extrinsisch motiviertes Streben nach Leistungsfähigkeit oder Schönheit, um im Wettbewerb mit anderen besser abzuschneiden, stresst uns. Und Stressoren machen krank und unglücklich.

Mehr Flow und Sinn ins Leben bringen

Gesund und glücklich sind hingegen die Menschen, die wissen, wofür sie morgens aufstehen. Die Wissenschaft hat herausgefunden, dass Sinnhaftigkeit und häufige sogenannte Flow-Zustände, etwa erzeugt durch Tätigkeiten, die uns fordern, aber gleichzeitig beglücken, das Leben lebenswert machen.

Gesundheit, Sinnhaftigkeit und Flow: Das sagt die Wissenschaft

Der Soziologe Aaron Antonovsky begründete 1997 einen Wissenschaftszweig, der erforscht, wie Menschen es schaffen, unter widrigen Umständen seelisch und körperlich gesund zu bleiben (die sogenannte Salutogenese, heute eher unter dem Stichwort „Resilienz" bekannt). Hierzu befragte er unter anderem Frauen mit Holocausterfahrung. Schlüssel für Wohlbefinden und Resilienz ist laut Antonovsky das „Kohärenzgefühl". Dieses stellt sich ein, wenn das Individuum das Gefühl hat, dass Lebenssituationen verstehbar, handhabbar und sinnvoll sind. Um ein Kohärenzgefühl zu erleben, bedarf es also eines gewissen Reflexionsvermögens sowie des Gefühls von Selbstwirksamkeit. Wichtig ist auch, gerade bei hohen Anforderungen, das Vertrauen darin, dass sich die Anstrengung und das Engagement lohnen.[136] Das heißt, wenn wir Sinn in etwas sehen, strengen wir uns gerne an, ja, setzen sogar Kräfte frei.

Sinnhaftigkeit, so der Begründer der „Positiven Psychologie", Martin Seligman, ist die nachhaltigste Form von Glück. Es besteht darin, zu wissen, was die eigenen Stärken sind, und sie zu nutzen, um zu etwas zu gehören, das größer ist als man selbst.[137] Interessant ist in diesem Zusammenhang auch der Flow-Zustand, den der Glücksforscher Mihály Csíkszentmihályi in den 1990er-Jahren beschrieb.[138] Flow bezeichnet einen mentalen Zustand, der mit Glücksgefühlen einhergeht, wenn der Mensch sich in eine Tätigkeit völlig hineinvertieft. Flow entsteht, wenn die Balance zwischen den eigenen Fähigkeiten und der Herausforderung positiv ausgewogen ist. Entsprechen die Fähigkeiten nicht der Aufgabe, so entstehen Stress, Angst oder Langweile.

Nun zeigt die Erfahrung leider, dass Menschen nicht immer wissen, was sie eigentlich wollen, welche Stärken sie haben und was ihnen guttut. Oft gehen sie Tätigkeiten nach, die sie überfordern oder auch unterfordern oder die sie als nicht sinnhaft erleben. Froh macht uns letztlich das, was für uns Sinn ergibt oder was wir selbst als „wertvoll" erleben. Das setzt Selbstreflexion und Ehrlichkeit sich selbst gegenüber voraus. Es lohnt sich aber in jedem Fall, sich der eigenen Stärken und Werte bewusst zu werden. Lassen Sie sich vom japanischen *ikigai* inspirieren, das genau dahin zielt!

Sein ikigai finden

Neulich habe ich meine Studierenden im Seminar „Zukunftskompetenzen" verschiedene Konzepte aus anderen Kulturen vorstellen lassen, die uns neue Perspektiven auf unser Alltags- und Arbeitsleben ermöglichen. Eine Gruppe von Studierenden hatte *ikigai* gewählt. Neben der Theorie zum jeweiligen Konzept gehörten zu der Aufgabe Übungen mit ihren Kommiliton:innen, die das Ganze erfahrbar machen sollten. Als Schlüsselmoment für viele erwies sich hier die Frage: „Was lässt dich morgens aufstehen?" Eine ganze Reihe der Studierenden stellte fest, dass sie diese Frage nicht richtig beantworten konnten, bzw. das Erste, was ihnen in den Sinn kam, war: „Weil ich muss." Meiner Wahrnehmung nach setzte diese Übung für viele den Impuls, sich die Sinn- bzw. Wertefrage erstmals zu stellen.

Das japanische Wort *iki* 生き bedeutet „leben" und *gai* 甲斐 bedeutet „Sinn, Wert, Nutzen". Zusammengesetzt als *ikigai* trägt der Begriff die Bedeutung „das, wofür es sich zu leben lohnt". Es kommt also noch der Aspekt der Freude hinzu. Obwohl wir im Deutschen viele wunderbare Doppelwörter haben, gibt es bei uns keinen Begriff, der Freude und Sinn vereint! *Ikigai* tauchte erstmals im 14. Jahrhundert auf, die Bedeutung veränderte sich jedoch im Laufe der Jahrhunderte. In den 1960er-Jahren, als Japan sich rasant zu einer führenden Wirtschaftsmacht entwickelte, erfuhr *ikigai* als Lebensphilosophie plötzlich einen gesellschaftlichen Boom, der bis heute anhält.[139] Vermutlich liegt es daran, dass *ikigai* ein Gegenkonzept zu der Erfolgsorientierung unserer Zeit darstellt. Der Begriff wird in der japanischen Alltagssprache oft benutzt, für die Japaner:innen repräsentiert er die japanische Lebensweisheit. Genau wie Antonovsky herausfand, dass Sinnhaftigkeit Menschen gesund und resilient hält, hat man in Japan schon vor Jahrhunderten festgestellt, dass Sinnhaftigkeit im Leben die Motivation zum Weitermachen gibt. Diejenigen, die wissen, warum sie morgens gerne aufstehen, haben vermutlich ihr *ikigai* gefunden.

Ikigai bedeutet, mit sich, seinem Leben und der Lebensplanung in Einklang zu sein. Es bildet einen Gleichklang zwischen dem, was in uns Begeisterung auslöst, sowie unseren Talenten, unserem Wert und unserem Beitrag zur Welt. Es geht jedoch bei *ikigai* nicht nur darum, seinen Sinn oder seine Berufung zu finden: In Japan bezieht man *ikigai* auch auf kleine Dinge des Alltags; das kann ein Hobby sein, eine jahreszeitlich bedingte Tätigkeit oder ein Haustier.

Der Hirnforscher Ken Mogi erörtert in seinem Buch über *ikigai* die tief in der japanischen Kultur verwurzelten Prinzipien, auf denen *ikigai* gedeihen konnte.[140] Er hebt hervor, dass einfache und bescheidene Arbeiten in der japanischen Gesellschaft eine große Wertschätzung erfahren. Vielleicht haben Sie schon einmal Bilder von japanischen Zen-Mönchen gesehen, die mit Hingabe den Garten rechen. In der japanischen Tradition ist dies ein Sinnbild für Selbstvergessenheit. Eines der höchsten Prinzipien des Zen-Buddhismus: das Ego loslassen und verbunden mit dem gegenwärtigen Moment sein. So gelangt man ins Hier und Jetzt. In diesen Zustand kommen wir, wenn wir das Ego loslassen und eine Sache um ihrer selbst willen tun. Das ist *ikigai*.

Mogi führt im Zusammenhang mit *ikigai* den Begriff *kodawari* an; dabei handelt es ich um eine urjapanische Eigenschaft. *Kodawari* steht für das Engagement oder auch die Beharrlichkeit, die man aufbringt, um ein persönlich gesetztes Ziel zu erreichen. Dazu gehören Liebe zum Detail genauso wie der Stolz auf das, was man tut. So berichtet er von Menschen, die ihr *ikigai* beim Töpfern von Keramikschalen, beim Züchten der schönsten und süßesten Melone oder beim hingebungsvollen Kochen leben.

Ein weiteres zutiefst japanisches Prinzip ist *wa* (= Harmonie), das Kronprinz Shōtoku schon im Jahr 604 in die japanische Verfassung einbrachte. So heißt es dort, *wa* soll geschätzt werden. Die Kultivierung nach *wa* sollte sich dabei nicht nur auf die Harmonie mit anderen Menschen beschränken, sie bezieht sich genauso auf die Harmonie in sich selbst – und das ist wiederum der fruchtbare Boden für *ikigai*. Das Streben nach Harmonie im eigenen Umfeld und der Gesellschaft brachte auch Bescheidenheit als Ideal hervor. Zurückhaltung ist ein zentraler Aspekt der japanischen Lebensart.

Finden Sie Ihr ikigai!

Das persönliche *ikigai* lässt sich auf der Basis der folgenden vier Fragen finden:

1. Was liebe ich?
2. Worin bin ich gut?
3. Wofür werde ich bezahlt?
4. Was braucht die Welt?

Alle vier Themen und Kreise überlappen sich wie Blütenblätter einer Blume. In der Schnittmenge zweier nebeneinanderliegender Kreise sind die Bedürfnisse, die erfüllt werden, abgebildet. Die Schnittmenge aller vier Bereiche bildet dann das *ikigai*, den Sinn Ihres Lebens, was zu Glück und Zufriedenheit führt. Der Idealzustand des *ikigai* ist erreicht, wenn Sie über etwas verfügen, in dem sich alle Bereiche treffen, d.h., Sie brennen für etwas, was Sie gut können, was die Welt braucht und wovon Sie leben können!

Das Prinzip ikigai

Perfektionismus als Kulturgut

Wie wir oben gesehen haben, ist Perfektionismus ein Phänomen, das der Zeitgeist hervorbringt, befeuert durch Leistungsdenken und den permanenten Vergleich mit anderen. Unabhängig davon ist der Drang zur Perfektion hierzulande schon lange kulturell verankert. Die Kulturstandardforschung schreibt uns einen Hang zur Perfektion zu. Demnach sind wir detailverliebt und haben sehr hohe Ansprüche an Qualität.[141] Die Fachliteratur führt das zurück auf den in den Epochen der Kleinstaaterei und durch das protestantische Arbeitsethos entstandenen Handwerkerfleiß (s. dazu ausführlich Kap. 1).

Fest steht, dass deutsche Autos, Maschinen und Geräte, also Produkte „Made in Germany", aufgrund der Präzision und Qualität weltweit einen guten Ruf genießen. Perfektion ist quasi unser Markenzeichen! Und obwohl dieser Hang zu Perfektion oder auch Präzision, Pingeligkeit und Detailverliebtheit mit zu den Top-Stereotypen über „die Deutschen" gehören, sind Menschen aus anderen Ländern oft überrascht, wenn sie dann tatsächlich mit ihnen zusammenarbeiten. So wunderte sich der niederländische frühere Bayer-Chef Marijn Dekkers in einem Artikel in der „Wirtschaftswoche" über die deutsche Mentalität: „In den USA freuen sich alle, wenn ein Projekt zu 80 Prozent gelungen ist. Wenn dagegen in Deutschland ein Projekt 98 Prozent erreicht, fragen sich alle noch, woran es bei den restlichen zwei Prozent hakt."[142]

Die Kehrseite des Perfektionismus ist eine verbissene Suche nach dem Optimum, die keine Kompromisse erlaubt und häufig mit Kontrollwut, Rechthaberei, geringer Fehlertoleranz und zu hohen Erwartungen einhergeht. Das führt in der Folge oft zu Frustration und das Streben nach Perfektion wirkt schnell unmenschlich. Übrigens sind Frauen oft die größeren Perfektionistinnen und dadurch extrem kritisch mit sich und anderen. Laut der Genderforschung liegt das unter anderem daran, dass Frauen faktisch mehr leisten und besser sein müssen als Männer, um Karriere zu machen. Interessant ist, was Kristin Neff von der University of Texas herausfand: Frauen seien wesentlich selbstkritischer als Männer und würden sich weniger Fehler verzeihen. Ihre Antwort, ein Konzept aus der westlichen, neuzeitlichen Psychologie, ist Selbstmitgefühl, und es kann sehr heilsam sein, sich damit zu beschäftigen.[143] Viel älter und umfassender als Selbstmitgefühl ist jedoch Japans Antwort auf die fatalen Folgen des Perfektionismus, die ich Ihnen nun gerne näher vorstellen möchte.

Wabi sabi – das Lob des Unperfekten

Lassen Sie sich ein auf eine Entdeckungsreise in die Welt des schlichten So-Seins, des Unperfekten! Das Prinzip, das die Schönheit im Unvollkommenen beschreibt, in dem Wissen, dass alles Sein unbeständig ist, trägt den Namen *wabi sabi*. Es ist nicht nur ein ästhetisches Konzept, sondern auch ein philosophisches. Alles Äußere ist nur eine Manifestation, ein Abbild der vergänglichen Natur des Lebens. Der zusammengesetzte Begriff *wabi sabi* lässt sich nicht ins Deutsche übertragen. Selbst Japaner:innen können dieses Prinzip kaum erklären, da es letztlich eines der Geheimnisse des Seins beschreibt, das man nur jenseits von Worten erfahren kann. Die englische Autorin Beth Kempton hat uns westlich geprägten Menschen das Wissen um *wabi sabi* zugänglich gemacht.[144]

Als ich ihr wunderbares Buch zum ersten Mal in den Händen hielt, fühlte ich mich zurückversetzt in meine frühen Zwanziger, als ich die Philosophie und die Ästhetik des Zen-Buddhismus für mich entdeckte. Das war in den 1990er-Jahren, als die Achtsamkeitskultur, Yoga und Meditation noch ein Nischendasein in unserer Gesellschaft fristeten und einen wirklich noch in fremde Welten entführten. Ein Freund nahm mich mit zu einem Zen-Meditations-Retreat. Dort kam ich aus dem Staunen nicht mehr heraus. Die Meditierenden dort trugen Kimonos, es gab eine besondere Teezeremonie und die Mahlzeiten wurden in schwarzen Schalen mit Holzstäbchen serviert. All das erschien mir, die Europa noch nie verlassen hatte, sehr fremdartig. Fast wie eine Reise in ein anderes Jahrhundert. Dabei faszinierte mich die schlichte Schönheit der Umgebung, der Gegenstände und der Rituale: das einfache, aber hübsche Geschirr, die sorgfältig ausgewählte Blume, die in der schmucklosen Vase besonders gut zur Geltung kam, die Art und Weise, wie wir den Tee serviert bekamen, und die Dezentheit der Farben und Formen.

Ein schönes Beispiel für gelebtes wabi sabi *(© Katharina Neubert)*

Und genau das ist es, was die Menschen in Japan mit *wabi* bezeichnen – das Entdecken des Schönen im Schlichten. Der Teemeister Rikyū, dessen Tee als Wabi-Tee in die Geschichte einging, hat im 16. Jahrhundert die Teezeremonie auf die Einfachheit und natürliche Schönheit ausgerichtet, die ich damals schon bei meinen Besuchen in der Welt des Zen erlebte und die bis heute Grundlage des Prinzips ist. Das ästhetische Ideal der Teezeremonie ist Schlichtheit. Die Einrichtung der Räume ist auf das Wesentliche reduziert, es gibt nur die Tee-Utensilien, vielleicht ein kalligrafisches Kunstwerk und ein der Jahreszeit angepasster, sorgfältig gewählter, schlichter Blumenschmuck. Der Fokus liegt bei der Zeremonie in der gemeinsamen Erfahrung des gegenwärtigen Augenblicks. *Wabi* liegt in der Stille und in der Schönheit des Moments. Ganz im Geiste des Zen.

Sabi wiederum kann sowohl eine Qualität von Stille bezeichnen als auch ein Aussehen, das auf ein gewisses Alter verweist, also im Sinne einer Patina. Das zugehörige Verb (*sabiru*) kann „rosten" oder „vergehen" bedeuten. *Sabi* bezeichnet also den Zustand einer stillen Schönheit, die Spuren der Zeit aufweist. Diese ist nicht menschengeschaffen, sondern die Zeit bringt sie hervor – es ist die besondere Schönheit von verwitterten Gebäuden, Moos auf alten Mauern, abgewetzten Gegenständen oder der faltigen Hand einer alten Frau. Wie häufig in der japanischen Philosophie und Ästhetik verweist *sabi* auf den ewig währenden Kreislauf des Entstehens und Vergehens, und erinnert daran, dass immer alles gleichzeitig existiert. Das wird beispielsweise auch durch das Yin-und-Yang-Zeichen versinnbildlicht, bei dem das Yin im Yang enthalten ist und umgekehrt.

So beinhaltet das Konzept *wabi sabi* auch eine ästhetisch motivierte Ergriffenheit. Man kann sie sich als Wehmut vorstellen, die durch die unperfekte Schönheit von Objekten oder der Natur ausgelöst wird und die die Vergänglichkeit der Dinge anmahnt. Wenn wir die Anmut im Schlichten, im Unperfekten entdecken und erkennen, dass dies perfekt ist, so wie es ist, oder wenn wir etwas Schönes erfahren oder wahrnehmen und wissen, dass es gleich wieder vorbei sein wird, dann entsteht eine Rührung, die mit *wabi sabi* eng verbunden ist. Dadurch lehrt uns *wabi sabi* zum einen Beschaulichkeit, aber vor allem, das Schöne im Unperfekten zu entdecken und anzuerkennen.

Das Prinzip *wabi sabi* verweist auf eine einfache und natürliche Lebensweise. Nur wenn wir uns Zeit nehmen, Dinge genau anzuschauen, können wir ihre Schönheit würdigen. Japaner:innen schätzen von alters her schlichte Dinge. Das können Objekte sein, die von Menschen gemacht wurden, oder Naturphänomene: ein von den Gezeiten geformtes Stück Holz, ein Blütenblatt oder die Flugbahn eines Vogels.

Neue Perspektiven auf die Schönheit und auf sich selbst

Eine *wabi-sabi*-Perspektive könnte es uns ermöglichen, die Dinge in einem neuen Licht zu sehen: In dem Bewusstsein, dass das Leben selbst unbeständig und unvollendet ist, erwarten wir keine Perfektion und erleben das Unperfekte als natürlichen Zustand. Es geht letztlich darum, die Welt, die Dinge und auch die Menschen in ihrem natürlichen, authentischsten Zustand zu sehen und wertzuschätzen. Manche aktuellen Trends lassen an *wabi sabi* denken. So treten Body-Positivity-

Aktivistinnen dafür ein, den eigenen Körper anzunehmen, so wie er ist, egal ob er gängigen Schönheitsidealen entspricht oder nicht. Auch die zahlreichen Selbstliebekurse und -coachings setzen hier an: Wir sollen uns so annehmen und gut finden, wie wir sind! Mehr Selbstliebe kann man sich gar nicht vorstellen, oder?

Wabi sabi und Selbstakzeptanz

Wabi sabi ermutigt Menschen, sich in ihrer Unperfektheit zu outen. Das kann unheimlich befreiend sein! Wenn uns klar wird, dass wir längst perfekt sind, müssen wir nicht ständig versuchen, unser Erscheinungsbild durch äußeres Zutun oder Manipulation aufzuwerten. Wenn wir unsere Unperfektheiten offenbaren, ermutigen wir dadurch auch andere, sich im übertragenen Sinne „ungeschminkt" zu zeigen. Sich selbst und die anderen in ihrer Unperfektheit zu lieben und schätzen zu lernen, ist sehr heilsam.

Dennoch sollte uns das Wissen um *wabi sabi* keineswegs davon abhalten, unser Bestes zu geben. Aber wir dürfen uns annehmen, so wie wir sind, und nicht an unserem Perfektionsanspruch und dem der Gesellschaft verzweifeln. Wenn man das *wabi-sabi*-Prinzip wirklich versteht, wird man entspannen und das Leben genießen. Zudem macht es uns uns selbst und anderen gegenüber großmütig und lässt uns auch mit Fehlern oder Momenten des Scheiterns besser umgehen.

Die Philosophie des *wabi sabi* durchziehen weitere leitende Gedanken aus der japanischen Kultur. So wird die Natur traditionellerweise als Geschenk der Götter verehrt: Die Wertschätzung der Natur drückt sich in vielen Alltagsritualen aus. Der schöne Ausdruck *kachō fūgetsu* bedeutet „Blume-Vogel-Mond" und steht für das Schwelgen angesichts der Schönheit der Natur. Aus diesem Geist heraus wurde in den 1980er-Jahren in Japan das Waldbaden erfunden, bei dem es darum geht, den Wald mit allen Sinnen zu erfahren und seine Schönheit zu genießen.

Eine der wichtigsten Lehren, die wir aus *wabi sabi* ziehen können: Genieße den Augenblick, genauso wie er ist. Wem das gelingt, der wird Demut und Achtsamkeit erfahren – und zudem eine tiefe Akzeptanz dafür, das, was ist, anzunehmen und sich mehr auf das Schöne im gegenwärtigen Moment einzulassen. Das wissen nicht nur die

Japaner:innen! Es handelt sich um mystisches Wissen, das in vielen Kulturen vorhanden ist (oder vorhanden war). Auch die Achtsamkeitsbewegung, die ursprünglich aus dem Buddhismus hervorging, hilft uns dabei, dieses alte Wissen wiederzuentdecken. Goethe, selbst Universalgelehrter und Mystiker, wusste um die Schönheit des flüchtigen Augenblicks: „Jeder Augenblick ist von unendlichem Wert." Im Sinne des *wabi sabi* sollten wir uns bemühen, mehr dieser wertvollen Augenblicke voller Schönheit wahrzunehmen.

Was können wir tun, wenn wir uns solcher „magischen Augenblicke" gewahr werden? Meine Empfehlung: Legen Sie sie in Ihre innere Schatzkiste! Diese Momente sind besonders ergreifend und wir wissen oft instinktiv, dass sie einmalig und unvergesslich sind.

Einen solchen *wabi-sabi*-Moment erlebte ich, als ich bei meinem letzten Urlaub in Costa Rica frühmorgens an einem Strand Hunderte von kleinen Schildkröten aus ihren Eiern schlüpfen und unbeholfen ins Wasser tapsen sah. Völlig erschöpft kamen sie aus ihren Erdlöchern, in denen ihre Mütter die Eier verbuddelt hatten, hervor und reckten ihre kleinen Köpfchen in die Welt hinaus. Sie wussten intuitiv, was ich aus Fernsehdokumentationen kannte: Sie hatten nur wenige Minuten, um ins schützende Wasser zu gelangen, denn über dem Strand kreisten schon die Vögel, die sie gerne fressen wollten. Ich war sehr gerührt; in diesem Moment spürte ich den Kreislauf von Leben und Tod, die Schönheit und Unbarmherzigkeit der Natur und des Seins so intensiv, dass ich jetzt noch beim Schreiben eine Gänsehaut bekomme.

Schon seit vielen Jahren setze ich Perspektivwechsel als Powertool ein. Neue Blickwinkel helfen uns oft dabei, Menschen und Situationen besser zu verstehen oder auch Probleme und Konflikte aufzulösen. *Wabi sabi* ist ein mächtiges Perspektivwechselinstrument. Wenn es uns gelingt, die Welt öfters aus *wabi-sabi*-Perspektive zu betrachten – also weniger mit dem Verstand und mehr mit dem empfindsamen Herzen und den Sinnesorganen –, dann kann uns das ein neues Universum eröffnen. Die Welt wird zu einem schöneren, großzügigeren, barmherzigeren Ort. Die Erkenntnis, dass Unperfektes schön ist (weil naturgegeben), dass Fehler menschlich sind und dass sowieso alles vorübergeht, befreit ungemein. Auch das Wissen darum, dass wir nur ein

Sandkorn in einem sich ständig verändernden Universum sind, kann uns manch schwierige Situation ganz anders bewältigen lassen.

Ein durch *wabi sabi* inspirierter Blick auf die Welt unterstützt uns dabei, weniger auf oberflächliche Äußerlichkeiten zu achten und auch weniger darüber zu grübeln, was andere über uns denken könnten. Der Blick richtet sich mehr auf das große Ganze und dem Spüren wird mehr Raum gegeben. Letztlich können wir uns selbst näherkommen und erleben auch mehr Augenblicke der Schönheit. Denn es gibt jede Menge bezaubernde Momente in einer unperfekten Welt. Ein unerwartetes Lächeln, der Geschmack von Schokolade, ein Vogelzwitschern, Sonne auf der Haut, der Anblick eines doppelten Regenbogens, ein Kuss oder der Klang von Regentropfen auf der Fensterscheibe. Manches davon lässt sich vielleicht wiederholen, aber nichts davon können wir festhalten, und das ist gut so.

Kurz gesagt

Die Art unserer Lebensführung beeinflusst unser Wohlbefinden wesentlich. Das einseitige Streben nach materiellem Wachstum, Erfolg und Selbstoptimierung hat ausgedient. Die Glücks- und Gesundheitsforschung zeigt, dass Sinnhaftigkeit und das Gefühl des Eingebundenseins ins große Ganze maßgeblich sind für ein gutes Leben. Wie das gehen kann, zeigt uns *ikigai*. *Wabi sabi* hingegen kann uns dazu inspirieren, der Perfektionismusfalle zu entkommen, indem wir das Schöne im Alltäglichen entdecken und uns bewusst machen, wie flüchtig letztlich alles ist.

Gib jedem Tag die Chance, der schönste deines Lebens zu werden.
Mark Twain

Kapitel 6: Alltagsgestaltung – was uns zum Glück fehlt

Wie zufrieden sind Sie eigentlich mit Ihrem Alltag, auf einer Skala von 1 bis 10 (wenn 10 „superzufrieden" und 1 „absolut unzufrieden" bedeutet)? Halten Sie gerne einen Moment lang inne, um sich die Frage ehrlich zu beantworten.

Doch gehen wir zunächst einen Schritt zurück: Was bedeutet „Zufriedenheit" eigentlich? Das mag ganz subjektiv sein; jede:r von uns wird diesen Begriff vielleicht anders definieren und hat ganz eigene Vorstellungen von einem zufriedenen Leben. Ich möchte Sie in diesem Kapitel mit Wegen zu mehr Zufriedenheit bekannt machen – mehr Entspannung, Lebensfreude und Genuss. Während es im letzten Kapitel um das große Ganze, die Lebensplanung, unsere Werte und unsere Prioritäten ging, steht nun unsere Alltagsgestaltung im Vordergrund.

Viele der Punkte, die ich im Folgenden anspreche, kommen auch an anderen Stellen in diesem Buch vor. Denn eine gute Alltagsgestaltung hat natürlich etwas mit unseren Werten und unserer Sinngebung zu tun, mit der Art, wie wir arbeiten, wie wir kommunizieren und damit, welchen Stellenwert Gesundheit und Nachhaltigkeit in unserem Leben einnehmen. Hier möchte ich Sie nun dazu inspirieren, darüber nachzudenken, wie Sie Ihr tägliches Leben gestalten. Gehen Sie gut mit sich um? Tun Sie die Dinge, die Sie gerne tun und die Ihnen guttun, oft genug? Achten Sie darauf, nicht zu viel Stress und Druck zu haben? Oder anders gefragt: Nehmen Sie sich genug Zeit, um auch mal die Seele baumeln zu lassen oder einfach den Moment zu genießen? Denn eines steht fest: Konstruktive Gedanken, schöne Momente und ein freundlicher Umgang mit sich selbst schaffen eine gute Grundlage für einen lebenswerten Alltag in Freizeit und Beruf.

Glücksfaktoren und Stressoren

Eigentlich sollten wir ziemlich happy sein mit unserem Leben, denn laut der UNO sind die Grundbedingungen fürs Glücklichsein folgende:

- mindestens 2.500 Kalorien pro Tag an Nahrung
- ein Wasservolumen von 100 Litern am Tag
- mindestens sechs Quadratmeter Wohnraum
- ein Platz zum Kochen
- eine sechsjährige Schulbildung[145]

Das können doch die meisten hierzulande vorweisen, oder? Warum also sind wir nicht unter den Top Five der Glücksrankings? Warum sind wir Frustweltmeister:innen im Job und warum gehören wir nicht zu den gesündesten Menschen auf der Erde, trotz allerbestem Gesundheitssystem?

Auf der Suche nach unseren Stressquellen bin ich bei meinen Recherchen, Gesprächen und Analysen auf folgende Gründe gestoßen:

- Wir arbeiten zu viel.
- Wir sind in vielem zu perfektionistisch und machen die Dinge komplizierter, als sie sein müssten.
- Wir sind ständig am Planen, Vorausschauen, Tun.
- Unsere Tage sind durchgetaktet, Verschnaufpausen sind rar.
- Wir haben oft ein schlechtes Gewissen, wenn wir nicht effektiv sind.
- Wir gestatten uns zu wenige Mußestunden.

All das hält uns viel zu häufig davon ab, das Leben zu genießen. Nach dem Motto „Was du heute kannst besorgen, das verschiebe nicht auf morgen" rödeln wir bis zum Umfallen. Wir sind eben aufgabenorientiert und erlauben uns erst dann ein wenig Muße, wenn wir alles erledigt haben. Das erzeugt Stress bzw. negative Gefühle.

„Schon als Kleinkind habe ich im Haus meiner Großeltern in Mannheim das Wort ‚gestresst' gehört. Am Anfang dachte ich, nur meine Oma und mein Opa hätten so viel im Kopf, dass sie nie entspannen können. Aber dann lernte ich, dass alle Deutschen Stress mögen. Warum seid ihr so ‚gestresst'? Ihr habt eine florierende Wirtschaft, ein großartiges Gesundheitssystem, es fallen keine Raketen auf eure Häuser, und eure Chefs kommen nur selten auf die Idee, euch außerhalb der Bürozeiten anzurufen. Außerdem ist eure Kanzlerin die Führerin Europas. Warum steht ihr trotzdem unter Stress?"[146]

Tja, wieder einmal eine Sicht von außen auf uns, diesmal auf unser permanentes Gestresstsein. Hat Antonia Yamin, bis vor Kurzem Europakorrespondentin des israelischen Fernsehsenders „Kan", recht mit ihrer Einschätzung? Irgendwie schon, oder? Ihre Beobachtung hat mich an meine eigene Großmutter erinnert, die schon Ende der 1970er-Jahre ganz häufig „Stress, Stress, Stress" rief (der Begriff kam vermutlich damals gerade in Mode). Aber ist es tatsächlich so, wie die Journalistin behauptet, dass wir Stress mögen? Viele würden das sicherlich verneinen. Aber wenn wir uns anschauen, wie wir leben, und ehrlich mit uns sind, dann stellt sich schon die Frage, ob wir uns nicht mehr Stress ins Leben holen als nötig. Hinzu kommt, dass Antonia Yamin, die in einem kriegsgebeutelten Land lebt, es wohl zu Recht schwer nachvollziehen kann, warum sich hierzulande so viele Menschen dauergestresst fühlen.

Dass wir uns bei der Arbeit oft selbst, aber auch gegenseitig stark unter Druck setzen, habe ich schon an anderer Stelle beschrieben. Zur Erinnerung: Viele schlittern am Rand des Burnouts und eine beachtlich hohe Zahl an Menschen in Deutschland fühlt sich von ihrer Arbeit sehr gestresst.[147] Was erschwerend hinzu kommt: Wir sind oft verplant und empfinden sogar in der Freizeit Stress.

Ich denke an mich selbst und meine oft dicht gedrängten Zeitpläne oder auch daran, wie schwer es ist, mit Freund:innen Termine zu finden, an denen alle Zeit haben. Hier in Berlin ist es oft ganz schlimm. Letzte Woche wollten wir uns mit dem befreundeten Paar verabreden, das Tür an Tür mit uns wohnt. Näher und einfacher geht's eigentlich nicht. Wir haben innerhalb der nächsten vier Wochen kein Zeitfenster gefunden. Alle verplant. Auch mit anderen

Nachbar:innen, einem älteren Paar, beide schon in Rente, ist es schwierig, einen Termin zu finden. Die Abende und die Wochenenden der nächsten Wochen sind schon belegt mit Kursen, Kurzurlauben und Kultur- und Freizeitaktivitäten. Puuuh, was für ein Freizeitstress ...

Wir haben darüber hinaus manchmal einen – nun ja, zumindest von außen betrachtet – etwas zwanghaften Umgang mit Zeit, Aufgaben, Strukturen und Plänen. Erinnern Sie sich noch an die Geschichte mit dem verspäteten Ersatzzug und der Panik der Fahrgäste, nur weil die Reservierungsanzeigen fehlten? In meiner Schatzkiste wimmelt es nur so von entsprechenden Fallbeispielen, an denen deutlich wird, wie gerne wir an vorgegebenen Zeiten und Plänen festhalten. Hier eine weitere Geschichte:

Eine Gruppe Studierender aus Tansania, Kenia und Ruanda verbringt ein Semester in Deutschland. Die Hochschule hat für sie ein umfangreiches Rahmenprogramm mit unterschiedlichen Angeboten zusammengestellt. Ein Programmpunkt ist die Möglichkeit, an einem Schwimmkurs teilzunehmen. Dafür schreiben sich viele der afrikanischen Gäste ein. Für den Kurs sind im Hallenbad 90 Minuten vorgesehen. Obwohl sich elf Personen angemeldet haben, stehen zu Beginn nur zwei Studierende gemeinsam mit dem Schwimmlehrer pünktlich am Becken. Im Laufe der nächsten 70 Minuten trudeln nach und nach auch die übrigen neun Teilnehmenden ein, die meisten mit mehr als 40 Minuten Verspätung. Sie freuen sich alle auf die Gelegenheit, ein Hallenbad von innen kennenzulernen. Der Schwimmlehrer ist allerdings inzwischen verärgert, da er keine Struktur in sein Programm bringen kann, wenn alle paar Minuten neue Teilnehmende auftauchen. Er muss das Programm auch wie geplant nach knapp 90 Minuten beenden und bedeutet den fröhlich plantschenden Studierenden im Becken ungeduldig, dass sie dieses umgehend zu verlassen haben. Das sorgt bei diesen für erhebliche Irritation und Frust, gerade weil viele ja erst seit Kurzem anwesend sind. Sowohl der Kursleiter als auch die afrikanischen Studierenden beschweren sich daraufhin beim International Office der Hochschule über diesen für beide Seiten frustrierenden Verlauf dieses Kurstages.

Wir kennen nicht alle Begleitumstände und ich verstehe natürlich den Kursleiter, der, wenn er eine Absprache mit dem Hallenbad hat, pünktlich aufhören möchte. Beim Thema Pünktlichkeit scheiden sich die Geister sehr, das weiß ich aus meinen interkulturellen Kursen. Die meisten der in Deutschland sozialisierten Menschen legen großen Wert auf Pünktlichkeit und setzen diese mit Höflichkeit gleich. Viele nehmen es persönlich, wenn andere sich verspäten, und den Zuspätkommenden werden Eigenschaften wie „respektlos", „chaotisch" etc. zugeschrieben. Das geht aber auch auf Kosten einer etwas spielerischeren, spontaneren, auch freudvolleren Haltung diesem Thema gegenüber – die in der Geschichte so schön durch das „fröhliche Planschen" ausgedrückt wird. Deshalb möchte man dem Kursleiter etwas mehr Gelassenheit wünschen an dieser Stelle!

Es gibt auch keinen Leistungsdruck in dem Sinne, dass die Teilnehmenden schon in der ersten Stunde viel lernen müssen. Wenn sie lieber fröhlich plantschen wollen, könnte das ja auch in Ordnung sein. Vielleicht sind viele der Studierenden zum ersten Mal im Leben in einem Hallenbad, genießen das sehr und kennen die „Baderegeln" nicht! Und wenn andere Gruppen die Schwimmbahn danach für sich beanspruchen sollten, dann würden die Kursteilnehmenden das sicherlich verstehen und eine Lösung finden. An diesem Fallbeispiel werden mehrere Dinge deutlich: Zum einen, dass man in Deutschland Pünktlichkeit erwartet, zum anderen, dass man einmal gemachte Pläne auch durchziehen will, und darüber hinaus, dass eine gewisse Form von Disziplin und die Einhaltung der Regeln für selbstverständlich gehalten werden. Das alles ist an sich auch lobenswert und effizient. Aber eben auch ein bisschen anstrengend!

Tugendhaft, aber unzufrieden?

Eine Person aus Tunesien, die zu ihrer Meinung über „die Deutschen" interviewt wurde, würdigt unser Wertesystem folgendermaßen: „Deutsche Werte sind für mich Striktheit, Korrektheit, Tüchtigkeit und Respekt für andere Menschen."[148] Vielleicht stimmen Sie innerlich zu, wenn Sie das lesen, und sind auch ein wenig stolz auf diese Tugenden. Auch mir sind diese Werte wichtig – was aber oft auf der Strecke bleibt, sind Freude, Spaß und Gelassenheit. Wir wirken, von außen betrachtet, doch leider oft eher streng und verbissen. Und nach innen fühlt es sich vermutlich auch oft sehr stressig an; ich denke, wir kennen das alle!

Dazu fallen mir auch gleich ein paar passende Sprichwörter und Redewendungen ein: „Dienst ist Dienst und Schnaps ist Schnaps" oder „Dienst nach Vorschrift machen". Beides stellt die Regeln vor die Beziehung und schließt das Zwischenmenschliche aus der Arbeit aus. Klar, Regeln sind wichtig, aber schießen wir damit nicht doch manchmal über das Ziel hinaus? Es geht doch auch anders. Wenn ich z.B. bei roter Fußgängerampel über die Straße gehe, weil weit und breit kein Fahrzeug zu sehen ist und kein Kind in der Nähe, tut das ja letztlich niemandem weh. Oder wenn jemand ein Dokument nach abgelaufener Frist doch noch annimmt, weil es für die entsprechende Person sehr wichtig ist. Manchmal würde es uns vermutlich froher stimmen, wenn wir „einfach mal fünfe grade sein ließen". Von außen betrachtet wirkt unsere Regelverliebtheit jedenfalls manchmal übertrieben. Hierzu noch einmal die Sicht der israelischen Journalistin Antonia Yamin:

> *„Wenn es eine Sache gibt, die ich während meiner Zeit in Deutschland gelernt habe, ist es diese: Leg dich nicht mit deutschen Regeln an, und frag vor allem nie: ‚Warum?' Denn die Antwort lautet immer: ‚So ist es halt.' Es erinnert mich ein wenig an meinen israelischen Militärdienst, obwohl es mir sogar dort ab und zu gelang, meine Offiziere zu umgehen. Die Deutschen lieben ihre Strukturen und können sich nicht vorstellen, Dinge etwas anders zu machen, als das Regelwerk vorschreibt."* [149]

Viele empfinden das Leben in Deutschland als kompliziert und letztlich überreguliert. Das liegt wohl an unserem ausgeprägten Sicherheitsbedürfnis. Damit möglichst alles vorhersehbar ist, wird alles minutiös geplant. Hier noch ein schönes Zitat einer Person aus Mali, das uns vermutlich gleichzeitig schmunzeln und zustimmend nicken lässt: „Kinderbekommen in Deutschland ist ‚ein Projekt', es wird genau geplant."[150] Da liegt ein Fünkchen Wahrheit drin, oder? So kenne ich das zumindest von vielen Menschen aus meinem Bekanntenkreis. Ich hatte an der Uni einen Kollegen, der sagte mit Mitte 20: „Mit 30 habe ich mein erstes Kind, mit 35 meine Professur." Und ob Sie es glauben oder nicht, beides hat er termingenau hinbekommen. Doch wie viel Druck wird hier aufgebaut – als ob das Leben immer planbar wäre!

Unser Leistungsdenken, aber auch die „Verkopftheit", mit der wir ans Leben rangehen, mögen effektiv sein, aber das macht das Leben ja nicht unbedingt schöner oder lebenswerter.

Allein die Erwartung, im Alltag stets pünktlich zu sein, setzt uns und die anderen ganz schön unter Druck. Genauso wie das Beharren auf Prinzipien oft Stress auslöst. Mir fehlt hier manchmal etwas Großzügigkeit. Und Gelassenheit. Und Spontaneität. Von anderen Kulturen können wir sicherlich lernen, etwas mehr mit dem Fluss des Lebens zu gehen. Das macht entspannter und glücklicher und hält uns dennoch (oder gerade deswegen!) leistungsfähig, wie viele Studien zeigen.

Wir Deutschen reisen gerne und viel, um „aus allem mal rauszukommen" – und dann fahren wir am liebsten in Länder, in denen die Menschen gelassener und entspannter sind. Vielleicht, um uns eine Scheibe abzuschneiden von der Gelassenheit, die uns so viele Kulturen voraushaben? Egal in welche Himmelsrichtung wir fahren, überall scheinen die Menschen etwas relaxter zu sein als hierzulande:

- In Spanien sagt man oft „mañana" (= morgen), und gemeint ist: „Morgen ist auch noch ein Tag" oder „Irgendwann wird das erledigt".
- Ein arabisches Sprichwort lautet: „Dein ist nichts als die Stunde, in der du lebst."
- In der Ukraine weiß man: „Die Arbeit ist kein Wolf, sie rennt nicht in den Wald." Oder anders gesagt: „Mach mal langsam."
- Und in Dänemark sagt man: „Genieße den Augenblick, denn heute ist der erste Tag vom Rest deines Lebens."

Werfen wir also einen Blick auf andere Länder – zum einen auf die glücklichsten Länder der Welt, weil sie uns mit ihrer Lebensart inspirieren, zum anderen auf die Weisheitslehren Asiens, weil sie uns Gelassenheit und spirituelle Tiefe lehren können.

Hygge – dänische Behaglichkeit

Die Skandinavier:innen, die regelmäßig die Happiness- und Lebensqualitätsrankings anführen, wissen, wie man den Alltag schön gestaltet und so ein kleines bisschen glücklicher wird: mehr Pausen, mehr Zeit für Muße, schöne Dinge tun. Raus in die Natur gehen oder es sich zu Hause vor dem Kamin gemütlich machen.

So stellt Dänemark mit seiner *hygge*-Lebensphilosophie für viele Menschen eine Inspirationsquelle dar. Vielleicht liegt es auch daran, dass Dänemark immer wieder als das glücklichste Land und Kopenhagen als die lebenswerteste Stadt bezeichnet werden, und auch daran, dass ein renommiertes Glücksforschungsinstitut dort ansässig ist und die Glücksgeheimnisse preisgibt? Darauf gestoßen bin ich durch ein Buch, das mir die Teilnehmenden eines meiner Train-the-Trainer-Programme für interkulturelle Kompetenz zum Abschied schenkten: „The little book of lykke" (= Das kleine Buch vom Glück). In dieser Publikation des Instituts hat sein Leiter, Meik Wiking, einiges über *hygge* als entscheidenden Glücksfaktor zusammengetragen. *Hygge* hat vor wenigen Jahren einen Siegeszug durch viele Länder angetreten und ist bis heute ungeheuer populär. In Deutschland gibt es inzwischen sogar eine gleichnamige Zeitschrift. In Großbritannien wird *hygge* in einem College unterrichtet und überall auf der Welt entstehen *hygge*-Läden.

Da das Lesen des Glücksbuchs mich froh gestimmt hatte, habe ich mir dann das *hygge*-Buch vom selben Autor gekauft.[151] Hier machte mich schon das Durchblättern glücklich. Allein die schöne Aufmachung und die Bilder von gemütlich eingerichteten Wohnungen im Kerzenschein, von heißer Schokolade, leckeren Zimtrollen und schönen Landschaften, die zum Spazieren einladen, lösten ein wohliges Gefühl aus.

Das Wort *hygge* stammt ursprünglich aus dem Norwegischen und bedeutet „Wohlbefinden". Der etymologische Ursprung ist vermutlich das Wort *hug*, das Mitte des 16. Jahrhunderts zum ersten Mal auftaucht. *Hugge* bedeutet umarmen und ist verwandt mit den alten nordischen Wörtern für „trösten" und „Stimmungen". Ins Dänische eingewandert ist das Wort ungefähr im 19. Jahrhundert. Es existiert auch als Verb und als Adjektiv – sich *hyggen* (es sich gemütlich machen, gut gehen lassen), *hyggelig* (gemütlich, eng verbunden, heiter, gelassen). Also, wie *hyggt* man sich am besten?

Ein wunderbarer hygge-*Moment (© Katharina Neubert)*

Der Wissenschaftler Wiking definiert *hygge* als „Kunst der Innigkeit", eine „Gemütlichkeit der Seele", als „Abwesenheit jeglicher Störfaktoren", aber auch als „die Freude an der Gegenwart beruhigender Dinge" oder ein „gemütliches Beisammensein". Bekommen Sie langsam eine Idee vom Geheimnis der *hygge*-Lebensphilosophie? Demnach ist *hygge* nichts Gegenständliches, sondern eher eine Atmosphäre bzw. ein Erleben – so wie das Gefühl von Geborgenheit und Sicherheit, wenn man mit seinen Liebsten zusammen ist, sich zu Hause fühlt. *Hygge* kann man aber auch allein erleben, es lässt sich durch bestimmte Einrichtungsgegenstände und natürliche Materialien herstellen. Also ist *hygge* auch eine sehr sinnliche Erfahrung, es schließt alle fünf Sinne mit ein:

- Geschmack: Wohlschmeckendes wie Kakao, Tee, Honig, Kuchen
- Klang: Knistern eines Kaminfeuers, die Stille, wenn es draußen schneit
- Geruch: Gebäck, Gewürze, Holz (alles, was an Sicherheit und Fürsorge erinnert)
- Gefühl: Holzoberfläche, Fell, Keramik, Wolle, Leder
- Sehen: Licht, dunkle natürliche Farben, leise rieselnder Schnee, langsame organische Bewegungen[152]

Auch der sechste Sinn, das Bauchgefühl, gehört dazu. Wir sind im *hygge*-Modus, wenn wir vertrauen und uns sicher fühlen. Beides schafft auch ein gut funktionierender Wohlfahrtsstaat. Zwar hat Dänemark die weltweit höchsten Steuerquoten, aber die Menschen haben verstanden, dass der Wohlfahrtsstaat auf diese Weise Wohlstand in Wohlbefinden ummünzt – und Lebensqualität bietet. Das klingt gut! Der Großteil der Menschen in Skandinavien scheint das auch zu schätzen, sonst würden sie nicht immer so gut abschneiden in den Glücksrankings. Und deshalb, so der Direktor des Happiness Research Instituts, sind selbst die Armen in Dänemark weniger unglücklich als in anderen reichen Ländern.

Genauso ist die Pflege der sozialen Beziehungen ein Bestandteil von *hygge*. Ähnlich wie in Schweden (Sie erinnern sich an *lagom*) legt man in Dänemark bei der Arbeit und in der Freizeit großen Wert auf die Gemeinschaft. Kaffeepausen und gemeinsame Gespräche sind *hygge* – aber auch gemeinsames Schweigen kann (sogar sehr) *hyggelig* sein. Und eine gute Work-Life-Balance trägt natürlich auch dazu bei – früher zu Hause zu sein und sich mit der Familie *einzuhyggeln*, wirkt sich sicherlich bei vielen positiv auf das Gemüt aus!

Zu *hygge* gehören auch die Werte, die in der dänischen Gesellschaft verankert sind. Am besten kommen sie im *hygge*-Manifest zum Ausdruck, das Meik Wiking verfasst hat. Gleichzeitig sind sie eine Gebrauchsanweisung für *hygge*:

Hygge-Manifest

1. *Atmosphäre: Drehe alle Lichter runter und hol die Kerzen.*
2. *Gegenwart: Sei im Hier und Jetzt. Und mach das Handy aus.*

3. *Vergnügen: Kaffee, Schokolade, Kekse, Kuchen, Süßigkeiten. Her damit!*
4. *Gleichheit: Wir ist wichtiger als Ich. Aufgaben und Redezeiten werden gerecht geteilt.*
5. *Dankbarkeit: Das schöne Leben ist jetzt. Genieße es, besser kann es vielleicht gar nicht werden.*
6. *Harmonie: Das hier ist kein Wettkampf. Wir mögen dich ohnehin, du musst nicht mit deinen Leistungen angeben.*
7. *Bequemlichkeit: Mach es dir bequem. Mach eine Pause. Entspannung ist alles.*
8. *Frieden: Keine Dramen. Über Politik reden wir ein andermal.*
9. *Zusammensein: Pflege von Beziehungen und Erinnerungen. Weißt du noch, als wir ...?*
10. *Schutz: Wir sind dein Stamm. Dies ist ein Ort des Friedens und der Sicherheit.*[153]

Lagom – schwedische Ausgewogenheit

Viele der *hygge*-Werte erinnern auch an die schwedische Lebensphilosophie *lagom*, die Sie weiter oben schon kennengelernt haben. Sie erinnern sich – es geht um das richtige Maß. *Lagom* hilft, aus der „hedonistischen Tretmühle“ auszusteigen, die uns glauben macht, dass mehr von allem uns glücklicher machen würde. Es geht, wie bei *hygge*, um ein ausgewogenes Glück, das sich mit einfachen Mitteln erreichen lässt und für das Konsum nicht notwendig ist. Von allem nicht zu viel und nicht zu wenig! Nicht zu viel arbeiten, sich nicht zu wichtig nehmen, für gute Work-Life-Balance sorgen, Gleichberechtigung für alle und sich Zeit für Muße, fürs Kaffeetrinken (*fika*) und für Familie und Freundeskreis nehmen.

Zu *lagom* gehört auch die besondere Liebe zur Natur. Diese findet sich in ganz Skandinavien. Im Norwegischen gibt es schöne Wörter, die das zum Ausdruck bringen: *Friluftsliv* bedeutet „Leben im Freien“, d.h. Freizeitaktivitäten finden gerne und oft in freier Natur statt. Das können z.B. Wanderungen im Wald, Vogelbeobachtungen oder das Sammeln von Waldfrüchten sein; besonders beliebt ist das Zelten im Freien. In mehreren skandinavischen Ländern gibt es das *allemansrätten*, (= Jedermannsrecht), das besagt, dass alle unter freiem Himmel dort campen dürfen, wo sie wollen (außer in Gärten von Privatpersonen). Es gibt ein verbrieftes Recht auf einen freien Zugang zur Natur: Man darf schwimmen, fahrrad- und skifahren oder Wildblumen pflücken, wo man möchte.

Sisu – finnische Naturliebe

Viele Einwohner:innen der Glücksländer haben ein positives Verhältnis zur Natur und verbringen viel Zeit draußen. So auch die Finn:innen. *Sisu*, was man in Finnland mit „finnischer Geist" übersetzt, ist eine besondere Kraft, eine Resilienz, über die die Menschen dort offenbar verfügen, weil sie sich so viel in der Natur bewegen. Laut dem Natural Resources Institute Finland erholen sich die Menschen dort zwei bis drei Mal pro Woche in der Natur. Und für 90 Prozent der Bevölkerung ist der Wald oder die Natur an sich ihr liebster Aufenthaltsort, wie eine Befragung vor einigen Jahren zeigte.[154]

Statt am Wochenende shoppen zu gehen, fahren die Menschen in Finnland raus zu ihrer Hütte am See. Sie schwimmen, angeln, gehen spazieren oder in die Sauna, fahren Fahrrad und im Winter Ski. Sie sammeln Pilze oder pflücken Blaubeeren, beobachten die Natur, sammeln Holz für den Kamin oder picknicken. Baden im Eiswasser soll besonders gesund sein, flutet den Körper mit Glückshormonen und vertreibt Depressionen. Und wussten Sie, dass ein 15-minütiger Waldspaziergang Stress und Verspannung mildert? Mit wunderbaren Naturerlebnissen und hoher Lebenszufriedenheit kann auch das nächste Land, in das wir nun reisen, punkten!

Pura vida – costa-ricanische Lebensfreude

Costa Rica ist ein besonderes Land; im Nachhaltigkeitskapitel wird uns der kleine mittelamerikanische Staat als Öko-Wunderland wieder begegnen. Doch es gibt noch andere überraschende Fakten. Costa Rica war zum Beispiel weltweit das erste Land, welches das Militär abgeschafft hat (im Jahr 1948). Es betrieb konsequent Friedensarbeit, wofür der spätere Präsident Oskar Arias Sanchez 1987 den Friedensnobelpreis bekommen hat.

Kein Militär und sehr ökologisch klingt schon einmal gut – zudem gibt es in Costa Rica einen hohen Grad von Zufriedenheit und Wohlbefinden, obwohl der materielle Wohlstand dort eher niedrig ist. Gemessen an den westlichen Wohlstandsgesellschaften ist Costa Rica arm: Beim Pro-Kopf-Einkommen liegt die Schweiz auf Platz 1, Deutschland auf Platz 18, Costa Rica auf Platz 55.[155] In der World Database of Happiness, einer Datenbank, die die gesamte Glückforschung auswertet, befindet sich Costa Rica jedoch auf Platz 7 und Deutschland auf Platz 26 (für den Zeitraum 2010–2019).[156] Die Frage, die für die Studie ausgewertet wurde, lautete: „Wie sehr genießen Sie Ihr Leben als Ganzes auf einer Skala von 0 bis 10?“ (How much do people enjoy their life as a whole on a scale from 0 to 10?)

Beim Happy Planet Index stand Costa Rica 2019 sogar ganz oben! Dieser baut auf drei Indikatoren auf: Lebenserwartung bei der Geburt, Zufriedenheit mit dem eigenen Leben und ökologischer Fußabdruck (hier liegt Deutschland übrigens weit abgeschlagen auf Platz 29).[157] Klar, könnte man denken, das ist ja ein Leichtes, wenn man von wunderschöner Natur umgeben ist und das Land zwischen dem Pazifik und der Karibik liegt. Aber das tun Länder wie z.B. Guatemala auch und die Menschen dort sind längst nicht so zufrieden. Es liegt wohl an ihrer positiven Lebensphilosophie, die die Menschen in Costa Rica so zufrieden sein lässt.

Auf eine Formel gebracht heißt die costa-ricanische Lebenseinstellung *pura vida*. Übersetzt bedeutet das „das reine Leben“ oder etwas freier: das „echte“, das „pralle Leben“. Der Ausdruck wird im Alltag vielfältig benutzt: z.B. zur Begrüßung bedeutet *pura vida* „Hallo, wie geht's?“, dann wird mit *pura vida* geantwortet im Sinne von „Alles klar, danke“. Es kann auch heißen: „Ich lebe immer noch“ oder „Bleib locker“ oder „Alles super“. *Pura vida* bedeutet auch „Leben im Augenblick“, also den Moment genießen, die Zukunft ist erst morgen.

Ich bin im Zuge der Recherchen zu diesem Buch nach Costa Rica gereist, weil ich so viel Gutes über das Land gelesen hatte und es mir selbst anschauen wollte. Tatsächlich ist die Landschaft paradiesisch, aber die Häuser sehen großteils eher ärmlich aus. Die Rundreise führt mich nach Samara, einem „sanft touristischen“ Ort, in dem auch einige europäische Aussteiger:innen leben. Eines Nachmittags gehe ich zu einer Kosmetikerin, einer Französin, die schon seit zehn Jahren in Samara lebt. Wir kommen ins Gespräch und ich frage sie nach ihren Erfahrungen mit Land und Leuten. Sie erzählt mir, dass sie das Land liebe, aber Mühe damit habe, dass die Menschen hier so wenig Ehrgeiz hätten. Sie sagt: „Die sind einfach zufrieden, wenn sie über die Runden kommen. Deshalb strengen sich die meisten auch wenig an, um eine besondere Karriere zu machen oder ihr Business wachsen zu lassen."

Meine Recherchen bestätigen, was die Französin über ihren Eindruck von den Bewohner:innen Costa Ricas und ihrem Bezug zu Materiellem gesagt hat: Geld steht dort nicht so sehr im Vordergrund wie bei uns. Lebensfreude ist ein hohes Gut und diese hängt auch mit der Zeit zusammen, die man im Familien- und Freundeskreis verbringt, mit den Kindern, aber auch in der Natur und mit Musik.[158] Mit wenig zufrieden, kein zwanghafter Drang nach mehr Geld oder Erfolg – vielleicht liegt genau darin das Glücksgeheimnis der Ticos und Ticas, also der Menschen aus Costa Rica! Mariano Lojas, Professor für Sozialwissenschaften und Glücksexperte, erklärt, dass es zwei wichtige Glücksaspekte gebe, die nichts mit dem Bruttosozialprodukt zu tun haben: zwischenmenschliche Beziehungen und freie Zeit![159] Wie wichtig Herzlichkeit und Zeit mit Freund:innen und Familie ist, erwähne ich an mehreren Stellen in diesem Buch. Beides macht nicht nur glücklich, sondern hält auch gesund. Lojas erwähnt den Begriff „menschliche Armut", der nichts mit materieller Armut zu tun hat. Er steht für eine Lebensweise, bei der man keine Zeit für Kinder, Familie, Partner:innen oder Hobbys hat.

Pura vida ist auch ein Symbol für Gelassenheit, so der Costa-Rica-Kenner Roland Behrens:[160] Die Menschen verspüren Glück, weil sie entspannt sind und das Leben so nehmen, wie es kommt. *Pura vida* steht auch für große Herzlichkeit; nach relativ kurzer Bekanntschaft wird man sofort mit Kosenamen angesprochen, z.B. mit *mi vida, mi amor, mi carino* (= mein Leben, meine Liebe, mein Lieber). Auch Liebe gehört zu den Glückfaktoren, wie die folgende Geschichte zeigt:

Ich bin mit meinem Mann in Costa Rica, an einem wunderbaren, von der Zivilisation wenig berührten Ort in der Grenzregion zu Nicaragua, am Fluss San Carlos. Es ist paradiesisch schön, bunte, schillernde Vögel in allen Farben fliegen umher, Kolibris trinken Nektar aus den farbenfrohen Blüten. Wir bitten unseren Guide, mit uns per Boot flussaufwärts zu fahren und auch einmal am anderen Ufer anzulegen. Dort entdecken wir Boca San Carlos, ein winzig kleines Dorf, das ein wenig verlassen wirkt. Doch wir stoßen dort auf eine reizende kleine Bar, die zu einer Lodge gehört. Reuven Gonzalez, der junge, langhaarige Eigentümer, empfängt uns herzlich. Wir kommen mit ihm ins Gespräch, stellen fest, dass er weit gereist ist, und ich frage ihn, wie es ihn hierher verschlagen hat. Er sagt, er habe sich trotz guter Ausbildung nach einem Leben in der Natur gesehnt. Und: „Man lebt nur einmal." Hier habe er sich mit der Tapir Lodge sein kleines Paradies geschaffen. Er serviert uns einen schönen goldgelben Tee, ich nehme einen Schluck und schmecke neben Honig verschiedene Kräuter, die ich nicht zuordnen kann. Ich frage danach. Reuven zählt mir in einer Mischung aus Englisch und Spanisch die Kräuter auf (die ich sowieso nicht kenne). Und dann sagt er: „And the main ingredient is love. Love is principal ingredient for many many things in life. For everything in life!"

Neben *amor* (= Liebe) ist auch *tranquilidad* (= Ruhe) ein wichtiger Bestandteil der zu *pura vida* gehörenden Lebenseinstellung und *tranquillo* (= alles mit der Ruhe) ein häufig gebrauchter Ausdruck in dem mittelamerikanischen Land. Bleibt man ruhig und gelassen, ist gleich alles halb so schlimm, sogar in der aussichtslosesten Situation. Die Menschen dort sind überzeugt, dass sie aus jeder noch so schwierigen Situation wieder herauskommen, das ist eine tief verwurzelte Lebenseinstellung. So bleiben sie auch in Stresssituationen ruhig und gelassen. Vielleicht hilft ihnen auch der Glaube?

Die Glückexpertin Meike van den Boom hat Costa Rica auf der Suche nach den Glücksgeheimnissen besucht. In ihrem Buch beschreibt sie, dass selbst bettelarme Familien in Costa Rica glücklich wirkten, da die Gemeinschaft und Gott ihnen Rückhalt geben. Die von ihr interviewten Personen sagten Sätze, die weiser sind als vieles, was in unseren Coachingratgebern steht:

„Mit Geld kannst du nicht alles kaufen. Du kannst keine Liebe kaufen, und wenn du Liebe hast, brauchst du kein Geld."

KATJA, COSTA RICA

„Wir sind ein armes Land, aber das hält uns nicht davon ab, ein reiches Leben zu haben."

EDUARDO, COSTA RICA[161]

Wow, was für Statements! Ich bekomme Gänsehaut. Katja und Eduardo stellen nicht nur unser kapitalistisches Wirtschaftssystem infrage, sie fassen auch auf geniale Weise zusammen, was Meditationslehrer:innen, Neurowissenschaftler:innen und Glücksforscher:innen seit Langem verkünden: Es ist alles eine Frage der Perspektive! Es liegt an uns selbst, ob wir Fülle oder Mangel wahrnehmen. Wir können selbst bestimmen, worin Reichtum für uns besteht: in Kindern, Liebe, menschlicher Wärme, einer intakten Natur oder in Geld, Karriere und dicken Autos.

Gelassenheit für Fortgeschrittene: wu wei, Zen und Achtsamkeit

Wege, um glücklicher und gelassener zu werden, zeigen uns auch die asiatischen Weisheitslehren auf. Schon früh habe ich mich dafür interessiert und als Studentin zig Bücher über Taoismus, Zen und Achtsamkeit verschlungen. Da Meditation und Achtsamkeit in den letzten Jahren einen großen Boom erfahren haben und die Forschung ihre Wirksamkeit belegt hat, teile ich nun mit Ihnen noch ein paar andere kostbare asiatische Geheimnisse für ein besseres Leben.

Ein Mönch wurde gefragt: „Wie gestaltest du denn dein Leben, dass du so bist, wie du bist, so gelassen und so in dir ruhend?"

Der Mönch antwortete: „Wenn ich stehe, dann stehe ich; wenn ich gehe, dann gehe ich; wenn ich sitze, dann sitze ich; wenn ich schlafe, dann schlafe ich; wenn ich esse, dann esse ich; wenn ich trinke, dann trinke ich; wenn ich schweige, dann schweige ich; wenn ich schaue, dann schaue ich; wenn ich lese, dann lese ich; wenn ich arbeite, dann arbeite ich; wenn ich bete, dann bete ich!" Da fielen ihm die Fragesteller ins Wort: „Das tun wir doch auch. Aber was machst du noch, was ist dein Geheimnis?" Der Mönch antwortete den Fragenden dasselbe wie vorher: „Wenn ich stehe, dann stehe ich; wenn ich gehe, dann gehe ich …" usw. Da sagten die anderen: „Das wissen wir jetzt. Das tun wir alles doch auch!"

Der Mönch aber sprach zu ihnen: „Nein, eben das tut ihr nicht: Wenn ihr steht, dann lauft ihr schon; wenn ihr geht, seid ihr schon angekommen; wenn ihr sitzt, dann strebt ihr schon weiter; wenn ihr schlaft, dann seid ihr schon beim Erwachen; wenn ihr esst, dann seid ihr schon fertig; wenn ihr trinkt, dann kostet ihr nicht genug; wenn ihr sprecht, dann antwortet ihr schon auf Einwände; wenn ihr schweigt, dann seid ihr nicht gesammelt genug; wenn ihr schaut, dann vergleicht ihr alles mit allem; wenn ihr hört, überlegt ihr euch schon wieder Fragen; wenn ihr lest, wollt ihr andauernd wissen; wenn ihr arbeitet, dann sorgt ihr euch ängstlich; wenn ihr betet, dann seid ihr von Gott weit weg!"

ÜBERLIEFERTE ZEN-GESCHICHTE[162]

Diese Geschichte habe ich zum ersten Mal mit Mitte zwanzig gehört, aber erst langsam, im Laufe der Jahre, hat sie sich mir erschlossen. Damals dachte ich, das, was der Mönch sagt, habe mit Erleuchtung zu tun, und diese ließe sich sowieso erst erreichen, wenn man alt und weise ist. Heute, nach vielen Jahren Meditation und Beschäftigung mit Neurowissenschaften und Achtsamkeit, weiß ich, dass Gelassenheit viel mit dem „Ganz-im-Hier-und-Jetzt-Sein" zu tun hat, von dem der Mönch spricht. Das fällt uns verkopften, gut ausgebildeten Menschen im Westen besonders schwer. Die gute Nachricht ist: Das können wir trainieren! Die Inspiration dazu finden wir in den asiatischen Weltanschauungen, etwa dem Taoismus und Buddhismus.

Übrigens waren die ersten Hippies in Kalifornien Anhänger:innen des Taoismus, einer chinesischen Weltanschauung mit religiösen Zügen. Bald schon kamen Meditationstechniken, Körper- und Atemübungen aus Buddhismus und Yoga in den Westen. In den 1990er- und 2000er-Jahren wurde der japanische Zen-Buddhismus dann sehr populär (das Wort *zen* etwa ist inzwischen als Adjektiv fest in der französischen Sprache verankert und bedeutet dort „gelassen, entspannt"). Die Achtsamkeitspraxis, die aus dem südostasiatischen Buddhismus stammt, erfreut sich bis heute großer Beliebtheit. Diese Strömungen sind alle miteinander verwandt, da sie auf einer ähnlichen Weltanschauung basieren. Sie haben sich gegenseitig befruchtet und gestalten sich in ihrer Ausprägung dennoch verschieden. Im Taoismus findet sich die diesem Weltbild zugrundeliegende Philosophie, der Buddhismus hat diese weiterentwickelt und um meditative und spirituelle Praktiken ergänzt.

Der chinesische bzw. taoistische Vorschlag für einen gelassenen Alltag heißt *wu wei* (chin. 無為 / 无为, Pinyin *wúwéi*). Dies ist ein Schlüsselbegriff im Taoismus; er bedeutet „Nichthandeln“ oder „Nichtstun“ oder „ohne Anstrengung tun“. Darin steckt jedoch nicht der Appell, faul oder apathisch zu sein, sondern die Aufforderung, das Leben so zu nehmen, wie es kommt, also eine gelassene Akzeptanz den Ereignissen des Lebens gegenüber zu entwickeln. *Wu wei* beschreibt einen Zustand der Harmonie und der freien Spontaneität. Dabei ist der Geist gelassen. Im zentralen Text des Taoismus (*Tao* = der Weg), dem „Tao Te King“, heißt es: „Der Weg handelt nie, und doch bleibt nichts unerledigt.“

Es geht darum, in Frieden und im gegenwärtigen Augenblick zu sein, während man sich mit den alltäglichen Aufgaben beschäftigt. In anderen Worten: eins zu sein mit dem, was wir tun, in einem Zustand tiefer Konzentration und des Flusses. Ein Leben in *wu wei* lässt uns mit dem Fluss des Lebens schwimmen. Wir sollen sein wie der Bambus, der sich im Wind biegt, oder wie die Pflanze, die sich der Form eines Baumes anpasst. *Wu wei* bedeutet auch, die eigenen fixen Vorstellungen loszulassen, und lädt uns stattdessen ein, auf die wahren Erfordernisse der jeweiligen Situation zu reagieren. Diese nehmen wir in der Regel nur dann wahr, wenn wir unsere eigenen, vom Ego getriebenen Pläne beiseiteschieben. „Echt und dauernd im Geiste in der Gegenwart verweilen, die Geschehnisse beobachten, wahrnehmen, ohne zu analysieren“, ist ein wichtiger Schritt auf dem Weg zur Verwirklichung des Tao, schrieb Theo Fischer vor 30 Jahren in seinem Dauerbestseller zum Thema „Wu Wei – die Lebenskunst des Tao“. Dieselbe Anleitung für einen gelassenen, freien Geist findet sich auch in der Zen- und Achtsamkeitsliteratur.

Die Gegenwart erfahren

Ich habe sicherlich einen Meter Bücher zu diesem Thema. Letztlich geht es in all diesen Lehren und Praktiken darum, einen freieren, gelasseneren Geist zu bekommen. Die immer wieder geäußerte Empfehlung lautet: Schulen Sie Ihren Geist dahingehend, mehr und mehr die Gegenwart wahrzunehmen. Nutzen Sie alle Sinne dafür.

Lauschen Sie, spüren Sie, schmecken Sie! Und genießen Sie es, sofern möglich! Und wenn das Außen gerade nicht erfreulich ist, dann ist es oft eine gute Idee, das einfach mal so sein zu lassen. Ohne es ändern zu wollen oder es zu bewerten.

In der Gegenwart zu sein, ist das allerbeste Gegenmittel gegen Stress! Und wenn der Stress doch kommt, dann ist es eine gute Idee, innezuhalten und zu fragen: „Was wäre jetzt der Sache oder den Beteiligten dienlich?" (Etwas schöner im Englischen: „What would be of service now?")

Im *wu wei*, im Zen und in der Achtsamkeitspraxis geht es darum, den Geist von einschränkenden Gedanken zu befreien und zu lernen, das Leben, den Augenblick zu genießen. Zu erkennen, dass etwa Zukunftssorgen völlig unsinnig sind, da wir niemals wissen, was kommen wird. Das Leben so anzunehmen, wie es ist, den gegenwärtigen Moment wahrzunehmen und sich selbst nicht immer als Zentrum des Universums anzusehen. Und auch etwas mehr Vertrauen in das Universum, das Tao, das Leben oder Gott zu haben (wählen Sie gerne den Begriff, der Ihnen am besten entspricht).

Übrigens, die Achtsamkeitspraxis, so wie sie heute im Westen gelehrt wird, kommt aus einer bestimmten buddhistischen Strömung, dem *Theravada*, die vor allem in Südostasien verbreitet ist. Neben der Ausrichtung auf ein achtsames Wahrnehmen der Gegenwart gibt es dort noch eine weitere Komponente, die für viele westliche Menschen eine große Bereicherung ist, wenn sie diese entdecken: die *metta*-Meditation, die ich bereits in Kapitel 2 vorgestellt habe. Sie hilft, Liebe und Güte zu kultivieren und in den Alltag zu integrieren. Damit schließt sich der Kreis, etwa zur Lebensweisheit der Menschen in Costa Rica, die sagen: „Liebe und Gemeinschaft sind mit das Wichtigste im Leben."

Das war jetzt ein ganz schöner Ritt von Skandinavien über Costa Rica ins alte China und andere asiatische Länder. Wir haben gesehen, dass sowohl Kerzenlicht und Behaglichkeit als auch Waldspaziergänge, Genügsamkeit, Liebe sowie das Kultivieren von Gelassenheit oder Achtsamkeit uns glücklich und zufrieden stimmen können. Letztlich liegt es an Ihnen, zu entscheiden, was Sie gerne ausprobieren möchten. Vielleicht von allem ein bisschen?

Kurz gesagt

Die Menschen hierzulande wirken oft gestresst, und etwas mehr Gelassenheit würde uns vermutlich guttun. Auslöser für Stress gibt es viele: den hohen Anspruch, Zeitpläne stets einzuhalten, generell das Festhalten an Plänen, Leistungsdenken und zu vielen Freizeitaktivitäten. Inspirationen aus Skandinavien laden uns zu einer besseren Balance zwischen (zu viel) Planung und Muße ein und ermutigen uns, öfters die Seele baumeln zu lassen, egal ob zu Hause in schönem Ambiente oder draußen in der Natur. Das Beispiel Costa Rica zeigt uns, dass es nicht allzu viel zum alltäglichen Glück braucht: die Wertschätzung dessen, was man hat, und das „echte Leben", also Familie, Freundeskreis und Liebe. Asiatische Lehren vermitteln uns, wie wir besser im Fluss des Lebens mitschwimmen können und widerstandslos, wie ein Bambus im Wind, den Augenblick genießen.

Gesundheit ist nicht alles, aber ohne Gesundheit ist alles nichts.

ARTHUR SCHOPENHAUER

Kapitel 7: Gesundheit und Alter – die Rezepte der fitten Hundertjährigen

Gesundheit ist eine der Grundvoraussetzungen für Glück, Erfolg und Lebensfreude. Die Pandemie hat uns daran erinnert, wie wichtig Gesundheit ist – und vielleicht auch daran, dass sie wichtiger ist als Geld, Erfolg, Aussehen und ein hoher Lebensstandard. Die gute Nachricht lautet: Wir haben in Deutschland eines der besten Gesundheitssysteme der Welt. Im Vergleich zu anderen Ländern ist unsere Lebenserwartung sehr hoch und der Zugang der Bevölkerung zu medizinischer Versorgung ist, wie sich auch in der Pandemie gezeigt hat, gewährleistet. Eine weitere gute Nachricht: Laut der aktuellsten OECD-Health-Studie hat sich der Gesundheitszustand der deutschen Bevölkerung in den letzten 20 Jahren verbessert.[163]

Aber Zahlen und Statistiken belegen auch, dass sich eine erstaunlich große Anzahl der Deutschen nicht wirklich gesund fühlt. Woran liegt das? Wohl an der Art, wie wir leben. Wir essen zu viel und zu ungesund, bewegen uns zu wenig, arbeiten zu viel und ignorieren zu oft unsere wahren Bedürfnisse. Sie erinnern sich sicher: Wie wir an verschiedenen Stellen gesehen haben, sind wir nicht besonders glücklich und die Arbeit bereitet vielen von uns mehr Frust als Lust.

In den letzten Jahren ist wertvolles Alltagswissen über Ernährung verloren gegangen, wir haben uns mehr und mehr von natürlicher Nahrung entfremdet. Wir essen oft in Plastik oder Alu verpacktes, ziemlich unnatürlich hergestelltes und bearbeitetes Essen. Die meisten von uns bewegen sich vermutlich (wie auch ich) zu wenig. Zu einem guten Leben gehören, wie wir bereits gesehen haben, auch Gefühle der Sinnhaftigkeit und der Verbundenheit zu anderen. Dass all dies wichtig und förderlich ist für die Gesundheit, wird dieses Kapitel zeigen. Lassen Sie uns auf Erkundungstour gehen und schauen, was andere Kulturen tun, um gesund zu sein und zu bleiben.

Unser Gesundheitssystem: Warum Geld nicht alles ist

Immer mehr Menschen werden sehr alt, die Lebenserwartung liegt in Deutschland mit 81,1 Jahren über dem EU-Durchschnitt, und vergleicht man die Zahlen weltweit, so werden wir rund acht Jahre älter als der Rest der Welt.[164] Ein heute in Deutschland geborenes männliches Kind wird im Durchschnitt 78,6 Jahre alt, und die Frauen erreichen im Schnitt ein Alter von 83,4 Jahren.

Doch das Ganze hat seinen Preis: Die Ausgaben für Gesundheit sind in Deutschland gemessen am Bruttoinlandsprodukt die höchsten in Europa. Die Zahlen sind beeindruckend – im Jahr 2019 gab Deutschland 4.505 Euro pro Kopf für die Gesundheitsversorgung aus, das sind 1000 Euro mehr als im EU-Schnitt![165] Nicht, dass Sie mich falsch verstehen, ich schreibe das mit großer Wertschätzung und bin froh darüber, wie gut versorgt wir sind. Das ist keinesfalls selbstverständlich. Ist Ihnen bewusst, dass in vielen Ländern der Welt – und auch Europas – die Menschen weitaus mehr medizinische Leistungen aus dem eigenen Portemonnaie bezahlen müssen als bei uns? Vermutlich haben Sie auch mitbekommen, wie schwer es für US-Präsident Obama gewesen ist, eine Basiskrankenversicherung für alle in den Vereinigten Staaten einzuführen. „Obamacare“ war ein historischer Kraftakt, der 31 Millionen US-Bürger:innen Zugang zu einer Krankenversicherung ermöglicht hat. Seinem Nachfolger Trump gelang es glücklicherweise nicht, dies rückgängig zu machen.

In den meisten Ländern der Welt ist medizinische Versorgung bei Weitem nicht so leicht zugänglich wie bei uns. Doch bedeutet das auch, dass wir gesünder sind als die anderen? Leider nicht. Und das ist der Knackpunkt bzw. der Grund, weshalb ich diesem Thema ein Kapitel widme.

Ich glaube, uns ist in den letzten Jahren sehr aus dem Blick geraten, was eine gesunde Lebensweise ausmacht. Ich selbst bin eher mit Fertiggerichten als mit frisch zubereiteten Speisen aufgewachsen und eignete mir erst in meinen Zwanzigern wertvolles Wissen über gesunde Ernährung an.

Es war ein großes Glück, dass ich während meines Studiums mit Gerhard, einem Medizinstudenten, zusammen war, der mir die Welt der Naturheilkunde ein Stück weit erschlossen hat. Er interessierte sich für asiatische Heilmethoden und nahm mich mit auf eine Studienreise nach Indien. Dort entdeckte ich, dass Nahrungsmittel als „kalt" und „heiß", als Yin und Yang klassifiziert wurden. Darüber hinaus wurden sie verschiedenen Elementen zugeordnet und eingesetzt, um Dysbalancen wie „zu viel Feuer" oder „zu viel Feuchtigkeit" im Körper auszugleichen. Heute ist dieses Wissen dank Yoga, Ayurveda und chinesischer Medizin viel verbreiteter im Westen als damals in den Neunzigern. Für jemanden wie mich, die nur Nahrungsmittelbestandteile wie Fett, Proteine, Kohlehydrate kannte, war das ein erstaunlicher Perspektivwechsel. Und das ist „altes Wissen". Noch heute wende ich dieses Wissen bei der Auswahl meiner Nahrung an und wenn ich doch einmal krank bin, dann koche ich mir z. B. eine kräftigende und nährende Fünf-Elemente-Kraftsuppe.

Doch zuerst noch ein paar Fakten über den Gesundheitszustand der Nation. Viele Menschen werden alt, ohne bei guter Gesundheit zu sein. Im Alter werden sie früher oder später pflegebedürftig und kommen oft in Heime, da die Angehörigen keine Möglichkeiten sehen, sie bei sich aufzunehmen und zu pflegen. 2017 waren in Deutschland 4,1 Prozent der Bevölkerung pflegebedürftig.[166] Darüber hinaus leidet ein großer Teil der Menschen an sogenannten Zivilisationskrankheiten, d. h. Erkrankungen, die auf eine ungesunde Lebensweise zurückzuführen sind. Da stellt sich die Frage: Ist es erstrebenswert, bei schlechter Gesundheit alt zu werden? Nein, natürlich nicht! Zwar kann man mit Geld Leben erhalten und auch Krankheiten heilen. Doch könnten wir von den Regionen, in denen viele Menschen gesund und fit bis ins sehr hohe Alter leben, einiges lernen. Um eines vorwegzunehmen: Das Zwischenmenschliche kommt in unserem Gesundheits- bzw. Pflegesystem oft viel zu kurz. So sagte der Deutsche Andreas Schneider, der in Spanien ein Pflegepraktikum machte:

„In Deutschland geht sehr viel Zeit für die Dokumentation drauf, gleichzeitig bleibt dann weniger Zeit für den Bewohner. In Spanien steht der Mensch mehr im Mittelpunkt, man beschäftigt sich sehr viel mit den Bewohnern. Der ganze Umgang ist irgendwie ruhiger und entspannter."[167]

Ja, um die Menschlichkeit steht es in unserem Gesundheitssystem wahrlich nicht allzu gut. Gerade ältere Menschen sind oft einsam und wir haben in Kapitel 2 schon gesehen, wie wichtig die zwischenmenschlichen Beziehungen für ein glückliches, gesundes Leben sind. Trotz des teuren Gesundheitssystems hapert es an dieser Stelle. Davon zeugt auch folgendes Erlebnis:

Mein schwacher Punkt ist mangelnde Bewegung. Viel zu viel sitze ich am Schreibtisch. Ab und zu muss ich eine orthopädische Praxis aufsuchen, so auch letzte Woche. Das Buchschreiben forderte seinen Tribut ;-) Diesmal hatte ich gleich zwei Probleme: eine Blockade in der Wirbelsäule und recht häufig Schmerzen im rechten Knie. Aus dem zweiten Grund hatte ich bereits vor Wochen einen Termin mit dem Arzt vereinbart. Da die Sache mit der Wirbelsäule aber akuter war, berichtete ich dem Arzt zunächst davon. Er schaute sich den Rücken an und wollte mir Schmerzmittel verschreiben. Sonst nichts (na toll – dafür hätte ich nicht zum Arzt gemusst). Dann bat ich ihn, sich das Knie anzusehen. Er lehnte ab. Er könne nur eine Sache anschauen, zwei gingen nicht, dafür habe er keine Zeit. Ich müsse wiederkommen. In diesem Moment wurde mir die Unmenschlichkeit unseres Gesundheitssystems wieder einmal deutlich bewusst. Ziemlich frustriert darüber verließ ich die Praxis.

Ein Drittel der Deutschen ist nicht gesund

Nur zwei Drittel der deutschen Bevölkerung stuften im Jahr 2019 ihren Gesundheitszustand als gut ein. Dies ist weniger als in den meisten westeuropäischen Ländern, es reicht nur für Platz 20. Und das in einem der „weltbesten" Gesundheitssysteme![168] Auch ein Blick in verschiedene Gesundheitsberichte zeigt, dass wir Deutschen kollektiv gesehen sowohl bei der körperlichen als auch bei der psychischen Gesundheit nicht besonders gut abschneiden. So sind in den letzten

Jahren Alkohol- und Drogenkonsum genauso gestiegen wie die Anzahl psychisch bedingter Krankschreibungen und Frühberentungen. Über 10 Prozent der Bevölkerung sind von Depressionen betroffen, darüber hinaus leiden immer mehr Menschen an Essstörungen oder psychotischen bzw. posttraumatischen Belastungsstörungen. Ein alarmierend großer Teil der Bevölkerung kämpft gegen Angststörungen.[169]

Rund ein Fünftel der Kinder und Jugendlichen gehören zur Risikogruppe der psychisch gefährdeten Personen.[170] Deutschland rangiert in Bezug auf das Wohlbefinden von Kindern nur im oberen Mittelfeld auf Platz 14 von 41 Ländern. Aktuelle Studien belegen, dass die Jugendlichen von heute stärker als jede andere Generation vor ihr unter Schlafstörungen, Kopfschmerzen, depressiven Symptomen oder Depressionen leiden. Die Zahlen zeigen auch, dass die Covid-19-Pandemie dieses Problem verstärkt hat. Ich weiß nicht, wie es Ihnen geht, wenn Sie das lesen, ich persönlich finde das alles sehr beunruhigend.[171]

Dem Thema Gesundheit kann man sich auf unterschiedliche Art und Weise annähern. Oft wird zwischen körperlicher und seelischer Gesundheit unterschieden, andere sehen das wiederum ganzheitlich. Die einen empfehlen Sport, die anderen Meditation, gesunde Ernährung oder positives Denken. Das ist nicht neu, denn bereits die alten Philosophen empfahlen die unterschiedlichsten Methoden, die der Gesunderhaltung (sie nannten es Selbstsorge) dienen sollten. Dazu gehörten z.B. Körpertraining, philosophische Reflexion, Meditation, Lektüre sowie die kritische Beschäftigung mit eigenen Wahrheiten. Letzteres nennt man heutzutage „Mindset-Arbeit". Ich bin überzeugt davon, dass Gesundheit, Lebensweise und geistige Verfasstheit zusammenhängen. Wir sind komplexe, ganzheitliche Wesen, und die Forschung hat inzwischen nachgewiesen, dass die Art und Weise, wie wir denken, genauso großen Einfluss auf unsere Gesundheit und unser Wohlbefinden haben kann wie unser Lebenswandel insgesamt.

Manche Kulturen sind dafür bekannt, dass dort besonders viele Menschen einigermaßen glücklich und gesund alt werden. Was machen sie richtig? Werfen wir zunächst einen kurzen Blick in die Wissenschaft, um zu verstehen, was Gesundheit ist und welche Faktoren dazu beitragen können.

Was ist Gesundheit? Das sagt die Wissenschaft

„Gesundheit ist ein Zustand des vollständigen körperlichen, geistigen und sozialen Wohlergehens und nicht nur das Fehlen von Krankheit oder Gebrechen." (WHO 1986)

„Psychische Gesundheit ist ein Zustand des Wohlbefindens, in dem eine Person ihre Fähigkeiten ausschöpfen, die normalen Lebensbelastungen bewältigen, produktiv arbeiten und einen Beitrag zu ihrer Gemeinschaft leisten kann." (WHO 2019)

Bei den Recherchen zu diesem Buch bin ich auf viele inspirierende Life-Hacks gestoßen, die gut für unser Wohlbefinden und die Gesundheit sind. Ich habe sie peu à peu in die einzelnen Kapitel des Buches eingeflochten. In diesem Kapitel interessiert mich, welche Geheimrezepte die Menschen dort haben, wo man besonders lange ziemlich gesund und rüstig lebt. Diese Regionen nennt man auch die „blauen Zonen". Für ihre Langlebigkeit weltberühmt geworden sind die Menschen in Okinawa (Japan), in Sardinien (Italien), Nicoya (Costa Rica), Ikaria (Griechenland) und die Siebenten-Tags-Adventist:innen in Loma Linda, Kalifornien (USA). Zonen der Langlebigkeit gibt es auch in den Gebirgstälern des Kaukasus und in Pakistan. Dort lässt sich das wahre Alter der Menschen jedoch nicht exakt bestimmen, da es nicht aufgezeichnet wurde. Ich habe zwei dieser Regionen, die am besten erforscht sind, genauer unter die Lupe genommen.

Sardinien – bergauf, bergab bei gesunder Ernährung

Im Osten Sardiniens gibt es eine Region, in der besonders viele Menschen 100 Jahre oder älter werden. Dazu gehört das Dorf Villagrande Strisaili, das sich an einen Hang in 700 Meter Höhe über dem Tyrrhenischen Meer schmiegt. Das Magazin „Der Spiegel" berichtete 2017 von sechs noch lebenden Hundertjährigen, die in Villagrande Strisaili geboren wurden, für eine 3300-Seelen-Gemeinde ein wirklich hoher Wert.[172]

Gianni Pes, ein einheimischer Arzt und Altersforscher, studierte zusammen mit Kolleg:innen die Menschen dort und in den umliegenden

Dörfern, um das Geheimnis der Langlebigkeit zu lüften. Er machte mit ihnen die typischen Tests, um das biologische Alter festzustellen: Die meisten Greise konnten ihm auf seine Fragen mühelos antworten; nur 10 Prozent der Hundertjährigen litten unter Altersdemenz. Er maß ihren Bauchumfang und den Blutdruck, überprüfte ihr Gehör und Sehvermögen. Auch bat er sie, gymnastische Übungen zu machen, z.B. sollten sie zehn Sekunden mit geschlossenen Augen stehen oder vier Meter auf einem am Boden liegenden Maßband balancieren, und sie sollten fünfmal aus einem Stuhl aufstehen. Die alten Menschen schnitten erstaunlich gut ab. Laut dem Magazin „Experimental Gerontology" gab es dort auch weniger Herz- und Krebserkrankungen.[173]

Die Forscher:innen befragten die betagten Menschen dazu, wie sie gelebt hätten. Diese berichteten, dass sie ihr Leben lang physisch gearbeitet und sich viel bewegt hätten, sie sind stets viel gegangen, bergauf wie bergab. Das ersetzt sicherlich ein Fitness-Studio und hält das Herz-Kreislauf-System auf Trab. Viele von ihnen hatten seit frühester Jugend als Viehhüter:innen oder Bäuer:innen gearbeitet. Sicherlich gab es in diesen Bergdörfern auch nicht allzu viel Stress.

Die Forscher:innen interessierten sich besonders für die Ernährung der alten Menschen. Diese nahmen ihr Leben lang frische Nahrung zu sich, selbst gezogenes Obst und Gemüse und Sauerteigbrot mit Käse. Die wenigsten hatten je geraucht, man trank wenig Alkohol und aß in Maßen. Auch Zucker gab es selten, als Süßungsmittel wurde Honig verwendet. Zum Nachtisch gab es Früchte. Laut Altersforscher Pes trägt vermutlich der regelmäßige Verzehr des einheimischen Ziegenfrischkäses zur Gesundheit im Alter bei, denn dieser enthält viel Kalzium, Phosphor und Zink. Fleisch war früher teuer und wurde selten gegessen.

„La famiglia" hält jung

Interessent ist auch, dass es in dieser Region keine Altersheime gibt. Die alten Frauen und Männer leben bis zu ihrem Tod im Kreise der Familie und werden von der Dorfgemeinschaft respektvoll behandelt. „La famiglia" nimmt bei den sardischen Hundertjährigen den höchsten Stellenwert ein. Alt und Jung treffen sich regelmäßig, und alle haben eine enge Bindung zueinander.

Seit vielen Jahren besuche ich regelmäßig ein befreundetes Paar in Italien, Patty und Giù. Sie haben einen sehr engen Kontakt mit den Älteren in der Familie. Jedes Mal, wenn ich dort bin, werde ich (bzw. manchmal mein Mann und ich) mit zur Mamma genommen, die sofort anfängt, für uns Plätzchen zu backen oder Nudeln von Hand zu machen. Sonntags schließen wir uns dann dem Familientreffen an. Besonders rührend finde ich, dass auch die seit ihrer Kindheit geistig beeinträchtigte Tante Anna jede Woche aus ihrem Heim abgeholt und in den Familiensonntag integriert wird. Ich finde diesen Familiensinn, den ich dort erlebe, immer ganz besonders.

Wir haben schon im Kapitel 2 gesehen, wie wichtig das Zugehörigkeitsgefühl für das menschliche Wohlbefinden ist. Eine Studie der Uni Zürich und der Medical School of Adelaide von 2018 untersuchte Patient:innen und ihr familiäres Umfeld in 178 Ländern. Es zeigte sich, dass beide Geschlechter stark von Familienbindungen profitieren, denn eine stabile soziale Umgebung stärkt das Immunsystem sowie die allgemeine Krankheitsresistenz.[174] Je mehr Kinder da sind bzw. je intensiver das Familienleben ist, desto weniger wahrscheinlich sind einige Tumorarten und andere Krankheitserscheinungen. Interessanterweise ernähren sich Menschen in der Großfamilie auch gesünder.

La famiglia (© Katharina Neubert)

Francesca stammt aus Sizilien und ist es gewohnt, relativ spät (meist gegen 21 Uhr) mit ihrer Familie zu Abend zu essen. Dabei handelt es sich um mehrere Gänge, die sorgfältig vorbereitet werden. Von der Vorspeise bis zum Nachtisch ist alles dabei. Zum Essen werden Wein und Wasser gereicht. Als sie bei einer deutschen Freundin übernachtete, war sie schockiert, dass die Familie weder gemeinsam zu Abend aß, noch dass es eine warme Mahlzeit gab. Als sie ihre Freundin fragte, ob es sich um eine Ausnahme handelte, erfuhr sie, dass es bei ihnen jeden Abend so ablief. Francesca hatte den Eindruck, dass die Familie zu faul wäre, das Essen vorzubereiten, und deshalb nur einen Apfel oder Joghurt zu sich nahm.[175]

Nun ist das Abendessen dieser Familie in Form von Joghurt und Apfel ja nicht unbedingt ungesund. Und wenn es mit Genuss gegessen wird, schon gar nicht. Was aber fehlt, ist das soziale Miteinander, das Abendessen als „Event", bei dem man miteinander Zeit verbringt, sich austauscht und einander zuhört.

Die Geheimnisse der Alten von Okinawa

Japan hat nach wie vor die weltweit höchste Lebenserwartung. 2019 lebten dort rund 70.000 Menschen, die 100 Jahre alt waren oder älter.[176] Lange Zeit glaubte die Wissenschaft, dass die Gene bis zu 30 Prozent für die individuelle Lebenserwartung entscheidend sind. Doch eine im Jahr 2018 in der Fachzeitschrift „Genetics" veröffentlichte Studie hat den Gen-Mythos widerlegt:[177] Dafür wurde ein Datensatz von 400 Millionen Menschen analysiert. Die Forscher:innen kamen zu dem Schluss, dass der direkte Einfluss der Gene auf die Lebensdauer nur bei 7 Prozent liegt. Viel wichtigere Einflussfaktoren sind aus ihrer Sicht der Lebensstil und die Umweltbedingungen. Das ist eine gute Nachricht, denn das bedeutet, dass wir unsere Lebenserwartung positiv beeinflussen können! Und dabei können wir uns von den gesunden Alten und ihrer Lebensweise inspirieren lassen.

Besonders gut erforscht ist die Lebensweise der Menschen auf Okinawa. Die Okinawa Centenarian Study, die von Makoto Suzuki an der Universität von Okinawa durchgeführt wurde, lief über 25 Jahre. Die Ergebnisse zeigen, dass die Menschen auf Okinawa generell länger leben und viel später typische Alterserkrankungen bekommen als der Durchschnitt. Auch die klassischen Zivilisationskrankheiten wie z. B. Diabetes, Herz-Kreislauf-Erkrankungen oder Krebs treten dort deutlich seltener auf. Eine weitere spannende Erkenntnis war, dass der Lebensstil und vor allem die Ernährung den Gesundheitszustand und die Lebensdauer mehr beeinflussen als die genetischen Dispositionen.[178]

Laut den Wissenschaftler:innen von der Okinawa International University ist die traditionelle Okinawa-Küche einer der Schlüssel zum langen, gesunden Leben der Inselbewohner:innen. Ihre Merkmale: Sie ist kalorienarm und gleichzeitig reich an Antioxidantien und gesunden Kohlenhydraten.[179]

Auch Bewegung bzw. Sport spielen in Japan eine wichtige Rolle. Dort gilt es als ideal, sich bis ins hohe Alter körperlich zu betätigen. Wissenschaftler:innen der University of Tsukuba haben im Jahr 2019 analysiert, inwiefern sich dieser Aspekt auf die Lebenserwartung auswirken könnte. Dabei wurden Menschen mittleren Alters in ganz Japan gefragt, in welchem Umfang sie sich sportlich betätigten. Das Ergebnis ist nicht überraschend: Je mehr Sport die Menschen einer Region trieben, desto höher war dort die Lebenserwartung. Interessanterweise wurden die besten Ergebnisse erzielt, wenn die sportliche Betätigung im Freundes- oder Familienkreis stattfand.[180]

Generell spielt die Familie in Japan – wie in Sardinien – eine sehr wichtige Rolle. Viele alte Menschen verbringen ihre letzten Lebensjahre nicht im Altersheim, sondern im Familienkreis. Eine an der University of Alabama at Birmingham durchgeführte Studie zeigt, dass die Lebenserwartung in Japan nicht durch den sozioökonomischen Status steigt, sondern durch die soziale Unterstützung durch Familie und Freundeskreis.[181]

Und hier kommt noch einmal *ikigai*, also der „Sinn, der das Leben lebenswert macht", den Sie schon aus Kapitel 5 kennen, ins Spiel: Die Ōsaki-Studie, bei der über 50.000 Japaner:innen in einem Zeitraum von sieben Jahren befragt wurden, suchte einen Zusammenhang zwischen Lebenssinn und Sterblichkeit. Die Menschen, die über kein *ikigai* verfügen, sind schlechter sozial eingebunden und weniger erfolgreich als diejenigen mit *ikigai*. Sie sind auch weniger gesund und sterben im Schnitt früher. Die Schlussfolgerung ist, dass *ikigai*, also ein sinnhaftes Leben, Durchhaltevermögen zum Weitermachen verleiht.[182]

In Bewegung bleiben

Schauen wir uns den traditionellen Lebensstil der Menschen aus Okinawa etwas genauer an:[183] Der Tag ist geprägt durch einen beständigen Rhythmus von Arbeit, Erholung und gemeinsamem Zeitvertreib. So etwas wie Ruhestand gibt es in der traditionellen Lebensweise nicht, die ursprüngliche Sprache der Inselbewohner:innen kennt auch kein eigenes Wort dafür. Selbst Hundertjährige bepflanzen ihren Garten noch selbst oder arbeiten in kleinen Läden oder an Marktständen. In der Regel werden Arbeit und Leben nicht voneinander getrennt betrachtet, und ein Leben in Aktivität ist selbstverständlich.

Auch im hohen Alter bewegen sich die Menschen noch regelmäßig, sie nehmen an Volkstänzen und Ballspielen teil und beherrschen meist Grundlagen des Kampfsports Karate. Beliebt sind auch Variationen von Karate mit langsamen Bewegungen, die dem hier im Westen bekannten Tai Chi und Qi Gong gleichen. Das Besondere an diesen asiatischen Sport- bzw. Bewegungsarten ist, dass zumeist zwei Bereiche trainiert werden: ein äußerlicher, physischer (*omote* = außen) und ein innerlicher, mentaler (*okuden* = innen). So beschreibt *omote* die Technik, und bei *okuden* geht es um das Unsichtbare, also die geistige Haltung und den Energiefluss. Regelmäßige Praxis verhilft zu einer sehr guten Körperwahrnehmung und man lernt, den eigenen Energiefluss zu steuern, was der Gesundheit sicherlich sehr zuträglich ist.

Natürlich trägt das Gehen an frischer Luft, das die Menschen in Okinawa von Kindesbeinen an ausgiebig praktizieren, zur körperlichen Fitness bei. Sie wissen auch, dass ausreichend Schlaf gesundheitsfördernd ist, und gönnen sich in der Regel ein Mittagsschläfchen. Gut für die Gesundheit ist darüber hinaus eine gelassene, offene Haltung, die auch aus japanischer Sicht die Kultur auf Okinawa besonders auszeichnet. Die Uhren dort ticken wohl etwas langsamer als im restlichen Japan – aber dafür leben die Menschen auch länger und es sterben weniger an Herzinfarkt!

Die Alten im Kreis ihrer Lieben

Die Recherchen zu diesem Buch zeigten mir immer wieder, wie wichtig soziale Beziehungen sind: Sie stiften Sinn im Leben und machen die meisten Menschen froh und gesund. Die Menschen auf Okinawa werden im Kreis ihrer Familie alt, und die Alten bilden das natürliche Zentrum der Familie. Ein Grund dafür liegt sicherlich darin, dass in der religiösen Tradition Okinawas die Ahnen sehr verehrt werden. Man feiert die Geburtstage im Kreis der Großfamilie, und je älter jemand wird, desto größer ist die Feier, die traditionell je nach Alter mit besonderen Ritualen und Speisen begangen wird. Ist es nicht herzerwärmend, wenn eine 102-jährige Frau sagt, ihr *ikigai* bestehe darin, ihre Ururenkelin im Arm zu halten, das sei für sie „wie ein Sprung in den Himmel"?[184]

Auf Okinawa pflegen die Menschen *yuimaru*, wieder so ein schönes Wort, das das Gefühl der Verbundenheit mit den Mitmenschen zum Ausdruck bringt. Studien belegen, dass enge soziale Netze dort wichtig und gesundheitsfördernd sind. Die Menschen organisieren sich in so genannten *moai*, das sind kleine Gruppen aus Menschen aus der Nachbarschaft, ehemalige Schulfreund:innen oder Kolleg:innen, die bis ins hohe Alter gemeinsam etwas unternehmen. Oft treffen diese Gruppen sich über Jahrzehnte hinweg.

Was ist nun das Geheimnis der viel gepriesenen Okinawa-Küche? Sie unterscheidet sich von der Kost auf dem japanischen Festland vor allem dadurch, dass weniger tierische Produkte und kaum Weißmehl verzehrt werden. Grundsätzlich ist die japanische Ernährungsweise der mediterranen recht ähnlich – dennoch leben die Menschen in Japan insgesamt deutlich länger als diejenigen in den durchschnittlichen Mittelmeeranrainerstaaten. Vermutlich gibt es also doch besondere Geheimrezepte für die Langlebigkeit in Japan!

Kusuimun und hara hachi-bu

Das Schlüsselwort für die Ernährung auf Okinawa ist *kusuimun*, es steht für gutes Essen und „gut" bedeutet gleichzeitig „gesund und heilsam". Nahrungsmittel waren auf der Insel traditionell nicht im Überfluss vorhanden, die Menschen mussten hart arbeiten, um genug

Nahrung zu erzeugen. So ist das Essen traditionell nie zu üppig, und die Menschen sind dankbar für das, was die Natur hervorbringt. Berühmt geworden ist die „80-Prozent-Regel“ (jap. *hara hachi-bu*).

Hara hachi-bu
Den Magen nur zu 80 Prozent füllen: Diese Regel lässt sich am besten befolgen, wenn man langsam und bedächtig isst, da das Sättigungssignal des Magens erst nach rund 20 Minuten im Gehirn ankommt. Ich denke, wenn man nur diese Regel der weisen alten Okinawas befolgt, kann das schon sehr positive Auswirkungen auf Gesundheit und Figur haben.

Essen soll nach Auffassung der Menschen aus Okinawa vielfältig sein, den Körper erhalten und ihn vor Krankheiten schützen. Es sollte die Kraft der Erde und des Meeres enthalten. Die Speisen sind in der Regel kalorienarm; Fett kommt nur in kleinen Portionen auf den Tisch. Das heißt auch, dass die verwendeten Lebensmittel über eine geringe Kaloriendichte verfügen, was praktisch für alle Obst- und Gemüsesorten, fettarme Milch, Fisch und Fleischprodukte, Tofu, Reis, Nudeln und Kartoffeln gilt. Ein weiteres hervorstechendes Merkmal der Küche Okinawas ist die Vielfalt der Zutaten. Die Forschung hat festgestellt, dass sie sehr viele Vitamine und Mineralien erhält. Die Menschen kennen die Heilwirkung von Gemüse, Kräutern und Gewürzen und nutzen diese aktiv.

Die abwechslungsreiche und ausgewogene Ernährung ist, das bestätigen Studien, einer der Hauptgründe dafür, dass die alten Menschen auf Okinawa so widerstandsfähig gegen viele Erkrankungen sind. Im Durchschnitt nehmen die Menschen dort rund 20 verschiedenen Nahrungsmittel pro Tag zu sich, davon sind rund drei Viertel pflanzlich. Das Essen wird saisonal variiert, man isst, was die Natur gerade hervorbringt. Die Speisen werden in kleinen Portionen gereicht, sodass jede:r das auswählen kann, worauf sie oder er gerade Appetit hat. Es wird darauf geachtet, dass immer verschiedene Geschmacksrichtungen dargeboten werden, was sich positiv auf die Verdauung auswirkt.

In der Praxis sieht das so aus, dass eine Mahlzeit wenig, aber gesundes Fett enthält, viele hochwertige Proteine, die vor allem aus pflanzlichen Quellen stammen (etwa Tofu), und neben Gemüse und als

Beilagen Süßkartoffeln und Reis wird typischerweise etwas Fisch und manchmal etwas Fleisch gereicht. Die Faustregel: 75 Prozent sind pflanzlichen Ursprungs, tierische Proteine wie Fisch, Fleisch, Eier und Milchprodukte sollten maximal 15 Prozent der Ernährung ausmachen, und tendenziell sollte man lieber Fisch als Fleisch servieren. Fisch ist besonders gesund aufgrund der Omega-3-Fettsäuren. Folgt man den Empfehlungen der Einwohner:innen Okinawas, so wäre dreimal pro Woche Fisch in kleineren Mengen günstig. Auch enthält die Okinawa-Küche wenig Zucker und Salz, was das Risiko für Herz-Kreislauf-Erkrankungen, Krebs und andere chronische Krankheiten verringert.

Super-Food-Impulse für Ihren Speiseplan

Bestimmte Lebensmittel, die typisch sind für die südjapanische Insel, wurden auf ihre Anti-Aging-Wirkung hin gut erforscht. Ich werde Ihnen ein paar dieser Produkte vorstellen, für den Fall, dass Sie nun Lust bekommen haben, mehr Superfood in Ihren Speiseplan aufzunehmen:

◇ Die Süßkartoffel enthält viel Vitamin A und Carotinoide sowie weitere Antioxidantien. Sie ist eine perfekte Repräsentantin für das Okinawa-Prinzip, denn sie enthält eine Vielzahl gesunder, lebensverlängernder Stoffe mit niedriger Kaloriendichte.

◇ Goya, eine Bittermelone, gibt es bei uns nur in Asia-Märkten. Die darin enthaltenen Bitterstoffe sind gut für die Verdauung.

◇ Eine weitere sehr gesunde Zutat in der japanischen Küche sind Algen. Die wichtigsten Sorten sind Kombu und Wakame, sie enthalten eine Reihe hochwertiger Inhaltsstoffe, Vitamine, Proteine, Mineralstoffe und Jod.

◇ Auch Tofu ist sehr gesund, da er pflanzliche Proteine liefert und viele B-Vitamine sowie pflanzliche Östrogene enthält.

◇ Shitake-Pilze sorgen nicht nur für guten Geschmack, sondern auch für ein langes Leben durch wertvolle Inhaltsstoffe wie Vitamin A, B, C, D und lebenswichtige Aminosäuren.

- Als Getränk gehört grüner Tee mit Jasminblüten in vielen asiatischen Ländern zum Standard, so auch in Japan. Dieser verfügt über sehr gute Anti-Aging-Qualitäten. Mindestens zwei Tassen Tee täglich wären optimal und sind allemal gesünder als Softdrinks, Fruchtsäfte oder Kaffee.
- Kräuter und Gewürze: Sie werden auf Okinawa (und generell in Asien) benutzt, um das Essen zu verfeinern und noch gesünder zu machen. Zu den beliebten und gesunden Gewürzen gehören Miso-Paste, ein Sojaprodukt mit vielen B-Vitaminen, Proteinen und Mineralien, und Sojasauce. Auch sie enthält wertvolle Anti-Aging-Stoffe wie Antioxidantien. Curcuma stärkt den Verdauungstrakt sowie das Immunsystem und wirkt gleichzeitig krebshemmend, Chili enthält viel Vitamin C und Ingwer fördert die Verdauung und wirkt antiviral.

Einige dieser Speisen mögen Ihnen exotisch vorkommen, aber schauen Sie doch einmal, ob vielleicht etwas für Sie dabei ist. Mit welchem Superfood könnten Sie Ihren Speiseplan aufwerten? Ich selbst habe auch noch nie eine Goya gegessen. Aber einige dieser Nahrungsmittel stehen bereits seit Jahren fest auf meinem Speiseplan: Ich verwende gerne Tofu, liebe Süßkartoffeln, benutze manchmal Shitake-Pilze und würze schon seit Jahrzehnten mit Sojasoße (lange, ohne zu wissen, dass sie so gesund ist). Curcuma, Ingwer und Chili habe ich immer vorrätig. Und grünen Jasmintee mag ich sehr gerne als Kaffeealternative.

Kurz gesagt

Dieses Kapitel ging den Geheimnissen von Gesundheit und eines langen Lebens nach. Zwar haben wir im Vergleich zu anderen Ländern eine sehr hohe Lebenserwartung, dennoch fühlen sich viele Menschen nicht so gesund und vermissen Lebensqualität im Alter. Die Einblicke in die Lebensweise der besonders lang lebenden Menschen in den blauen Zonen zeigen, was für eine gesunde Lebensführung wichtig ist. Sowohl auf Sardinien als auch auf Okinawa leben und ernähren sich die Menschen naturnah. Viel Obst und Gemüse, gesunde Proteine und alles in Maßen.

Sie vermeiden Stress, arbeiten dennoch oft bis ins hohe Alter und nehmen an gesellschaftlichen Aktivitäten teil. Sie sind eingebunden in die Familien und in die Gemeinschaft und haben das Gefühl eines sinnerfüllten Lebens. Beneidenswert, oder?

Was wir heute tun, entscheidet darüber, wie die Welt morgen aussieht.
MARIE VON EBNER-ESCHENBACH

Kapitel 8: Nachhaltigkeit – ein neuer Blick auf die Ressourcen der Erde

Ich bin im deutschen Südwesten groß geworden, in einer Öko-Hochburg, zumindest dachte ich das lange. Schon als kleines Kind habe ich mitbekommen, wie aufgebrachte Bürger:innen ein paar Kilometer von Freiburg entfernt den Bau eines Atomkraftwerks verhindert haben. In meiner Jugend war das Waldsterben ein großes Thema, der Super-GAU in Tschernobyl passierte und die Baseler Pharmaindustrie verseuchte den Rhein. Inzwischen waren die Grünen gegründet worden. In Unistädten wie Freiburg fanden sie gleich viele Anhänger:innen und stellten, nachdem sie sich etabliert hatten, dort sogar Deutschlands ersten grünen Großstadt-Oberbürgermeister. Wir fuhren schon als Teenager zu Ökokundgebungen, bildeten Menschenketten am rot gefärbten Rhein, hatten Angst vor Atomkraft, sorgten uns um den Wald und trennten unseren Müll schon lange, bevor das Gesetz dazu kam, freiwillig. Bei meinen Auslandsaufenthalten in den späten Achtzigern in Frankreich und Italien stellte ich fest, dass das Ökobewusstsein dort noch nicht so verbreitet war wie bei uns, und war stolz auf die „ökologische Fortschrittlichkeit" in Deutschland. Und die anderen dachten, wir seien verrückt. Ich erinnere mich an eine Szene, in der ein internationaler Gaststudent mir einmal sagte, er könne es nicht fassen, dass die Deutschen Müll (wie z. B. Joghurtbecher) abwaschen ... Dass wir gar nicht so umweltbewusst denken und handeln, wie ich immer dachte, wurde mir erst viel später bewusst.

Inzwischen gibt es das schöne Wort „Greenwashing“, und ich fürchte, auch ich bin ganz schön lange auf das Greenwashing unserer Politiker:innen hereingefallen. Was nachhaltiges Handeln angeht, ist auch hierzulande noch viel Luft nach oben – im Jahr 2020 stand Deutschland laut einer Studie der Universitäten Yale und Columbia nur auf Platz 10 im Ranking der 20 umweltfreundlichsten Länder.[185] Und schon wieder ist Dänemark Klassenbester. Wie macht das Land das nur, fast überall die Nase vorne zu haben? Na ja, könnte man sagen, es leben halt nur 5,8 Millionen Menschen in Dänemark. Sie produzieren weniger Abfall, verbrauchen weniger Ressourcen und fahren weniger Autos. Und ist nicht Kopenhagen ohnehin ein Fahrradparadies? Das stimmt alles, aber natürlich ist die Politik dort auch wirklich nachhaltig.

Die Deutschen und ihre Autos

Apropos, wissen Sie, wie viele Kraftfahrzeuge in Deutschland angemeldet sind? 2021 waren es laut Kraftfahrt-Bundesamt unfassbare 59 Millionen auf 83 Millionen Einwohner:innen.[186] Wir haben Bekannte in Brandenburg, eine dreiköpfige Familie, die fünf Autos ihr eigen nennt. Das soll für ein ökologisch-nachhaltiges Bewusstsein in der Bevölkerung stehen? Und dann gab es 2015 auch noch den Diesel-Skandal … dazu ein Kommentar aus Großbritannien:

> *„Der Dieselskandal ist ein massives internationales Problem, das nicht zum Bild vom deutschen Umweltschutz passt. Das Ganze wäre ohne das wissentliche Ignorieren durch Wirtschaft und Regierung nicht möglich gewesen.“*
>
> GIZ-Studie „Deutschland in den Augen der Welt“[187]

Wir sind eben eine Autonation par excellence, das Auto ist unsere heilige Kuh. Wie in Frankreich die Atomkraftindustrie oder in den USA die Waffenhersteller und -besitzer:innen, haben sowohl Autoindustrie als auch Autofahrer:innen hierzulande eine große, mächtige Lobby. Noch immer gibt es über 9000 Autobahnkilometer, auf denen alle so schnell fahren dürfen, wie sie wollen. Neulich habe ich gelesen, dass inzwischen mehrere tausend Brücken marode sind und erneuert werden müssen, weil sie dem Verkehrsaufkommen nicht mehr standhalten. Auch das Bundesumweltamt weist in seinem Infomaterial darauf hin, wie sehr der Verkehr die Umwelt belastet.[188] Das geschieht nicht nur durch den Ressourcenverbrauch und den CO_2-Ausstoß, sondern auch durch Flächenverbrauch und Lärmbelastung.

Es wurde offensichtlich von der Politik versäumt, ein attraktives öffentliches Nahverkehrssystem außerhalb der Ballungsräume zu schaffen: So gut wie all meine Bekannten, die auf dem Land leben, sagen, sie kämen nicht ohne Auto zurecht. Doch selbst in Großstädten nutzen weniger als die Hälfte der Einwohner:innen den öffentlichen Nahverkehr.[189] Ich glaube, das ist auch eine Mentalitätsfrage. Immerhin besitzen fast alle Menschen in Deutschland ein Fahrrad, und im Ranking der fahrradfreundlichsten Städte weltweit sind Münster (Platz 2) und Bremen (Platz 10) unter den Top Ten.[190]

Bleibt das Bahnfahren. Ich bin Vielfahrerin, auch über größere Strecken. Was ich jedoch nicht verstehe: warum es in Deutschland kaum Schnellstrecken gibt. Da ist Frankreich mit seinem TGV-System geradezu vorbildlich: Die 660 Kilometer lange Strecke von Paris nach Marseille legt man in drei Stunden (und fast immer pünktlich) zurück und die Preise für die Tickets sind zivil. Da lohnt sich das Auto als Alternative wirklich nicht mehr. Von Berlin nach Mannheim sind es rund 630 Kilometer und ich fahre die Strecke sehr oft. Wenn alles super läuft, brauche ich fünf Stunden – leider sind es verspätungsbedingt meistens mehr.

Und dann sind wir eben auch Reiseweltmeister:innen – nicht nur, was die Anzahl der unternommenen Reisen betrifft, sondern auch in puncto Flugreisen. Wie nachhaltig sind eigentlich die Orte, in die wir fahren, und wie steht es um die Verkehrsmittel, mit denen wir dorthin kommen? Um bei mir selbst anzufangen: Kreuzfahrtschiffe sind für mich ein No-Go, aber da ich Fernreisen liebe, ist das Fliegen einer meiner Schwachpunkte. 2019, kurz vor der Pandemie, schrieb die „Zeit": „Deutsche fliegen so viel wie nie."[191] Vielleicht ändert sich das Flugverhalten ein wenig nach der Pandemie. Ich verzichte jedenfalls auf Inlandsflüge. Und auch an diesem Punkt ist Frankreich Vorreiter: Dort haben sie beschlossen, dass Inlandsflüge verboten werden, wenn es eine akzeptable Zugverbindung als Alternative gibt, konkret: wenn ein Ziel auch per Zug in weniger als 2,5 Stunden Fahrtzeit erreichbar ist.[192] Immerhin!

Wir konsumieren, als ob es kein Morgen gäbe

Ich habe jetzt viel über Transportmittel geschrieben, denn sie haben einen großen Anteil am Schadstoffausstoß und Energieverbrauch. Doch nachhaltiges Handeln umfasst viel mehr als nur unsere Fortbewegung. Ökologie bzw. Nachhaltigkeit ist ein komplexes Thema und die Umweltprobleme reichen von der Verschmutzung unseres Wassers mit Mikroplastik bis hin zum Artensterben. Rechnen Sie doch einmal Ihre eigene Ökobilanz aus; im Internet gibt es dazu eine ganze Reihe von Tests. Aber erschrecken Sie nicht bei dem Ergebnis; Menschen, die in der westlichen Welt leben, haben typischerweise eine Bilanz von etwa 10 Tonnen CO_2-Ausstoß pro Jahr. Der derzeitige Durchschnitt liegt global bei 5 Tonnen CO_2-Ausstoß pro Person und Jahr. Um die Auswirkungen des Klimawandels zu begrenzen, müssten wir diesen Durchschnitt bis zum Jahr 2030 auf 2 Tonnen CO_2-Ausstoß pro Person reduzieren.[193] Wie soll das bloß gehen? Meine Antwort: Wir müssen unser Verhältnis zur Natur, zu Mutter Erde in einem neuen Licht betrachten und auch unser Konsumverhalten überdenken. Wertvolle Impulse hierfür kommen von den indigenen Völkern Nord- und Südamerikas.

Ein Bekannter von mir hat ein Buch geschrieben, und die Veröffentlichung hat sich um mehrere Monate verzögert, da kein Papier vorrätig war. Die meisten Leute fallen aus allen Wolken, wenn sie das hören: „Was, kein Papier? Wie kann das denn sein?“ Ist uns bewusst, dass Papier, vereinfacht gesprochen, einmal ein Baum war? Dass es Holz und Wasser braucht, um Papier herzustellen? Wie achtsam sind wir mit Papier als Ressource? Sehen wir es als etwas Kostbares an? Und würde es unseren Umgang damit verändern, wenn wir in jedem einzelnen Blatt einen Baum als seinen Ursprung sehen würden, so wie das die indigenen Völker tun würden?

Ressourcenknappheit stellt eine der größten Bedrohungen der nächsten Jahre für uns dar. Im Jahr 2021 wurde zuerst das Bauholz knapp und dann das Papier. Und wir konsumieren weiter, als ob es kein Morgen gäbe. So kauft etwa jede:r Deutsche im Schnitt 60 Kleidungsstücke pro Jahr. Laut Greenpeace wird dabei jedes fünfte Kleidungsstück nahezu nie getragen.[194] Lange Zeit war mir nicht bewusst, dass die immer weiter wachsende Textilindustrie inzwischen zu einem der größten Umweltsünder auf der Welt geworden ist. Die Menge der von ihr produzierten Treibhausgase ist größer als die der internationalen Flüge und der Schifffahrt zusammen. Hätten Sie das vermutet? Und was kaufen die Deutschen am liebsten? Kleidung! Im Jahr 2018 gaben die Bundesbürger:innen 64,9 Milliarden Euro für Bekleidung aus, das macht rund 780 Euro pro Kopf.[195] Wir besitzen vermutlich alle viel mehr Kleidungsstücke, als wir brauchen (mich eingeschlossen). Man muss sich einmal vor Augen führen, was das für die Umwelt bedeutet – wie wichtig und dringend wäre hier ein Umdenken!

Allein die Produktion eines T-Shirts erfordert jede Menge Chemikalien. Das sind zunächst Pestizide in den Baumwollplantagen. Generell und kaum vorstellbar: Man braucht 2000 bis 20 000 Liter Wasser pro T-Shirt! Für die weiteren Verarbeitungsschritte wie Bleichen und Färben wird pro Kilo Stoff ein Kilo Chemikalien verbraucht, darunter giftige Schwermetalle. Dabei wird Wasser verschmutzt. In Bangladesch z. B., wo ein großer Teil der Textilindustrie sitzt, sind die Flüsse so verseucht, dass es dort keine Fische mehr gibt. Schuld an diesen Missständen sind nicht nur fehlende Umweltgesetze, sondern auch der Preisdruck, der von westlichen Firmen ausgeübt wird. Und all das nur, damit die Verbraucher:innen bei uns T-Shirts zu Billigstpreisen erwerben und nach kurzer Tragezeit entsorgen können. Manche T-Shirts sind billiger als ein Laib Brot! Übrigens sind inzwischen 65 Prozent aller Textilfasern aus synthetischem Material. Für ihre Produktion werden riesige Mengen an Öl benötigt, und sie tragen stark zur Verschmutzung durch Mikroplastik bei.

Das sind nur einige wenige Beispiele. Natürlich gäbe es viel mehr zu diesem Thema zu sagen. Doch mir geht es darum, Perspektiven aufzuzeigen, und Ihnen, liebe Leserin, lieber Leser, neue Sichtweisen auf uns und die Welt anzubieten. Wie wäre es denn, wenn wir von einer Ökonomie des Konsums, die mit dem Gefühl verknüpft ist, nicht genug zu besitzen, abrücken würden – hin zu einer Ökonomie der Fülle, auf Basis gegenseitigen Schenkens und Gefühlen der Dankbarkeit?

Die Natur als Verwandte – und eine Ökonomie des Schenkens

2013 landete Robin Wall Kimmerer mit ihrem Buch „Geflochtenes Süßgras“ einen Überraschungserfolg in den USA.[196] Die Autorin verbindet darin ihre Expertise als Botanikerin und Ökologin mit der Weisheit ihrer Vorfahren, der indigenen Völker Nordamerikas. Erst als sie promovierte Naturwissenschaftlerin war, hat sich Wall Kimmerer mit dem alten Wissen der Nation Potawatomi befasst und dies mit den Erkenntnissen der modernen Wissenschaft verknüpft. Was sie an neuem „alten“ indigenen Wissen zutage brachte, sind Prinzipen, die auf einem komplett anderen Welt- und Menschenbild als dem unsrigen basieren. Lässt man sich darauf ein, ermöglicht dieses kosmologische Verständnis eine spannende neue Perspektive auf das Zusammenspiel Mensch-Natur. Hier steht nicht der Mensch über der Natur, sondern alles, was lebt, ist gleichberechtigt. Dies zeigen insbesondere die indigenen Mythen, die sich von denen aus der christlich-jüdischen Tradition deutlich unterscheiden.

Bei den Potawatomi entstand die Erde durch die „Himmelsfrau“, die viele Geschenke mit auf die Erde brachte. Nach ihrem Sturz vom Himmel wurde sie von den Tieren sanft aufgefangen und diese taten sich zusammen, um sie zu unterstützen. So konnte sie Früchte und Samen aller möglichen Pflanzen verstreuen, sie brachte Sonnenlicht mit und ließ die Samen gedeihen. Wilde Gräser, Blumen, Bäume und Medizin breiteten sich überall aus, und das nicht durch die Himmelsfrau allein. Mithilfe der „Gaben aller Tiere“ und in tiefer Dankbarkeit für die Natur wurde das Land geschaffen, auf dem die Indigenen lebten. Somit hatte die Himmelsfrau einen paradiesischen Garten für das Wohlergehen aller Lebewesen geschaffen.

Das daraus entstandene Weltbild sieht diese Gaben als ein Geschenk, für das die Menschen dankbar sind und das sie auch erwidern. Als Gegengabe tun sie dem Land ihrerseits Gutes. Jedes Wesen innerhalb der Natur bzw. des Ökosystems hat eine Aufgabe, deren Erfüllung das System produktiv hält. Es ist ein Geben und Nehmen, das auf einer wechselseitigen Beziehung basiert: Die Menschen sehen sich als Teil des Landes und die Natur als Teil von sich selbst. Auch die nichtmenschlichen Lebewesen wie Tiere, Pilze und Pflanzen sind für die Indigenen Verwandte. Dies drückt sich auch in der Sprache aus: Viele indigene

Sprachen unterscheiden zwischen belebten und unbelebten Dingen, und für Lebewesen werden dieselben Wörter bzw. grammatikalischen Strukturen verwendet wie für die Familie. Die Natur ist dieser Auffassung nach gleichranging und steht uns so nahe wie die eigenen Familienmitglieder. Sie ist also ein Paradies der Fülle, in dem alles vorhanden ist, und aus dem sich die Menschen bedienen können. Solange sie das in Dankbarkeit und Ehrfurcht tun, ist alles im Lot.

Das Paradies als Ort der Fülle – oder des Sündenfalls?

Das Denken der Indigenen, die die Natur als ein gottgegebenes Paradies der Fülle empfinden, das es zu ehren gilt, ist ganz anders als das der späteren Immigrant:innen in die USA. Diese hatten in ihrem Schöpfungsmythos „die Vertreibung aus dem Paradies" festgeschrieben. Gott hatte Adam und Eva aus dem Paradies verstoßen und von da an mussten sie für ihren Lebensunterhalt arbeiten, so die Erzählung. Für die Einwanderer:innen, die nach 1492 in das Land der Indigenen strömten und deren biblische Vorfahren aus ihrem Garten vertrieben worden waren, war die Natur eine Ressource, die sie sich untertan machen und ausbeuten konnten. Statt einer „Schenkökonomie" (so Wall Kimmerer) brachten sie die Eigentumsökonomie mit in das „Land of Plenty": Sie betrachteten alles als Ware, die verkauft und gekauft werden konnte.

Diese beiden Sichtweisen waren schwer miteinander vereinbar. Aus der Sicht der Neuankömmlinge waren die Potawatomi und andere Indigene geradezu unfähig, das Land vernünftig zu nutzen. Dass diese beispielsweise den wilden Reis nur wenige Tage lang ernteten und dabei noch die Hälfte ins Wasser fallen ließen, ergab für die Einwanderer:innen keinen Sinn. Doch den gab es durchaus: Die Indigenen taten dies, damit die anderen „verwandten Wesen", die Tiere, noch genug Reis fanden und damit Reis für das nächste Jahr ausgesät wurde. Dies trägt dem Prinzip der ehrenhafte Ernte Rechnung: „Nimm nur, was dir gegeben wird; nimm nicht mehr, als du brauchst; und gib ein Geschenk aus dem Geiste der Gegenseitigkeit!"

Dankbarkeit

Dankbarkeit ist bei indigenen Völkern also eine grundlegende Haltung der Natur gegenüber. Die Natur ist ein Geschenk und ihre Gaben werden mit Demut entgegengenommen. Wenn ich einen Apfel esse, richte ich meine Dankbarkeit auf den Baum, dessen Gabe in Form einer köstlichen Frucht nun in meinem Mund ist und dessen Leben mein eigenes geworden ist, da ich ihn in meinen Körper aufnehme. Diese Form von Dankbarkeit beruht auf dem tiefen Wissen, dass unsere Existenz von den Gaben anderer Wesen abhängt. Die indigenen Mythen und Geschichten kennen viele warnende Beispiele für fehlende Dankbarkeit. Wenn die Menschen vergessen, das Geschenk zu ehren, hat dies immer Folgen: Die Quelle versiegt, das Korn wächst nicht, die Tiere kehren nicht zurück, oder die verärgerten Pflanzen, Tiere und Flüsse erheben sich gegen diejenigen, die die Dankbarkeit vernachlässigt haben.

Interessanterweise gibt es bei uns im Westen keine vergleichbare große Erzähltradition zu dieser Thematik. Wir haben zwar in der christlichen Tradition das Erntedankfest, das auf Vorläufer im Römischen Reich, im antiken Griechenland und in der jüdischen Tradition zurückgeht. So feiert man, meist im kirchlichen Kontext, einmal im Jahr, zur Zeit der Ernte in Dankbarkeit die Gaben der Natur. Aber wie sieht es im Alltag aus? Begehen Sie zu Hause das Erntedankfest? Diese Tradition haben sich die Amerikaner:innen bewahrt, bei denen Thanksgiving im Kreise der Familie ein wichtiger Feiertag ist.

Ich bin im Urlaub auf den Azoren. Es ist Frühling und das Wetter eher launisch. In den letzten Tagen gab es viele Stürme, unser Flieger konnte mit einem Tag Verspätung nur mit Ach und Krach auf der wunderschönen Insel Flores landen. Es ist Karfreitag, wir haben Hunger und finden erst nach einigem Suchen eine kleine Snackbar, die geöffnet hat. Dankbar stürzen wir uns auf das bescheidene, leider wenig gesunde Speiseangebot. Am nächsten Tag wollen wir uns ein paar Grundnahrungsmittel besorgen, v. a. Obst und etwas Gemüse. Als wir endlich einen Supermarkt gefunden haben, liegen dort in der Obst- und Gemüseabteilung nur ein halber Kohlkopf sowie ein paar angedunkelte Zitronen. Wow, nix da – mein ostdeutscher Mann sagt in seiner unverbesserlichen Art: „Das ist ja schlimmer als damals im Osten." Abends erklärt uns der Vermieter unserer Ferienwohnung, dass frische Waren nur 14-tägig angeliefert würden und dass aufgrund der Stürme in den letzten Tagen kein Nachschub kommen konnte. Erst am Dienstag waren die Regale wieder gefüllt. Mit großer Wertschätzung kauften wir Äpfel, Birnen, Trauben und Salat. Wir stellen fest: Es ist so selbstverständlich für uns, dass alles immer da ist.

Eine Knappheit in diesem Sinne kennen wir so gut wie gar nicht, und vermutlich denken die meisten von uns selten darüber nach, woher die Lebensmittel kommen und wie viel Aufwand und Mühe es gekostet hat, bis sie bei uns im Supermarkt in den Regalen liegen. Das gilt im Grunde für Waren jeglicher Art. Ganz ehrlich: Empfinden wir Dankbarkeit, wenn wir die gefüllten Warenregale, Onlinekataloge oder unsere vollen Kühl- und Kleiderschränke sehen? Die Glücksforschung sagt, dass Dankbarkeit eines der erhabensten Gefühle ist; es spendet Glück und Zufriedenheit. Wie wäre es mit etwas mehr Dankbarkeit in unserem Alltag, z. B. den Gaben der Erde gegenüber?

Rituale der Danksagung

Bei indigenen Völkern gibt es die verschiedenste Rituale der Danksagung. Jenes, das ich hier vorstelle, stammt von den in der zentralen Region des heutigen Staates New York lebenden Haudenosaunee (auch bekannt als die Irokesen-Konföderation oder Sechs Nationen: Mohawk, Oneida, Cayuga, Onondaga, Seneca und Tuscarora). Es spiegelt ihre Beziehung zum Dank für das Leben und die Welt um sie herum wider. In der Sprache der Onondaga ist die Danksagung als „Worte, die vor allen anderen kommen" bekannt. Die Haudenosaunee eröffnen und schließen jede gesellschaftliche und religiöse Versammlung mit der sogenannten Dankesrede.

Diese „Thanksgiving Address" ist sozusagen eine Bestandsaufnahme der Natur und ihrer Geschenke und gleichzeitig ein Ausdruck der Dankbarkeit dafür. Dabei wird jedes Element des Ökosystems der Reihe nach genannt, zusammen mit seiner Funktion, und danach bedankt man sich für den Beitrag, den es leistet. Die Indigenen sind der Auffassung, dass sie durch die Dankesrede spirituell mit jeder der Kräfte der natürlichen und spirituellen Welt verbunden werden. Kern des Rituals der Dankesrede ist gegenseitiger Respekt, die Bewahrung der Schöpfung, Liebe und Großzügigkeit! Es geht darum, die Verantwortung dafür zu verstehen und zu empfinden, dass wir selbst Teil des Kreislaufs sind.

Indigene beim Ritual (© Katharina Neubert)

Haudenosaunee-Dankesrede: Grüße an die natürliche Welt[197]

Das Volk
Wir haben uns heute versammelt und sehen, dass die Zyklen des Lebens weitergehen. Uns wurde die Aufgabe übertragen, in Gleichgewicht und Harmonie miteinander und mit allen Lebewesen zu leben. So bringen wir nun unseren Geist zusammen und grüßen und danken uns gegenseitig als Menschen. Jetzt sind unsere Geister eins.

Die Mutter Erde
Wir alle sind unserer Mutter, der Erde, dankbar, denn sie gibt uns alles, was wir zum Leben brauchen. Sie stützt unsere Füße, wenn wir auf ihr herumlaufen. Es erfüllt uns mit Freude, dass sie weiterhin für uns sorgt,

so wie sie es seit Anbeginn der Zeit getan hat. Wir senden unserer Mutter Grüße und Dank. Jetzt sind unsere Geister eins.

Die Gewässer
Wir danken allen Wassern der Welt, dass sie unseren Durst löschen und uns Kraft geben. Wasser ist Leben. Wir kennen seine Kraft in vielen Formen – Wasserfälle und Regen, Nebel und Bäche, Flüsse und Ozeane. Mit einem Geist senden wir Grüße und Dank an den Geist des Wassers. Jetzt sind unsere Geister eins.

Die Fische
Wir wenden unseren Geist allen Fischen zu, die im Wasser leben. Sie wurden beauftragt, das Wasser zu reinigen und zu läutern. Auch sie geben sich uns als Nahrung hin. Wir sind dankbar, dass wir noch reines Wasser finden können. So wenden wir uns nun den Fischen zu und senden unsere Grüße und unseren Dank. Jetzt sind unsere Geister eins.

Die Pflanzen
Nun wenden wir uns den weiten Feldern des pflanzlichen Lebens zu. So weit das Auge reicht, wachsen die Pflanzen und vollbringen viele Wunder. Sie erhalten viele Lebensformen. Mit vereinten Sinnen danken wir und freuen uns darauf, das Leben der Pflanzen noch viele Generationen lang zu sehen. Jetzt sind unsere Geister eins.

Die Nahrungspflanzen
Mit einem Geist wenden wir uns an alle Nahrungspflanzen, die wir im Garten ernten, um ihnen zu danken. Seit Anbeginn der Zeit haben die Körner, das Gemüse, die Bohnen und die Beeren den Menschen geholfen, zu überleben. Auch viele andere Lebewesen schöpfen aus ihnen Kraft. Wir versammeln alle pflanzlichen Nahrungsmittel und senden ihnen einen Dankesgruß. Jetzt sind unsere Geister eins.

Die Heilkräuter
Nun wenden wir uns allen Heilkräutern der Welt zu. Von Anfang an waren sie dazu bestimmt, Krankheiten zu vertreiben. Sie stehen immer bereit, um uns zu heilen. Wir sind froh, dass es unter uns noch einige wenige gibt, die sich daran erinnern, wie man diese Pflanzen zur Heilung einsetzt. Mit einem Geist senden wir Grüße und Dank an

die Arzneimittel und an die Hüter der Arzneimittel. Jetzt sind unsere Geister eins.

Die Tiere
Wir versammeln unseren Geist, um Grüße und Dank an alle Tiere auf der Welt zu senden. Sie haben uns als Menschen viel zu lehren. Wir werden von ihnen geehrt, wenn sie ihr Leben lassen, damit wir ihre Körper als Nahrung für unser Volk verwenden können. Wir sehen sie in der Nähe unserer Häuser und in den tiefen Wäldern. Wir sind froh, dass sie noch da sind, und wir hoffen, dass dies immer so sein wird. Jetzt sind unsere Geister eins

Die Bäume
Wir wenden unsere Gedanken nun den Bäumen zu. Auf der Erde gibt es viele Familien von Bäumen, die ihre eigenen Anweisungen und Verwendungszwecke haben. Einige bieten uns Schutz und Schatten, andere liefern Früchte, Schönheit und andere nützliche Dinge. Für viele Menschen auf der Welt ist ein Baum ein Symbol des Friedens und der Stärke. Mit einem Geist grüßen und danken wir dem Leben des Baumes. Jetzt sind unsere Geister eins.

Die Vögel
Wir vereinen unsere Gedanken und danken allen Vögeln, die sich über unseren Köpfen bewegen und herumfliegen. Die Schöpferin hat ihnen wunderschöne Lieder gegeben. Sie erinnern uns jeden Tag daran, das Leben zu genießen und zu schätzen. Der Adler wurde auserwählt, ihr Anführer zu sein. Allen Vögeln – von den kleinsten bis zu den größten – senden wir unsere freudigen Grüße und unseren Dank. Jetzt sind unsere Geister eins.

Die vier Winde
Wir alle sind den Kräften dankbar, die wir als die vier Winde kennen. Wir hören ihre Stimmen in der sich bewegenden Luft, wenn sie uns erfrischen und die Luft, die wir atmen, reinigen. Sie helfen uns, den Wechsel der Jahreszeiten herbeizuführen. Sie kommen aus den vier Himmelsrichtungen, bringen uns Botschaften und geben uns Kraft. Mit einem Geist senden wir unsere Grüße und unseren Dank an die vier Winde. Jetzt sind unsere Geister eins.

Die Autorin von „Geflochtenes Süßgras", Robin Wall Kimmerer, fasst die heilsame Wirkung dieses Texts wunderbar zusammen:

> *„Man kann der Thanksgiving-Ansprache nicht zuhören, ohne sich reich zu fühlen. Und obwohl der Ausdruck von Dankbarkeit unschuldig genug erscheint, ist er eine revolutionäre Idee. In einer Konsumgesellschaft ist Zufriedenheit ein radikaler Gedanke. Das Erkennen von Fülle statt von Knappheit untergräbt eine Wirtschaft, die davon lebt, unerfüllte Wünsche zu wecken. Die Thanksgiving-Ansprache erinnert Sie daran, dass Sie bereits alles haben, was Sie brauchen! Das ist eine gute Medizin für Land und Leute gleichermaßen."*

Studien haben ergeben, dass sich sowohl das Empfinden von Dankbarkeit als auch das Sich-bewusst-Machen der gegenseitigen Verbundenheit im Sinne von Interdependenz positiv auf unsere Psyche auswirken.[198]

Gefühle der Dankbarkeit und Verbundenheit erzeugen

Nehmen Sie einen beliebigen Gegenstand, ein Buch, ein Elektrogerät, ein Lebensmittel oder ein Kleidungsstück, zum Beispiel ein Baumwollhemd. Fragen Sie sich: Wie ist es wohl zu uns gekommen? Wie viele Menschen waren an der Herstellung beteiligt? Fest steht: Irgendwann hat jemand die Baumwollpflanzen gesät, gezogen und gepflegt. Dann wurden sie geerntet, jemand musste den Faden spinnen, den Stoff weben und färben. Jemand hat sich Form und Design ausgedacht, eine andere Person hat den Stoff mit Fäden zusammengenäht. Vielleicht auf einer Maschine, die wiederum irgendwer gebaut hatte. Zwischen den einzelnen Schritten vom Säen der Baumwollpflanze bis zum fertigen Hemd sind die jeweiligen Zwischenprodukte mit Autos oder vielleicht mit Lkws, Zügen, Schiffen und/oder Flugzeugen zum nächsten Ziel transportiert worden. Hinter jedem dieser Transportmittel steht wiederum eine Reihe von Menschen, die es ermöglicht haben, dass der Transport stattfinden kann. Das fertige Hemd wurde vielleicht zunächst in ein Lager gebracht und dann in ein Geschäft. Jemand hat es eingepackt bzw. ausgepackt, in ein Regal gelegt oder, falls Sie es online bestellt haben, für Sie versandfertig gemacht. Wer weiß, wie viele Menschen daran beteiligt waren, dass Sie heute dieses Hemd tragen können!

Versuchen Sie doch hin und wieder, das gedanklich durchzuspielen, z. B. in Bezug auf Ihr Essen, Ihre Kleidung oder Gebrauchsgegenstände. Diese Übung zeigt auf wunderbare Weise, wie eng wir mit vielen anderen Menschen verbunden sind, die uns ermöglichen, so zu leben, wie wir das tun. Alle Rohstoffe kommen aus der Natur, und auch wenn sie synthetisch hergestellt wurden, waren sicherlich Naturprodukte an ihrer Entstehung beteiligt.

Buen vivir

Das Prinzip, die Natur nicht als auszubeutende Ressource zu betrachten, sondern als etwas, das lebt, beseelt ist und dadurch gleichwertig ist mit uns Menschen, gibt es nicht nur bei den Indigenen in den USA. Es weist Ähnlichkeiten mit dem aus Lateinamerika stammenden Konzept des *buen vivir* (oder in der Sprache der indigenen Völker der Anden *sumak kawsay*) auf. Es hat schon viele Menschen zu einer wertschätzenden Haltung der Natur gegenüber und einem gesamtgesellschaftlichen nachhaltigen Handeln inspiriert. Das Konzept basiert auf der Weltanschauung bzw. *cosmovisión* der Quechua-Völker der Anden, die gemeinschaftsorientiert, ökologisch ausgewogen und kulturell sensibel ist. *Sumak* bedeutet „das Ideal, das Schöne“. *Kawsay* ist das „Leben“, und zwar ein Leben, das in Würde, Harmonie und Gleichgewicht mit dem Universum und dem Menschen geführt wird.

In verschiedenen indigenen Sprachen gibt es unterschiedliche Begriffe, die übersetzt alle ein Leben in Gleichgewicht und Harmonie bezeichnen.[199] Entsprechend der Weltanschauung der indigenen Völker basiert *sumak kawsay* auf dem Wissen um die gegenseitigen Abhängigkeiten aller Wesenheiten, die wir schon bei den indigenen Völkern Nordamerikas kennengelernt haben. Also Abhängigkeit zwischen Mensch und Natur, aber auch der Menschen auf dem Planeten insgesamt! Immer mehr Umweltorganisationen haben erkannt, dass die indigenen Völker die verlässlichsten Bewahrer:innen der Erde sind. Sie sehen sich „als symbiotische Partner der Natur, bzw. als gleichberechtigte Wesen vor Gott, und nicht als die Besitzer:innen“, so Frank Bibeau, ein Anwalt vom Volk der Anishinaabe aus Nordamerika.[200]

Die spanische Übersetzung von *sumak kawsay* ist *buen vivir* („gut leben"). Damit sind jedoch nicht die westlichen Vorstellungen von einem materiell orientierten „guten Leben" gemeint. Dieser Ansatz ist weit entfernt vom Wirtschaftswachstumsdenken und gerade das macht ihn so besonders: Bei *buen vivir* geht es nicht um das Individuum, sondern um den Menschen, der im sozialen Kontext seiner Gemeinschaft und seiner Umweltsituation „gut" lebt.[201] Man könnte *buen vivir* auch mit „das gute Zusammenleben" übersetzen – dieses Konzept kommt aus einer Gemeinschaft von Völkern, die wissen, was es bedeutet, in Harmonie mit der Natur zu leben.

Der Natur eigene Rechte verleihen

Auf Basis des *sumak kawsay* arbeiteten die indigenen Völker Südamerikas individuelle Vorschläge aus. Darin greifen sie Werte, Erfahrungen und bestehende Praktiken ihrer Kulturen auf. Diese Initiative entstand, als Erdölvorkommen auf heiligem Land der Indigenen Ecuadors abgebaut werden sollte. Diese setzten sich zur Wehr. Das konnte den Erdölabbau zwar nicht stoppen, führte dafür aber mit Unterstützung des Wirtschaftswissenschaftlers und ehemaligen Ministers Alberto Acosta zu einer beeindruckenden Gesetzesreform.

Der innovative Gedanke der Initiative: Man wollte der Natur den Status einer Rechtspersönlichkeit verleihen, um sie zu schützen und zu erhalten. Das würde ein großes Umdenken bedeuten. Die meisten Rechtsordnungen, so auch unsere, erkennen nur Menschen und durch Menschen geschaffene Organisationen als Rechtssubjekte an. Als Rechtspersonen gelten hierzulande zwar Unternehmen, Vereine und auch Schiffe, aber die Natur bislang nicht. Unser juristisches System ist also genauso wie die Wirtschaft „anthropozentrisch", d.h., komplett auf den Menschen und seine Rechte ausgerichtet.

Ecuador war 2008 das erste Land, das die Rechte der Natur in der Verfassung festschrieb. Seitdem können von jeder Bürgerin und jedem Bürger des Landes die Rechte der Natur vor Gericht eingeklagt werden. Diese Initiative machte Schule, so haben etwa in Bolivien und Uganda die Rechte der Natur ebenfalls schon seit Längerem Verfassungsrang und unlängst kamen Panama und Chile hinzu. In manchen Ländern haben die Gerichte inzwischen bestimmte Naturgebiete, Pflanzen oder Biotope als Rechtssubjekte anerkannt, d.h., dass sie eigene, einklagbare Rechte haben. So etwa der Whanganui-Fluss in Neuseeland, der Ganges und der Yamuna-Fluss in Asien und jeder einzelne Fluss in Bangladesch. In Kolumbien und Costa Rica werden die Wälder inzwischen umfassend rechtlich geschützt.[202] Wie wäre das auf Deutschland übertragbar?

Nehmen wir die Isar, Deutschlands letzten alpinen Wildwasserfluss: Was würde es bedeuten, wenn er eigene Rechte bekäme? Durch ein Kraftwerk bzw. einen Stausee, der sogenannten Ökostrom produziert, wird der Isar nach Auffassung von Naturschützer:innen zu viel Wasser entnommen. Dies hat ein Artensterben zur Folge. Dagegen kann momentan aber nicht geklagt werden. Wäre nun in der bayerischen (oder bundesdeutschen) Verfassung das Konzept verankert, dass die Natur eigene Rechte hätte, könnte jede:r Bürger:in im Namen der Natur vor Gericht klagen, um deren Interessen durchzusetzen. In Bayern gab es dazu in jüngster Zeit ein Volksbegehren. Die Forderung nach Rechten der Natur stellen eine Herausforderung für die deutsche Rechtsdogmatik dar. Nun prüfen Expert:innen, ob das Konzept mit dem Grundgesetz vereinbar ist.[203]

Diese Initiativen geben Hoffnung, dass sich die Sicht auf die Natur weltweit langsam, aber sicher ändert. Dem juristischen Umdenken liegt generell ein verändertes Weltbild im Hinblick auf die Natur zugrunde. Es ist ein Gegenstück zur anthropozentrischen Kapitalismuslogik. Alberto Acosta, der die Verfassungsänderung in Ecuador maßgeblich mitverantwortete, sieht in der Wiedereinführung von *sumak kawsay* sogar die Möglichkeit, den Kapitalismus zu überwinden. Er weist darauf hin, dass es bei den indigenen Völkern keine Konzepte wie arm und reich gab. Sie betrachteten die Menschen niemals als Eigentümer:innen der Erde und ihrer Ressourcen, sondern als deren Verwalter:innen. Daraus folgt auch die Idee, dass niemand gewinnen kann, wenn nicht auch die Nachbarin oder der Nachbar gewinnt. Dies steht deutlich im Widerspruch zur Idee der Naturressourcen als Kapital, die in Wirtschaftskreisen weit verbreitet ist und um deretwillen sogar Menschen getötet und Kriege geführt werden.

Acosta nennet neben der Wertschätzung der Natur auch die „Wertschätzung aller Völker" als weiteren zentralen Gedanken des *buen vivir*. So sind inzwischen in der ecuadorianischen Verfassung nicht nur die Rechte der Natur festgeschrieben, sondern es sollen auch Formen des interkulturellen guten Zusammenlebens gefunden werden, etwa durch den Aufbau von „plurinationalen Staaten". Das hieße konsequent weitergedacht, dass Rassismus und Kolonialisierung bezwungen würden und man eine „auf Solidarität basierende Genügsamkeit" anstrebe. Im Mittelpunkt steht also der Mensch, der in seine Gemeinschaft integriert ist, harmonische Beziehungen mit der Natur pflegt und dabei nach einem nachhaltigen, würdigen Leben für alle strebt.[204]

Die Erdgöttin Pachamama in der Verfassung

Die Mutter Erde, die *Pachamama*, die in den Anden als Göttin der Erde verehrt wird, nimmt in der ecuadorianischen Kultur und inzwischen auch in der Verfassung eine wichtige Rolle ein. Sie steht sinnbildlich für die Natur und stellt unserer westlichen Auffassung von Natur eine Personifizierung in Form der Erdmutter entgegen. Diese schenkt Leben, nährt, schützt und kommuniziert mit dem Menschen. *Pachamama* ist heute auch ein Symbol für die Identität. So wurde *Pachamama* neben *sumak kawsay* als ein zu schützendes Grundprinzip in die Verfassung von Ecuador aufgenommen. Inzwischen steht sie auch in der kolumbianischen und bolivianischen Verfassung. Die Präambel der ecuadorianischen Verfassung gibt diesen Geist wieder, sie beginnt mit folgenden Worten:

> *WIR, das souveräne Volk Ecuadors*
>
> *IN ANERKENNUNG unserer jahrtausendealten, von Männern und Frauen verschiedener Völker gestärkten Wurzeln,*
> *FEIERN wir die Natur, die Mutter Erde, deren Teil wir sind und die für unser Dasein lebenswichtig ist,*
> *RUFEN wir den Namen Gottes an und erkennen unsere unterschiedlichen Formen der Religiosität und Spiritualität an,*
> *APPELLIEREN wir an die Weisheit aller Kulturen, die uns als Gesellschaft bereichern, und beschließen, als*
> *ERBEN der sozialen Befreiungskämpfe gegenüber allen Formen von Herrschaft und Kolonialismus, mit unserem starken Engagement für die Gegenwart und Zukunft, eine neue Form des Zusammenlebens*

der Bürger und Bürgerinnen in Vielfalt und Harmonie mit der Natur aufzubauen, um das Gute Leben, das Sumak Kawsay, zu erreichen;
eine Gesellschaft zu schaffen, die die Würde der Menschen und Kollektive in allen Aspekten respektiert;
ein demokratisches Land zu schaffen, das sich der lateinamerikanischen Integration – dem Traum Bolivars und Alfaros –, dem Frieden und der Solidarität mit allen Völkern der Erde verpflichtet.

Diese Grundwerte werden im Text der ecuadorianischen Verfassung in einer Reihe von Artikeln wieder aufgegriffen, die sich auf Umweltthemen beziehen. So heißt es in Art. 71, dass *Pachamama* das Recht hat, „in ihrer Existenz durch Erhalt und Regenerierung ihrer Lebenszyklen, Struktur, Funktionen und Entwicklungsprozesses ganzheitlich respektiert zu werden". Danach wurde festgeschrieben, dass „jede Person, Gemeinschaft, Volk oder Nationalität die zuständige öffentliche Autorität dazu auffordern kann, die Rechte der Natur umzusetzen" und dass der „Staat die natürlichen und juristischen Personen sowie die Kollektive dazu anhalten kann, die Natur zu schützen und den Respekt für alle Elemente der Ökosysteme zu fördern" (Art. 72).

Dann wird anerkannt, dass die Natur oder *Pachamama* das „Recht auf eine vollständige Wiederherstellung" hat (Art. 73), und „diese Wiederherstellung unabhängig ist von der Verpflichtung der Staaten, natürliche und juristische Personen zu entschädigen, die von den geschädigten Natursystemen betroffen sind". Das heißt, der Natur werden eigene Rechte zugestanden und bei Schäden muss der Staat für den Wiederherstellungsprozess Verantwortung übernehmen.[205] Recherchen ergeben zwar, dass sich auch in Ecuador die Regierung immer wieder mit der Vergabe neuer Ölförder- und Bergbaulizenzen über das Gesetz hinwegzusetzen versucht, doch da 2008 die Rechtsgrundlage geschaffen wurde, kann das Verfassungsgericht die Rechte der Natur verteidigen.[206]

Zudem, und das ist der vermutlich größte Verdienst dieser Initiative, wurde dadurch eine internationale Debatte angeregt. Und eine weitere gute Nachricht: Der Versuch, das Erdöl im heiligen Land, genannt *Yasuní*, zu lassen, inspirierte Umweltaktivist:innen in verschiedenen Ländern dazu, sich der Ausbeutung der Natur zu widersetzen. Unter diesem Motto gab es z. B. Umweltschutzaktionen auf den Lofoten und auf Lanzarote; in Frankreich wurde das Fracking bekämpft. Daraus ist sogar ein Verb entstanden, *yasunizar* (= das heilige Land schützen). Global bedeutet es inzwischen „das Belassen des Erdöls, der Kohle oder der Mineralien im Boden".[207] Ich finde, für diese Pionierarbeit können wir den Ecuadorianer:innen sehr dankbar sein.

Best-Practice-Beispiel Costa Rica

Costa Rica gilt vor allem wegen seiner ökologischen Politik als eines der fortschrittlichsten Länder Lateinamerikas. Auch bei der Energiewende hat Costa Rica die Nase weit vorne. Es ist das erste Land, das seine Energie nahezu komplett aus der Natur bezieht. Der kleine mittelamerikanische Staat verfügt über eine einzigartige Artenvielfalt und Biodiversität. Rund 500.000 Tier- und Pflanzenarten wurden bisher in Costa Rica nachgewiesen, das entspricht 4 Prozent aller weltweit vermuteten Arten. Wie viele lateinamerikanischen Länder, holzte auch Costa Rica lange Zeit die Regenwälder für die Rinderzucht und Landwirtschaft ab. So schrumpfte die bewaldete Fläche des Landes zwischen 1950 und 1987 von 72 auf gerade noch 21 Prozent. Doch dann erkannte die Regierung glücklicherweise, dass die üppige Natur ihr wichtigstes Gut ist. Durch die erfolgreiche Einführung von Schutzgebieten und einer Gesetzgebung zum Schutz der Wälder Costa Ricas sowie finanzielle Anreize für die Landbesitzer:innen ist es dem Land gelungen, aufzuforsten. Inzwischen sind wieder über 50 Prozent Costa Ricas bewaldet, über 25 Prozent des Landes wurden in Naturschutzgebiete umgewandelt und die Waldfläche des Staates soll bis 2050 von derzeit 52 auf 60 Prozent anwachsen.

2007 wurde ein Gesetz verabschiedet, um die ambitionierte Agenda umzusetzen, die Costa Rica bis zum Jahr 2021 zum ersten Staat mit ausgeglichener CO_2-Bilanz machen sollte. Das hat das Land nicht ganz geschafft, denn mit zunehmendem Wohlstand gibt es immer mehr Autos. In puncto erneuerbare Energien jedoch ist Costa Rica absoluter Vorreiter: Als weltweit erstes Land erzeugt Costa Rica nahezu 100 Prozent (99,62 Prozent) seines Stroms aus regenerativen Quellen. Vor allem die Wasserkraft ist gut ausgebaut und liefert mit 78 Prozent den größten Anteil, gefolgt von je rund 10 Prozent Windkraft und Geothermie sowie knapp 1 Prozent Solarenergie.[208] Um den noch verbliebenen CO_2-Ausstoß zu verhindern, soll laut den Regierungsplänen bis 2035 ein Viertel der privaten Fahrzeuge im Land elektrisch sein, bei öffentlichen Bussen und Taxis werden 70 Prozent angestrebt. Einwegplastik ist bereits verboten, im Gebäudebereich soll es mehr Energieeffizienz geben und eine grüne Steuerreform steht an.

Übrigens ist Costa Rica weltweit eines der ersten Länder mit einer nationalen Politik für nachhaltigen Tourismus! Ich war so fasziniert von diesem Land, auf das ich bei meinen Recherchen zu diesem Buch immer wieder stieß – z. B. beim Glückranking, bei den Themen Nachhaltigkeit und Biodiversität und dann auch noch bei der Friedensarbeit –, dass ich Ende 2021 dorthin reiste. Es ist atemberaubend schön; so viele verschiedene Tiere in freier Wildbahn habe ich noch nie während eines Urlaubs gesehen. Die Menschen wirken gelassen und stolz auf ihr Land. Als ein Highlight dieser beeindruckenden Reise durften mein Mann und ich je einen Baum pflanzen, um den tropischen Regenwald wieder aufzuforsten. Das klingt jetzt vielleicht wie ein Tropfen auf den heißen Stein, aber eine Führung durch das Projekt zeigte uns, was so eine schrittweise Aufforstung bewirken kann. Respekt!

Bis spätestens 2050 will Costa Rica klimaneutral sein. Klingt vorbildlich. Doch wenn ich das lese, denke ich auch: Wenn ein ökologisch so gut aufgestelltes Land wie Costa Rica die Klimaneutralität statt wie geplant 2021 nun vermutlich erst 2050 erreicht, wie sieht es dann bei uns aus mit dem Zeitrahmen? Fest steht: Was Klima- und Naturschutz angeht, wünsche ich mir mehr latein- und mittelamerikanischen Spirit in unserer Politik!

Kurz gesagt

Wir brauchen dringend einen neuen Blick auf die Erde und den Umgang mit ihren Ressourcen. Uns Menschen in der westlichen Welt mit unserem materialistischen und rationalen Weltbild ist viel zu wenig bewusst, wie sehr alles mit allem zusammenhängt. Umweltorganisationen weisen darauf hin, dass wir uns ein Beispiel an den indigenen Völkern mit ihren vielfältigen Weisheiten nehmen sollten – sie wären die besten Bewahrer:innen unserer Natur! Sie lehren uns Dankbarkeit für die Ressourcen, die die Erde uns schenkt, und darüber hinaus das Wissen um die Verbundenheit von allem. Würde ihre Perspektive auf die Natur in unsere Gesellschaft und in unsere Rechtssysteme aufgenommen, so könnte dies den Planeten vor der unermüdlichen Ausbeutung durch den Menschen retten. Länder wie Ecuador und Costa Rica zeigen durch innovative Initiativen, wie nachhaltige Gesetzgebung zum Wohle der Natur aussehen kann.

Und nun?

Liebe Leserin, lieber Leser,

wir sind am Ende unserer Reise angelangt. Ich habe Sie auf fast alle Kontinente geführt und Ihnen Weisheiten, Ideen und Konzepte vorgestellt, die zu einem guten Leben beitragen können. Gleichzeitig habe ich all jenen unter Ihnen, die in Deutschland sozialisiert sind, den Spiegel unserer Kultur vorgehalten und gezeigt, wie ein Großteil der „Deutschen" (statistisch gesehen) in verschiedenen Bereichen des Lebens denkt und handelt. Auch wie „die anderen" uns sehen, war immer wieder ein Thema. Mir ist diese Außenperspektive wichtig, ich finde das Gegensatzpaar Selbstwahrnehmung-Fremdwahrnehmung immer wieder erhellend und ich hoffe, auch Sie haben davon profitiert.

Natürlich würde es mich sehr interessieren, an wie vielen Punkten Sie sich wiedererkannt haben, und auch, wo dies nicht der Fall war oder wo Sie gerne widersprechen würden. Ich weiß ja, wie heikel diese Verallgemeinerungen sind! Wenn es mir allerdings gelungen ist, Sie durch diese Ausführungen zum Nachdenken über Ihre kulturelle Prägung oder auch über Ihre Werte, Ihr Weltbild und Ihre Wünsche anzuregen, freue ich mich.

Ja, das war ganz schön viel an Anregungen, kulturellen Konzepten, Weltanschauungen und Lebensweisheiten. Sicherlich lässt sich auch nicht alles eins zu eins auf unsere Gesellschaft oder unseren Alltag übertragen. Aber wenn Sie an der ein oder anderen Stelle inspiriert wurden, etwas Neues auszuprobieren, oder eine bestimmte Situation in neuem Licht zu betrachten, dann war die Reise bereichernd.

Vielleicht nehmen Sie mit, dass Gemeinschaft mit anderen ein hohes Gut ist, lassen mehr *ubuntu* in Ihr Leben und kommunizieren von nun an etwas beziehungsorientierter. Oder Sie setzen etwas mehr *nunchi* ein, um mit anderen Menschen schneller in Verbindung zu kommen. Auch wäre es schön, wenn Sie Impulse erhalten hätten, um mehr Leichtigkeit in Ihren Berufsalltag zu bringen. Es gibt Dinge, die Sie selbst einführen können, wie etwa *fika* oder wertschätzende

Kommunikation. Bei anderen Konzepten, die in bestimmten Ländern bereits wunderbar funktionieren, müsste letztlich die ganze Gesellschaft mitziehen, etwa wenn es um Strukturen für eine bessere Work-Life-Balance geht. Vielleicht könnten Sie das ein oder andere Problem mit einer *jugaad*-Mentalität zu lösen versuchen, kreativ, um die Ecke gedacht. Oder Sie holen sich Menschen ins Team, die diese Fähigkeiten, diesen Spirit mitbringen.

Ein bisschen mehr *lagom* – das richtige Maß –, etwa eine gute Balance zwischen Aktivität und Muße, könnten Sie vermutlich ohne großen Aufwand in Ihr Leben einbauen. Vielleicht konnte ich Sie dazu inspirieren, auch das große Ganze, also die Lebensplanung und das Wertesystem, aus der Perspektive von *wabi sabi*, dem Glück des Unperfekten, oder auch mit Blick auf *ikigai*, die Sinnhaftigkeit, zu betrachten!

Besonders am Herzen liegt mir die globale Weisheit zum Thema Alltagsgestaltung; sie ist so divers wie wir Menschen selbst. Vielleicht bringen Sie nun etwas mehr *hygge* in Ihren Alltag, indem Sie es sich öfters zu Hause kuschelig machen, statt „Freizeitstress" zu kreieren, oder Sie gehen in den Wald oder an einen See, statt zu überfüllten Events oder in die Shoppingmall. Oder Sie bringen etwas *pura vida* in Ihr Leben, mehr Gelassenheit und Lebensfreude durch die Anerkennung dessen, was bereits da ist. Die ostasiatischen Weisheitslehren bieten Mittel und Wege, die uns lehren, den gegenwärtigen Augenblick mit mehr Genuss und Wertschätzung zu erleben. Sie können aber auch *wu wei*, Zen oder Achtsamkeitstechniken dazu nutzen, mehr Entspannung in den Alltag zu integrieren.

Vermutlich wollen Sie auch bis ins hohe Alter möglichst gesund und fit bleiben. Sicherlich lassen sich die Gesundheitsgeheimnisse der Hundertjährigen nicht alle komplett auf unseren Alltag übertragen, aber möglicherweise inspiriert Sie das Kapitel zu einer etwas gesünderen Lebensweise. Etwa einer natürlicheren Ernährung mit mehr Superfood-Anteilen (also besonders gesunden Nahrungsmitteln) und mehr Bewegung an der frischen Luft.

Vielleicht hat Sie, wie mich, die Beschäftigung mit der Weltanschauung der indigenen Völker berührt. Wenn wir nur ein klein wenig von der Kultur der Dankbarkeit und der Verbundenheit mit der Natur in unsere

Gesellschaften integrieren könnten, wäre dem Planeten geholfen. Wie können wir das als Individuen tun? Zum Beispiel indem wir dankbarer und rücksichtsvoller mit den Ressourcen der Erde umgehen. Und als Gesellschaft, indem wir der Natur eine Stimme verleihen. Beides gäbe Anlass zur Hoffnung auf die Bewahrung des Planeten.

Am besten, Sie stellen sich die Inspirationen aus diesem Buch wie ein Buffet mit Köstlichkeiten aus aller Welt vor. Sie können dies und das kosten, und es ist ganz normal, wenn Ihnen manches gar nicht zusagt. Wenn Ihnen aber etwas besonders gut schmeckt, nehmen Sie gerne etwas mehr davon! Vielleicht finden Sie es auch so gut, dass Sie es bei sich zu Hause nachkochen wollen! Dieses Buch enthält verschiedene Anregungen und Rezepte für ein besseres Leben. Einige sind sehr alt, andere innovativ, aber allen gemeinsam ist, dass sie dem riesigen Pool der globalen Weisheit entstammen, der uns Menschen heute so einfach zur Verfügung steht.

Also: Lassen Sie einfach ein paar neue Zutaten in Ihr Leben, zum Beispiel ein bisschen mehr *hyggelige* Work-Life-Balance im Alltag, mehr *jugaad*-Spirit bei der Arbeit oder kreieren Sie mehr Verbundenheit zu anderen Menschen oder zur Natur! In anderen Worten: Experimentieren Sie, probieren Sie Neues aus, blicken Sie über den Tellerrand! Zu Ihrem Wohl, dem Wohl der anderen und dem Wohl des Planeten!

ANHANG

Quellen und Anmerkungen

1 Z. B. Barmeyer, Christoph: Konstruktives Interkulturelles Management. UTB, Stuttgart 2018.

2 https://worldhappiness.report/ed/2020/

3 https://de.wikipedia.org/wiki/Liste_der_L%C3%A4nder_nach_Bruttoinlandsprodukt_pro_Kopf

4 https://worldhappiness.report/ed/2020/

5 https://worldhappiness.report/ed/2022/happiness-benevolence-and-trust-during-covid-19-and-beyond/#ranking-of-happiness-2019-2021

6 Hiller, Gundula Gwenn / Zillmer, Ulrike: Eine Frage der Perspektive. Critical Incidents aus Studentenwerken und Hochschulverwaltung. Deutsches Studentenwerk (Hrsg.), Berlin 2016.

Hiller, Gundula Gwenn / Zillmer, Ulrike: Eine Frage der Perspektive 2. Critical Incidents aus den Bereichen arbeitsmarktbezogene Beratung. Hochschule der Bundesagentur für Arbeit (Hrsg.), Mannheim 2021.

7 Goethe, Johann Wolfgang von: Faust. Zueignung.

8 Vgl. Alexander Thomas (Kulturstandards), Geert Hofstede (Kulturdimensionen), Erin Myer (The Culture Map).

9 Thomas, Alexander: „Analyse der Handlungswirksamkeit von Kulturstandards“ In: Alexander Thomas (Hrsg.): Psychologie interkulturellen Handelns. Hogrefe, Göttingen 1996, S. 107–135, z. St. 112.

10 https://www.zeit.de/campus/2019-06/juliane-degner-stereotype-psychologie-auslandssemester/seite-2

11 http://www.unique-online.de/aus-dem-ausland-witze-uber-deutsche-oder-mal-von-der-anderen-seite-aus-gelacht/329/

12 Schroll-Machl, Sylvia: Die Deutschen – wir Deutsche. Fremdwahrnehmung und Selbstsicht im Berufsleben. Vandenhoeck & Ruprecht, Göttingen 2013.

13 https://www.usnews.com/news/best-countries/germany

14 Vgl. https://www.capital.de/wirtschaft-politik/diese-laender-geniessn-den-besten-ruf

15 https://www.welt.de/reise/nah/article199588474/Globale-Umfrage-Deutsche-Touristen-im-Ausland-eher-unbeliebt.html

16 https://www.deutschland.de/de/topic/politik/wie-die-welt-deutschland-sieht-studie-der-giz

17 https://www.aerzteblatt.de/nachrichten/92312/Jeder-Zweite-fuehlt-sich-von-Burnout-bedroht

18 https://relilex.de/martin-luther-und-arbeit/

19 Inzwischen auch im pejorativen Sinne als „workism" bezeichnet, siehe z.B. hier: https://www.theatlantic.com/ideas/archive/2019/02/religion-workism-making-americans-miserable/583441/

20 Weber, Max: „Die protestantische Ethik und der ‚Geist' des Kapitalismus" In: Archiv für Sozialwissenschaft und Sozialpolitik, Nr. 20, 1904, S. 1–54.

21 Heine, Matthias: https://www.welt.de/print/welt_kompakt/article170163703/Keiner-entkommt-Martin-Luther.html vom 31.10. 2017.

22 Schroll-Machl, Sylvia: Die Deutschen – wir Deutsche. Fremdwahrnehmung und Selbstsicht im Berufsleben. Vandenhoeck & Ruprecht, Göttingen 2013.

23 Hiller, Gundula Gwenn / Zillmer, Ulrike: Eine Frage der Perspektive. Critical Incidents aus Studentenwerken und Hochschulverwaltung. Deutsches Studentenwerk (Hrsg.), Berlin 2016.

24 https://www.deutschland.de/de/topic/politik/wie-die-welt-deutschland-sieht-studie-der-giz, S. 63.

25 Meyer, Erin: Die Culture Map. Ihr Kompass für das internationale Business. Wiley-VCH Verlag & Co., Weinheim 2018.

26 Hiller, Gundula Gwenn / Zillmer, Ulrike: Eine Frage der Perspektive. Critical Incidents aus Studentenwerken und Hochschulverwaltung. Deutsches Studentenwerk (Hrsg.), Berlin 2016.

Hiller, Gundula Gwenn / Zillmer, Ulrike: Eine Frage der Perspektive 2. Critical Incidents aus den Bereichen arbeitsmarktbezogene Beratung. Hochschule der Bundesagentur für Arbeit (Hrsg.), Mannheim 2021.

27 Schroll-Machl, Sylvia: Die Deutschen – wir Deutsche. Fremdwahrnehmung und Selbstsicht im Berufsleben. Vandenhoeck & Ruprecht, Göttingen 2013, S. 190.

28 Requate, J.: „Kommunikation: Neuzeit" In: P. Dinzelbacher (Hrsg.): Europäische Mentalitätsgeschichte. Krömer, Stuttgart 1993, S. 394.

29 https://gutezitate.com/zitat/188841

30 https://www.stuttgarter-zeitung.de/inhalt.us-psycho-studie-so-reagieren-wir-auf-komplimente.e7fa7970-5be7-475d-9646-2ac4060ba079.html

31 Zwar gibt es das Wort *acquaintance* für Bekanntschaft, es wird aber im US-Amerikanischen eher selten verwendet.

32 https://t3n.de/news/kundenansprache-du-oder-sie-1392659/

33 Ebd.

34 Eine Statista-Umfrage von 2019 zeigt, dass der Anteil derjenigen, die immer beim „Sie“ bleiben, bei den über 55-Jährigen am höchsten ist. https://de.statista.com/infografik/19441/duzen-und-siezen-am-arbeitsplatz/

35 Schroll-Machl, Sylvia: Die Deutschen – wir Deutsche. Fremdwahrnehmung und Selbstsicht im Berufsleben. Vandenhoeck & Ruprecht, Göttingen 2013, S. 87 f.

36 Ebd., S. 116 f.

37 Hiller, Gundula Gwenn / Zillmer, Ulrike: Eine Frage der Perspektive. Critical Incidents aus Studentenwerken und Hochschulverwaltung. Deutsches Studentenwerk (Hrsg.), Berlin 2016, S. 52.

38 https://www.deutschlandfunk.de/andreas-reckwitz-die-gesellschaft-der-singularitaeten-102.html

39 https://www.bpb.de/nachschlagen/zahlen-und-fakten/soziale-situation-in-deutschland/61572/alleinlebende

40 https://www.bpb.de/nachschlagen/zahlen-und-fakten/soziale-situation-in-deutschland/147370/themengrafik-lebensformen; https://www.elitepartner.de/wordpress/wp-content/uploads/2020/07/ElitePartner-Studie-2020.pdf

41 Wierzbicka, Anna: Understanding cultures through their key words: English, Russian, Polish, German, and Japanese. Oxford University Press USA, New York 1997.

42 Pearson, Carol S.: Die 12 seelischen Archetypen. Knaur, München 2019.

43 In Deutschland fühlten sich im Jahr 2020 14 % der Menschen im Alter von 46 bis 90 oft einsam, und bei jüngeren Menschen stiegen die Zahlen während der Pandemie auch rasant an.
Quelle: https://www.bundestag.de/resource/blob/844760/deddcb8f1dc3a3ad04d919ac6603843d/WD-9-010-21-pdf-data.pdf

44 So fühle sich in Italien jede:r Achte oft einsam.
Quelle: http://www.vita.it/it/article/2018/01/26/ministero-della-solitudine-una-buona-idea-da-portare-anche-in-italia/145756/

45 https://de.statista.com/statistik/daten/studie/1014929/umfrage/umfrage-in-deutschland-zur-haeufigkeit-von-einsamkeit-nach-alter

46 Spitzer, Manfred: Einsamkeit – die unerkannte Krankheit. Droemer Knaur, München 2018.

47 https://www.welt.de/finanzen/immobilien/article167296530/Single-Haushalte-sind-ein-Luxusproblem-des-Nordens.html

48 Santos, H.C. / Varnum, M.E.W. / Grossman, I.: „Global Increases in Individualism". In: Psychological Science, Nr. 9, 2017, S. 1228–1239.

49 Wiking, Meik: Hygge – ein Lebensgefühl, das einfach glücklich macht. Bastei Lübbe, Köln 2016, S. 268.

50 https://www.oecdbetterlifeindex.org/topics/work-life-balance/

51 Wiking, Meik: Hygge – ein Lebensgefühl, das einfach glücklich macht. Bastei Lübbe, Köln 2016, S. 276.

52 https://www.mdr.de/wissen/institut-gesellschaftlicher-zusammenhalt-halle-100.html

53 Reckwitz, Andreas: Die Gesellschaft der Singularitäten. Zum Strukturwandel der Moderne. Suhrkamp, Berlin 2017.

54 https://www.bertelsmann-stiftung.de/fileadmin/files/BSt/Publikationen/GrauePublikationen/ST-LW_Studie_Zusammenhalt_in_Deutschland_2017.pdf

55 https://de.statista.com/statistik/daten/studie/1278033/umfrage/umfrage-zum-gesellschaftlichen-zusammenhalt-in-deutschland/

56 https://www.focus.de/finanzen/karriere/berufsleben/ego-statt-teamplayer-keine-lust-auf-teamarbeit-so-egoistisch-sind-die-deutschen-im-job_id_4679536.html

57 Z.B. Schumann, Adelheid (Hrsg.): Interkulturelle Kommunikation in der Hochschule: zur Integration internationaler Studierender und Förderung interkultureller Kompetenz. Transcript, Bielefeld 2012.

58 https://www.news4teachers.de/2020/02/generation-ruecksichtslos-forscher-schlagen-alarm-jedes-5-kind-und-jeder-3-jugendliche-zeigen-kaum-mitgefuehl-fuer-andere/

59 https://www.spiegel.de/lebenundlernen/schule/narzissmus-wie-kinder-egoistisch-werden-a-1022601.html

60 Wiking, Meik: LYKKE: Der dänische Weg zum Glück. Bastei Lübbe, Köln 2016, S. 210.

61 Ebd., S. 42.

62 Dunne, Linnea: Lagom: Glücklich leben in Balance. Callwey, München 2017, S. 122.

63 https://www.deutschland.de/de/topic/politik/wie-die-welt-deutschland-sieht-studie-der-giz

64 https://www.eltern.de/familie-und-urlaub/familienleben/typisch-deutsch.html

65 Ebd.

66 Siehe hierzu auch das schöne Buch von Megan Hayes: Atlas of Happiness: 50 Glücksgeheimnisse aus aller Welt. White Lion Publishing, London 2020.

67 https://www.irishtimes.com/news/ireland/irish-news/the-republic-is-named-the-most-generous-country-in-europe-1.3679913

68 https://www.irishexaminer.com/news/arid-40762482.html

69 https://www.oecdbetterlifeindex.org/topics/work-life-balance/

70 Karrer, Leo: Pashtun Traditions versus Western Perceptions: Cross-Cultural Negotiations in Afghanistan. New edition [online]. Graduate Institute Publications, Genève 2012 (generated 31 January 2022). Available on the Internet: <http://books.openedition.org/iheid/536>

71 Harngartner, Diego: „Menschliches Leid und die Vier Unermesslichen. Eine buddhistische Perspektive auf Mitgefühl" In: Singer, Tanja / Bolz, Matthias (Hrsg.): Mitgefühl in Alltag und Forschung. Max Planck Society, München 2013.

72 Tan, Chade-Meng: Search Inside Yourself: The Unexpected Path to Achieving Success, Happiness (and World Peace). Harper One, New York 2014.

73 Klimecki, Olga / Ricard, Matthieu / Singer, Tanja: „Empathie versus Mitgefühl. Erkenntnisse aus Erste-Person- und Dritte-Person-Methoden" In: Singer, Tanja / Bolz, Matthias (Hrsg.): Mitgefühl in Alltag und Forschung. Max Planck Society, München 2013, S. 290 ff.

74 Mayer, Claude-Hélène / Bonness, Christian: „Südafrikanische Kulturstandards. Handlungsrelevantes Wissen für Fach- und Führungskräfte" In: afrika spectrum 38(2), 2003, S. 173–196.

75 https://www.virgin.com/virgin-unite/latest/how-the-ubuntu-philosophy-can-have-a-positive-impact-on-your-business

76 Ngomane, Mungi: I am because you are: Ubuntu – 14 südafrikanische Lektionen für ein Leben in Verbundenheit. Kailash, München 2019.

77 Ebd.

78 Ebd.

79 Mayer, Claude-Hélène / Bonness, Christian: „Südafrikanische Kulturstandards. Handlungsrelevantes Wissen für Fach- und Führungskräfte" In: afrika spectrum 38(2), 2003, S. 173–196.

80 Z.B. https://www.youtube.com/watch?v=lZ_ykB1sEkA.
Es gibt auch ein Buch, das das Zusammentreffen der beiden Männer dokumentiert: Dalai Lama XIV/Tutu, Desmond/Abrams, Douglas: Das Buch der Freude. Lotos, München 2016.

81 https://www.virgin.com/virgin-unite/latest/how-the-ubuntu-philosophy-can-have-a-positive-impact-on-your-business

82 Ebd.

83 Mayer, Claude-Hélène / Bonness, Christian: „Südafrikanische Kulturstandards. Handlungsrelevantes Wissen für Fach- und Führungskräfte“ In: afrika spectrum 38(2), 2003, S. 173–196.

84 Schroll-Machl, Sylvia: Die Deutschen – wir Deutsche. Fremdwahrnehmung und Selbstsicht im Berufsleben. Vandenhoeck & Ruprecht, Göttingen 2013, S. 170.

85 Hiller, Gundula Gwenn / Zillmer, Ulrike: Eine Frage der Perspektive 2. Critical Incidents aus den Bereichen arbeitsmarktbezogene Beratung. Hochschule der Bundesagentur für Arbeit (Hrsg.), Mannheim 2021, S. 42.

86 Fuchs, Anna: Transkulturelle Herausforderungen meistern. rororo, Hamburg 2022.

87 Stone, Douglas / Patton, Bruce / Heen, Stella: Difficult Conversations. Penguin Books, New York 1999.

88 https://www.zeit.de/news/2021-03/01/wie-uns-komplimente-gluecklicher-machen

89 Lewis, Richard: When cultures collide, leading across cultures. Nicholas Brealey Publishing, London 1996, S. 154.

90 Hiller, Gundula Gwenn / Zillmer, Ulrike: Eine Frage der Perspektive. Critical Incidents aus Studentenwerken und Hochschulverwaltung. Deutsches Studentenwerk (Hrsg.), Berlin 2016, S. 38.

91 Siehe auch den amüsanten Artikel von Ferda Ataman im Spiegel: https://www.spiegel.de/kultur/gesellschaft/muerrische-deutsche-leitkultur-meister-der-pampigkeit-kolumne-a-1234078.html

92 „Gotabō no tokoro makotoni osoreirimasuga, kono ken nitsuite gokyōji itadakemashitara, saiwai de gozaimasu“, s. https://www.japandigest.de/alltag/sprache/japanischlernen/aufforderung-befehle-bitten-auf-japanisch/

93 https://www.spiegel.de/kultur/gesellschaft/muerrische-deutsche-leitkultur-meister-der-pampigkeit-kolumne-a-1234078.html

94 Siehe hierzu https://www.business-spotlight.de/sprachratgeber-business-englisch-lernen/how-be-polite-englische-hoeflichkeitsformen

95 https://www.brigitte.de/academy/karriere/freundlichkeit-lohnt-sich-5-tipps-fuer-den-alltag-11236998.html

96 Wiking, Meik: LYKKE: Der dänische Weg zum Glück. Bastei Lübbe, Köln 2016, S. 261.

97 https://www.spektrum.de/magazin/hilfsbereitschaft-unter-fremden/830040

98 Hong, Euny: Nunchi: Das koreanische Geheimrezept: Menschen und Situationen intuitiv richtig einschätzen. Knaur Balance, München 2020.

99 Eisenmann, S.: Soziale Kompetenz. CD-Trainingskonzept. manager-Seminare, Bonn 2007.

100 Salovey, Peter, / Mayer, John D.: „Emotional intelligence" In: Imagination, Cognition and Personality 9(3), 1989–1990, S. 185–211.

101 https://www.theguardian.com/lifeandstyle/2019/nov/11/what-is-nunchi-the-korean-secret-to-happiness

102 Hong, Euny: Nunchi: Das koreanische Geheimrezept: Menschen und Situationen intuitiv richtig einschätzen. Knaur Balance, München 2020, S. 27.

103 Heo, Jaehong: „Development and Validation of Nunchi Scale" In: Korea Journal of Counseling 14(6), 2013, S. 3537–3555.

104 Hong, Euny: Nunchi: Das koreanische Geheimrezept: Menschen und Situationen intuitiv richtig einschätzen. Knaur Balance, München 2020, S. 38 f.

105 Ebd., S. 84 f.

106 https://www3.weforum.org/docs/WEF_TheGlobalCompetitivenessReport2019.pdf

107 https://www.faz.net/aktuell/wirtschaft/vdma-deutschland-nicht-mehr-exportweltmeister-im-maschinenbau-17426062.html

108 https://www.wipo.int/edocs/pubdocs/en/wipo_pub_gii_2021.pdf

109 https://www.it-daily.net/shortnews/30543-deutschland-verliert-bei-innovations-vergleich-an-boden

110 https://www.zeit.de/news/2022-02/19/maenner-beim-business-lunch-und-aufregung-im-netz und https://www.zeit.de/2022/08/deutz-ag-frauenquote-frank-hiller-bernd-bohr

111 https://ec.europa.eu/eurostat/documents/2995521/9643478/3-07032019-BP-DE.pdf/2a121118-e5e8-4b24-8c3e-4e803f270566

112 https://www.destatis.de/Europa/DE/Thema/Bevoelkerung-Arbeit-Soziales/Arbeitsmarkt/Qualitaet-der-Arbeit/_dimension-1/08_frauen-fuehrungspositionen.html

113 https://www.deutschlandfunkkultur.de/arbeitskultur-im-wandel-wie-deutsche-firmen-um-mitarbeiter-100.html

114 https://blog.fiverr.com/post/grosser-job-frust-bei-arbeitnehmern-in-deutschland

115 https://www.iamexpat.de/career/employment-news/employees-germany-are-least-satisfied-world

116 https://www.spiegel.de/karriere/arbeitnehmer-studie-deutschland-ist-frustweltmeister-a-8c46563b-b6a1-4025-9c45-00e7b5bdcb91

117 https://sciencenorway.no/forskningno-norway-society--culture/norwegians-tend-to-like-their-jobs/1450934

118 https://www.dasgleichstellungswissen.de/schweden-als-realistisches-vorbild-f%C3%BCr-die-gleichstellung-von-frauen-in-der-existenzsicherung.html

119 https://qz.com/work/1564402/a-pwc-women-in-work-report-proves-the-world-needs-to-copy-sweden/

120 Dunne, Linnea: Lagom: Glücklich leben in Balance. Callwey, München 2017.

121 https://www.welcometothejungle.com/en/articles/sweden-lagom-means-work-life-balance

122 https://www.zeit.de/politik/2019-12/gleichstellung-finnland-sanna-marin-emanzipation-deutschland

123 https://www.bertelsmann-stiftung.de/de/unsere-projekte/innovationskraft-staerken/projektnachrichten/deutsche-wirtschaft-zu-wenig-innovativ

124 Radjou, Navi / Prabhu, Jaideep / Ahuja, Simone: Jugaad Innovation: Think Frugal, Be Flexible, Generate Breakthrough Growth. Jossey-Bass, San Francisco 2012.

125 Omari, Cuthbert K.: Women in Informal Sector. Dar Es Salaam University Press, Daressalam 1995, S. 46.

126 https://www.embraceglobal.org/

127 Radjou, Navi / Prabhu, Jaideep / Ahuja, Simone: Jugaad Innovation: Think Frugal, Be Flexible, Generate Breakthrough Growth-Jossey-Bass, San Francisco 2012.

128 Ebd.

129 Ebd., S. 45.

130 https://www.spektrum.de/news/selbstwert-warum-es-so-schwer-ist-sich-selbst-zu-moegen/1850047

131 Ebd.

132 https://www.bpb.de/gesellschaft/umwelt/bioethik/311818/selbstoptimierung

Vgl. das Buch der Trendforscher Corinna Mülhausen und Peter Wippermann: Das Zeitalter der Selbstoptimierung. New Business, Hamburg 2013; und Balandis, Oswald / Straub, Jürgen: „Selbstoptimierung und Enhancement" In: Journal für Psychologie 26(1), 2018, S. 131–55.

Bröckling, Ulrich: Das unternehmerische Selbst, 5. Aufl., Suhrkamp, Frankfurt a. M. 2013.

133 https://www.heise.de/tp/features/Junge-Menschen-neigen-immer-mehr-zum-Perfektionismus-3937476.html

134 https://www.aerzteblatt.de/nachrichten/107187/Soziale-Medien-kurbeln-Nachfrage-nach-Schoenheitsoperationen-an

135 Curran, Thomas / Hill, Andrew P.: „Perfectionism Is Increasing Over Time: A Meta-Analysis of Birth Cohort Differences From 1989 to 2016" In: American Psychological Association 145(4). 2019, S. 410–429.

136 Antonovsky, Aaron: Salutogenese: Zur Entmystifizierung der Gesundheit. dgvt-Verlag, Tübingen 1997, S. 36.

137 Schueller, Stephen / Seligman, Martin E.P.: „Pursuit of pleasure, engagement, and meaning: Relationships to subjective and objective measures of well-being" In: The Journal of Positive Psychology 5(4), 2010, S. 253–263.

138 Csikszentmihalyi, Mihály: Das Flow-Erlebnis. Jenseits von Angst und Langeweile: im Tun aufgehen, 10. Auflage. Klett-Cotta, Stuttgart 2010.

139 Mathews, Gordon: What Makes Life Worth Living? How Japanese and Americans Make Sense of Their Worlds. University of California Press, Oakland 1996.

140 Mogi, Ken: Ikigai. Die japanische Lebenskunst. DuMont, Köln 2017.

141 Schroll-Machl, Sylvia: Die Deutschen – wir Deutsche. Fremdwahrnehmung und Selbstsicht im Berufsleben. Vandenhoeck & Ruprecht, Göttingen 2013.

142 https://www.wiwo.de/erfolg/trends/management-raus-aus-der-perfektionismusfalle/5211916-all.html

143 Neff, Kristin: Selbstmitgefühl: Wie wir uns mit unseren Schwächen versöhnen und uns selbst der beste Freund werden. Kailash, München 2012.

144 Kempton, Beth: Wabi-Sabi: Die japanische Weisheit für ein perfekt unperfektes Leben. Bastei Lübbe, Köln 2019.

145 https://www.br.de/wissen/glueck-gluecksforschung-gluecklich-welt-gluecktag-tag-des-gluecks-106.html

146 https://www.spiegel.de/spiegel/vorurteile-ueber-deutsche-gestresst-humorlos-und-oefter-nackt-als-noetig-a-1160835.html

147 https://www.aerzteblatt.de/nachrichten/92312/Jeder-Zweite-fuehlt-sich-von-Burnout-bedroht; https://www.swisslife.de/ueber-swiss-life/presse/pressemitteilungen/newsfeed/2019/07-24.html

148 https://www.spiegel.de/spiegel/vorurteile-ueber-deutsche-gestresst-humorlos-und-oefter-nackt-als-noetig-a-1160835.html

149 Ebd.

150 https://www.giz.de/de/weltweit/63559.html

151 Wiking, Meik: Hyyge. Ein Lebensgefühl, das glücklich macht. Bastei Lübbe, Köln 2016.

152 Ebd.

153 Ebd.

154 Pantzar, Katja: Sisu: Der finnische Weg zu Mut, Ausdauer und innerer Stärke. Bastei Lübbe, Köln 2018.

155 https://de.wikipedia.org/wiki/Liste_der_Länder_nach_Vermögen_pro_Kopf

156 https://worlddatabaseofhappiness.eur.nl/rank-reports/satisfaction-with-life/

157 https://happyplanetindex.org/hpi/?show_all=true

158 Behrens, Roland: 111 Gründe, Costa Rica zu lieben: Eine Liebeserklärung an das schönste Land der Welt. Schwarzkopf & Schwarzkopf, Berlin 2019.

Van den Boom, Maike: Wo geht's denn hier zum Glück? Meine Reise durch die 13 glücklichsten Länder der Welt und was wir von ihnen lernen können. Fischer, Frankfurt a. M. 2016.

159 Van den Boom, Maike: Wo geht's denn hier zum Glück? Meine Reise durch die 13 glücklichsten Länder der Welt und was wir von ihnen lernen können. Fischer, Frankfurt a. M. 2016.

160 Behrens, Roland: 111 Gründe, Costa Rica zu lieben: Eine Liebeserklärung an das schönste Land der Welt. Schwarzkopf & Schwarzkopf, Berlin 2019.

161 Van den Boom, Maike, Wo geht's denn hier zum Glück? Meine Reise durch die 13 glücklichsten Länder der Welt und was wir von ihnen lernen können. Fischer, Frankfurt a. M. 2016.

162 https://www.krakovic.de/die-weisheit-des-monches/

163 Deutschland: Länderprofil Gesundheit 2021: https://www.oecd-ilibrary.org/social-issues-migration-health/deutschland-landerprofil-gesundheit-2021_33663583-de;jsessionid=2eBnSEB4XEORr-QEEXcgXd-13tWvofj08qQiqXyvB.ip-10-240-5-72

164 https://www.oecd-ilibrary.org/social-issues-migration-health/deutschland-landerprofil-gesundheit-2021_33663583-de

165 Ebd.

166 https://www.socium.uni-bremen.de/uploads/News/2020/20201201_BARMER_Pflegereport_2020.pdf

167 https://www.aachener-nachrichten.de/altenpfleger-im-ausland-in-spanien-ist-der-umgang-mit-den-menschen-entspannter_aid-24525677

168 https://www.oecd-ilibrary.org/social-issues-migration-health/deutschland-landerprofil-gesundheit-2021_33663583-de; https://www.laenderdaten.info/lebenserwartung.php

169 18 %, siehe https://www.rki.de/DE/Content/GesundAZ/P/Psychische_Gesundheit/EBH_Bericht_Psyschiche_Gesundheit.pdf?__blob=publicationFile

170 https://www.destatis.de/DE/Themen/Gesellschaft-Umwelt/Gesundheit/Gesundheitszustand-Relevantes-Verhalten/Publikationen/Downloads-Gesundheitszustand/gesundheit-in-deutschland-publikation.pdf

171 https://www.zukunftsinstitut.de/artikel/generation-z-mental-imbalance-youth/

172 https://www.spiegel.de/spiegel/altersforscher-lueften-das-geheimnis-der-langlebigkeit-von-maennern-a-1155840.html

173 Poulain, Michel et al.: „Identification of a geographic area characterized by extreme longevity in the Sardinia island: the AKEA study" (PDF). Experimental Gerontology 39(9), 2004, S. 1423–1429.

174 Maiwald, Stefan: Das Italien-Prinzip: So geht Glück! Topicus, Luxembourg 2021.

175 Aus meiner Fallsammlung.

176 In Japan leben mehr als 70.000 Hundertjährige. Der Standard, September 2019; https://www.zentrum-der-gesundheit.de/news/gesundheit/allgemein-gesundheit/langlebigkeit-der-japaner-190905113

177 Ruby, J. Graham et al.: „Estimates of the Heritability of Human Longevity Are Substantially Inflated due to Assortative Mating" In: Genetics, 210(3), 2018, S. 1109–1124.

178 Willcox, Bradley J. / Willcox, D. Craig / Suzuli, Makoto: The Okinawa Program. Clarkson Potter Publishers, New York 2001.

179 Willcox, D. Craig et al.: „The Okinawan diet: health implications of a low-calorie, nutrient-dense, antioxidant-rich dietary pattern low in glycemic load" In: Journal of the American College of Nutrition 28, 2009, S. 500–516.

180 Monma, Takafumi et al.: „Exercise or sports in midlife and healthy life expectancy: an ecological study in all prefectures in Japan" In: BMC Public Health, 19(1238), 2019.

181 Cockerham, William C. et al.: „Okinawa: an exception to the social gradient of life expectancy in Japan" In: Asia Pacific Journal of Clinical Nutrition 10(2), 2001, S. 154–158.

182 Sone, Toshimasa et al.: „Sense of Life Wort Living (ikigai) and Mortality in Japan: Ohsaki Study" In: Psychosomatic Medicine 70(6), 2008, S. 709–715.

183 Kennedy, Jane: Das Okinawa-Prinzip. Kösel, München 2009.

184 Mogi, Ken: Ikigai. DuMont, Köln 2017, S. 20.

185 https://globalmagazin.eu/themen/natur/umwelt-ranking-deutschland-mit-nachholbedarf/

186 https://www.kba.de/DE/Presse/Pressemitteilungen/2021/Fahrzeugbestand/fahrzeugbestand_node.html

187 https://www.giz.de/de/weltweit/63559.html

188 https://www.umweltbundesamt.de/daten/verkehr/umweltbelastungen-durch-verkehr#verkehr-benotigt-flache

189 https://de.statista.com/statistik/studie/id/64571/dokument/oepnv/

190 https://de.statista.com/statistik/daten/studie/1011869/umfrage/ranking-der-fahrradfreundlichsten-staedte-weltweit/

191 https://www.zeit.de/mobilitaet/2019-01/flugreisen-luftverkehr-passagierrekord-flughafen-reiseaufkommen-anstieg?

192 https://www.spiegel.de/wirtschaft/service/klimaschutz-frankreich-verabschiedet-verbot-von-kurzen-inlandsfluegen-a-73f9085f-e566-428c-9c30-cc07b67c4f9a

193 https://climatehero.me/

194 https://www.quarks.de/umwelt/kleidung-so-macht-sie-unsere-umwelt-kaputt/

195 Ebd.

196 Deutsche Ausgabe: Wall Kimmerer, Robin: Geflochtenes Süßgras: Die Weisheit der Pflanzen. Aufbau, Berlin 2021.

197 https://zafu.net/postings/a-thanksgiving-address

198 Singer, Tania / Bolz, Matthias (Hrsg.): Mitgefühl. In Alltag und Forschung. http://www.compassion-training.org/?lang=de&page=about

199 Acosta, Alberto: Buen vivir: Vom Recht auf ein gutes Leben. Oekom, München 2015.

200 https://www.dw.com/de/umweltverschmutzung-naturschutz-sollte-die-natur-rechtlich-gesch%C3%BCtzt-werden-a-52215437/a-52215437

201 https://www.theguardian.com/sustainable-business/blog/buen-vivir-philosophy-south-america-eduardo-gudynas

202 https://www.dw.com/de/umweltverschmutzung-naturschutz-sollte-die-natur-rechtlich-gesch%C3%BCtzt-werden-a-52215437/a-52215437

203 https://www.deutschlandfunk.de/klimaschutz-per-gericht-natur-als-rechtssubjekt-100.html; https://verfassungsblog.de/gibt-bayern-der-natur-rechte/

204 Acosta, Alberto: Buen vivir: Vom Recht auf ein gutes Leben. Oekom, München 2015.

205 http://www.gudynas.com/publicaciones/GudynasPolitischeEcuador-Bolivie09.pdf

206 https://www.regenwald.org/updates/10558/ecuador-verfassungsgericht-fordert-rechte-der-natur-ein

207 https://www.taringa.net/+ecologia/a-yasunizar-la-real-academia-de-la-lengua_13di6c

208 https://energiewinde.orsted.de/trends-technik/energiewende-rekorde-oekostrom-weltweit; https://sonnenallee.sma.de/new/land-der-gruenen-hoffnung/

Danksagung

Nach fast zwei Jahrzehnten wissenschaftlichen Schreibens habe ich mit diesem Buch eine neue Sphäre betreten: Ich habe ein populäres Sachbuch verfasst – und ich war überrascht, welch große Freude mir das von Anfang an bereitet hat!

Ich möchte allen dafür danken, die mich dazu ermutigt und inspiriert haben. Zunächst geht mein Dank an Ulrike Zillmer, die mich durch ihre innovativen Seminarkonzepte dazu inspiriert hat, Konzepte wie *ubuntu* oder *jugaad* ins interkulturelle Lernen mit einzubinden. Danken möchte ich auch Dierdre Messerli, die während der Themenpräzisierung letztes Jahr mein Schreibbuddy war, und Tatjana Magda und Raika von Lentz, die mein Exposé gelesen haben, bevor ich es beim GABAL Verlag eingereicht habe. Ich gehöre zu den Menschen, denen Fristen guttun, und deshalb danke ich Hermann Scherer für sein Incentive (das Versprechen eines Geschenks für alle Teilnehmenden seines Gold-Programms, die im Sommer 2021 ein Exposé bei einem Verlag einreichten).

Für ihr konstruktives, freundschaftliches und ermutigendes Feedback danke ich meinen Probeleser:innen Sabine Ay, Sandra Szaldowsky, Silke Stamme, Susanne Payan, Karin Hiller, Kerstin Junker und Hans-Georg Müller. Besonders hervorheben möchte ich hier auch Reema Fattohi für ihr wohltuendes Empowerment und meinen Mann Jan Hoffmann für sein Verständnis dafür, dass ich monatelang hinter meinem Computerbildschirm verschwunden war.

Ich danke Dr. Sandra Krebs sowie dem Verleger und Geschäftsführer André Jünger und der Geschäftsführerin Bettina Schmidt von GABAL dafür, das Buch auf den Weg gebracht zu haben, und den Programmbetreuerinnen Lina Erd und Dr. Nadine Feßler für ihre Unterstützung. Auch gilt mein herzlicher Dank der Lektorin Sabine Rock, die mich bei meinem „Erstlingswerk" wunderbar unterstützt hat.

Ich danke allen weiteren Menschen – Freund:innen, Bekannten und Kolleg:innen –, die sich für mein Thema interessierten und teilweise sogar begeisterten, was mich wiederum beflügelt hat.

Die Autorin

Prof. Dr. Gundula Gwenn Hiller lehrt seit 2019 im Fachbereich Beratungswissenschaften den Schwerpunkt Interkulturelle Kompetenz und Migration an der Hochschule der Bundesagentur für Arbeit in Mannheim. Aufgewachsen im Südwesten Deutschlands, pendelt sie seit 17 Jahren zwischen Städten und Welten. Inzwischen hat sie über 50 Länder bereist, in fünf Ländern gelebt und in drei Ländern studiert.

Nach dem Studium der Germanistik und Romanistik in Freiburg sammelte sie erste Berufserfahrungen in der Wirtschaft sowie in einem internationalen Forschungsinstitut. Mit Mitte 30 ging sie zurück an die Universität, wo es inzwischen aufregende neue Fächer wie Kulturwissenschaften und Interkulturelle Kommunikation gab. Promoviert hat sie an der Europa-Universität Viadrina in Frankfurt (Oder). Seit damals beschäftigt sie sich mit interkultureller Kompetenz und Diversity und dabei vor allem mit der Frage, wie Unterschiede überwunden werden können. Schon als Kind staunte sie über die Vielfalt der menschlichen Erscheinungsformen, Lebenswelten und Ausdrucksweisen. Sie ist der Auffassung, dass sich die Krisen und Herausforderungen der Zukunft nur durch ein Umdenken und neue Perspektiven meistern lassen. Dazu brauchen wir emotionale Intelligenz, innovatives Denken und einen Blick über den eigenen Tellerrand.

www.ggwennhiller.com